Mitlesen–
Mitteilen

MITLESEN–MITTEILEN

Literary Texts for Reading, Speaking, Writing, and Listening

Second Edition

Larry D. Wells

Binghamton University

THOMSON
™
HEINLE

Australia Canada Mexico Singapore Spain United Kingdom United States

MITLESEN–MITTEILEN
Larry D. Wells

Publisher: *Ted Buchholz*
Acquisitions Editor: *Jim Harmon*
Developmental Editor: *John Baxter*
Project Editor: *Annelies Schlickenrieder*
Production Manager: *Tad Gaither*
Art Directors: *Serena Barnett Manning, Scott Baker*
Text Design: *Jeanne Cain Pressler*
Photo Research: *Judy Mason*
Cover Image: *Ann Trusty*
Illustrations: *Tom O'Sullivan*

Printed in the United States of America
10 11 12 13 14 15   06 05 04 03 02

For more information contact Heinle & Heinle, 25 Thomson Place, Boston, MA 02210 USA, or you can visit our Internet site at http://www.heinle.com

For permission to use material from this text or product contact us:
Tel   1-800-730-2214
Fax   1-800-730-2215
Web   www.thomsonrights.com

ISBN: 0-03-072471-6

Library of Congress Catalog Card Number: 94-75758

Preface

Mitlesen – Mitteilen: Literary Texts for Reading, Speaking, Writing, and Listening is a literary reader designed for students in second-year college German. At some universities the first four or five stories could be read toward the end of the first year, while other programs may find the book best suited for third-year courses. It can also be used in conversation and composition courses and in advanced high school classes. The activities in *Mitlesen – Mitteilen,* be they reading, speaking, writing, or listening, are learner-centered to facilitate genuine exchange of information, ideas, reactions, and opinions. Almost all activities can be done as homework, with a partner, in small groups, or in the class as a whole. As the title suggests, these varied activities encourage students to share and help each other through their encounters with the texts. Although this reader does not provide systematic grammar explanations, it does address certain grammar points, as well as matters of style, in the writing tips section of the individual chapters.

New to This Edition

In general, activities throughout the book have been made more personalized, learner-centered, and task-based than in the first edition. Instructors and students familiar with the earlier edition will discover the following changes:

- The book has 21 reading texts instead of 24.
- A listening cassette with **Hörtexte** accompanies the reader.
- Many of the preview, text comprehension, discussion, and composition activities have been revised or replaced.
- Writing tips (**Tips zum Schreiben**) precede each set of composition topics.
- **Wortschatzaufgaben** focus almost exclusively on active vocabulary and are very much learner-centered.
- The **Zur Wiederholung** chapters have been rewritten to recycle active rather than passive vocabulary.

Reading and Listening Selections

Mitlesen – Mitteilen consists of twenty-one readings and fifteen listening selections (eight narratives and seven poems) by authors from Germany, Austria, Switzerland, and the former German Democratic Republic. Six stories were written by women, including one by a native Turk living in Germany. One of the listening selections was written by an Austrian school girl, another by a native Czech living in Germany under political asylum. With the exception of "**Rotkäppchen**," Lessing's parable of the three rings, and the poems in the last **Hörtext** section, all of the texts are relatively modern. Although the stories have not been grouped thematically, at least two in each of the first four sections (texts 1–12) address related themes and can thus be discussed comparatively. The first twelve stories also contain somewhat easier vocabulary and structures and can be handled by students just beginning intermediate German. The last nine, somewhat longer texts are linguistically more challenging and better suited for the fourth semester. The final story, by Heinrich Böll, is longer than all preceding texts and provides a transition to the lengthier selections usually found in advanced intermediate readers.

The second edition of *Mitlesen – Mitteilen* comes with a cassette tape containing eight narratives and a selection of ballads and poems. Listening activities and vocabulary for these **Hörtexte** are in the book, but the texts themselves are printed only in the *Instructor's Guide and Tapescript*.

Chapter Activities

While much has been changed in the second edition of *Mitlesen – Mitteilen*, the basic pedagogy remains the same. Prereading activities (**Vor dem Lesen**) familiarize students with texts or topics they are about to encounter. Reading comprehension activities (**Leseverständnis**) prompt students to explore and communicate to each other particular aspects of the texts they have just read. These are followed by paraphrasing or explanation activities (**In eigenen Worten**) based upon selected passages from the texts. Discussion questions (**Diskussion**) foster appreciation and understanding of the readings as literature, while encouraging students to relate the topics and themes to their own lives and interests. Student-generated vocabulary selection activities (**Wortschatzaufgaben**) assist students in deciding which vocabulary to learn for active mastery. Finally, each chapter concludes with a choice of three writing tasks (**Aufsatzthemen**), preceded by **Tips zum Schreiben** focusing on aspects of grammar usage and style. Some of the writing topics encourage students to use the themes and ideas in the stories as a springboard for their own creative writing.

Listening Activities

The **Hörtexte** are generally of lesser linguistic difficulty than the reading texts. They should not be viewed as part of the reading sequence, but rather as a separate listening strand. The activities for these selections vary somewhat from one **Hörtext** to the next, depending upon the nature and difficulty of the selection. A **Höranweisung** and vocabulary glosses accompany each listening selection. For most of the selections, students do a **Hörprotokoll**, that is, a summary in German or English of what they have heard and understood, and several follow-up activities.

Review Activities

Review activities (**Zur Wiederholung**) consist of several **Wortschatzaufgaben** and **Diskussionsthemen/Aufsatzthemen**. The vocabulary sections recycle active vocabulary; students should always try these tasks first without referring back to the readings. The final vocabulary task in each section asks students to recall and/or collect on 3 x 5 or 4 x 6 inch "**Erzählkarten**" those words that they would need to either retell each of the three preceding stories or write about them. The **Diskussionsthemen/Aufsatzthemen** section provides for follow-up discussions or compositions on these same stories.

Vocabulary Lists

Glosses for each reading text are printed at the back of the book, so that students can read with or without vocabulary aids. For quicker reference, students may wish to photocopy the lists onto cards, which they can then place next to the texts when reading. Vocabulary for the **Hörtexte** are printed in their respective chapters rather than at the end of the book.

Instructor's Guide and Tapescript

An *Instructor's Guide and Tapescript* is available free of charge from the publisher. It contains copies of all the **Hörtexte**. It also presents strategies, tips, and suggestions for prereading, reading, paraphrasing, vocabulary learning, writing, and listening as well as an overview of the chapter writing tips in the books. These sections are written for students and may be photocopied and distributed at the instructor's discretion. Instructors wishing these materials should contact a Harcourt Brace sales representative.

Acknowledgments

Many people contributed to this new edition of *Mitlesen – Mitteilen*. I wish to thank the following colleagues who reviewed portions of the second edition during manuscript revision: Barbara Bopp, University of California at Los Angeles; John Brawner, University of California at Irvine; Albrecht Classen, University of Arizona; Ellen Crocker, Massachusetts Institute of Technology; Douglas Hall, University of Maine; Janet Hildebrand, Texas Wesleyan University; Thomas Keller, Southern Illinois University at Carbondale; Holly Liu, Vanderbilt University; Charles Lutcavage, Harvard University; Judith Jung-Fogle, Pasadena City College; Patrick McConeghy, Michigan State University; Church Merrill, University of North Carolina at Charlotte; Kathleen Meyer, North Dakota State University at Fargo; Elfriede Smith, Drew University; Wilfried Voge, University of California at Los Angeles; Larry West, Wake Forest University; Viola Westbrook, Emory University; and Mary Wildner-Bassett, University of Arizona.

I would also like to acknowledge the excellent efforts of the Harcourt Brace editors and freelancers who helped produce this book. Jim Harmon, Senior Acquisitions Editor, first suggested a revision and applied the arm twist to get me started. Early on, Developmental Editors Barbara Baxter and Marsha Hall coalesced criticisms and suggestions of users and reviewers into a feasible revision plan, while Editorial Assistants Caryn Moore and Erich Schneemann contacted publishers concerning permissions for the new texts. Serena Manning, Art Director, came up with the interesting new layout. Annelies Schlickenrieder, Production Editor, coordinated actual production of the book. Elke Herbst, Ancillaries Editor, oversaw production of the tapes and the *Instructor's Guide and Tapescript*. Joan Schoellner copyedited and proofed the final manuscript and the tapescript with the meticulousness and care that are her trademark.

A special bouquet goes to John Baxter (no relation to Barbara), who came on board as developmental editor shortly before manuscript completion. Although new to this kind of work, John brought a fresh perspective and much enthusiasm to the task at hand. He offered excellent editorial suggestions, took over the selection of photographs and drawings, tracked down hard-to-find copyright holders, and tied up all sorts of loose ends. Thank you, John, for making my task easier.

Finally, I thank Rosmarie Morewedge for her encouragement as department chair, Elfriede Heyer for clarifying matters of German syntax and idioms to her non-native colleague, and my sons Eric, Owen, and Adam for supporting yet another textbook project.

Larry D. Wells

Contents

Der Gott der Stadt

1 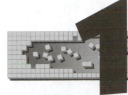 Mittagspause

Wolf Wondratschek

Wolf Wondratschek was born in 1943 in Rudolstadt in Thuringia and is a freelance writer currently living in Frankfurt am Main. "Mittagspause" is from *Früher begann der Tag mit einer Schuß-wunde* (gunshot wound), a collection of his short prose sketches, poems, and word montages first published in 1969. His "Aspirin," "Deutschunterricht," "Postkarten," "Gewohnheiten," and "43 Liebesgeschichten," from this collection are also short and easy to read.

Vor dem Lesen

Überfliegen des Textes

> **PREVIEWING:**   *You should preview a text before reading it. Always note the title, as well as any pictures or other information that may give you an idea as to the content of the text. Then skim quickly without the glosses for the gist of the story. At the very least, you want to find out **where** and **when** the story takes place, **who** the main characters are, **what** they are doing, and **what** happens. If working with a partner, you can then trade first impressions, as in the following preview activity. Remember, the more you learn about the text in the preview phase, the better you will understand it when actually reading.*

Der folgende Text schildert die Mittagspause einer jungen arbeitstä-tigen Frau. Lesen Sie den Text schnell durch, um ein erstes Verständnis zu gewinnen. Teilen Sie einer anderen Person im Kurs in drei bis fünf Aussagen mit, was Sie beim Überfliegen des Textes über diese Frau erfahren haben.

Lesen Sie die Geschichte jetzt genau, nachdem Sie sie zuerst überflogen und mit einem Partner/einer Partnerin kurz besprochen haben.

> **READING:**   *Always try to read the story a first time without referring to the glosses. If you encounter words that you do not know and cannot guess, keep going, unless you have completely lost the narrative thread. Then read the text again, only now consulting the glosses for any words you still cannot figure out from context.*

Mittagspause

Sie sitzt im Straßencafé. Sie schlägt sofort die Beine übereinander. Sie hat wenig Zeit. Sie blättert[1] in einem Modejournal. Die Eltern wissen, daß sie schön ist. Sie sehen es nicht gern. Zum Beispiel. Sie hat Freunde. Trotzdem sagt sie nicht, das ist mein bester Freund, wenn sie
5 zu Hause einen Freund vorstellt[2].

Zum Beispiel. Die Männer lachen und schauen herüber[3] und stellen sich ihr Gesicht ohne Sonnenbrille vor[4].

Das Straßencafé ist überfüllt. Sie weiß genau, was sie will. Auch am Nebentisch sitzt ein Mädchen mit Beinen.

10 Sie haßt[5] Lippenstift. Sie bestellt einen Kaffee. Manchmal denkt sie an Filme und denkt an Liebesfilme. Alles muß schnell gehen.

Freitags reicht[6] die Zeit, um einen Cognac zum Kaffee zu bestellen. Aber freitags regnet es oft.

Mit einer Sonnenbrille ist es einfacher, nicht rot zu werden. Mit
15 Zigaretten wäre es noch einfacher. Sie bedauert[7], daß sie keine Lungenzüge[8] kann.

Die Mittagspause ist ein Spielzeug[9]. Wenn sie nicht angesprochen wird, stellt sie sich vor, wie es wäre, wenn sie ein Mann ansprechen würde. Sie würde lachen. Sie würde eine ausweichende[10] Antwort
20 geben. Vielleicht würde sie sagen, daß der Stuhl neben ihr besetzt[11] sei. Gestern wurde sie angesprochen. Gestern war der Stuhl frei. Gestern war sie froh, daß in der Mittagspause alles sehr schnell geht.

Beim Abendessen sprechen die Eltern davon, daß sie auch einmal jung waren. Vater sagt, er meine es nur gut. Mutter sagt sogar, sie habe
25 eigentlich Angst. Sie antwortet, die Mittagspause ist ungefährlich[12].

Sie hat mittlerweile[13] gelernt, sich nicht zu entscheiden[14]. Sie ist ein Mädchen wie andere Mädchen. Sie beantwortet eine Frage mit einer Frage.

Obwohl sie regelmäßig[15] im Straßencafé sitzt, ist die Mittagspause
30 anstrengender[16] als Briefeschreiben. Sie wird von allen Seiten beobachtet[17]. Sie spürt[18] sofort, daß sie Hände hat.

Der Rock ist nicht zu übersehen. Hauptsache[19], sie ist pünktlich[20].

Im Straßencafé gibt es keine Betrunkenen. Sie spielt mit der Handtasche. Sie kauft jetzt keine Zeitung.
35 Es ist schön, daß in jeder Mittagspause eine Katastrophe passieren könnte. Sie könnte sich sehr verspäten. Sie könnte sich sehr verlieben[21]. Wenn keine Bedienung[22] kommt, geht sie hinein und bezahlt den Kaffee an der Theke[23].

An der Schreibmaschine hat sie viel Zeit, an Katastrophen zu

40 denken. Katastrophe ist ihr Lieblingswort. Ohne das Lieblingswort
wäre die Mittagspause langweilig[24].

Leseverständnis

1. Machen Sie mit anderen Personen zusammen möglichst viele kurze
   Aussagen über das, was das Mädchen im Straßencafé tut und denkt.
   Nehmen Sie dabei den Text nicht zu Hilfe.

   > **NOTE:** *In recall and speech production, chronology is far
   > less important than words and associations. If you cannot
   > make complete statements, say any words you remember or
   > anything that you think might be significant. Your words
   > may help other students recall something, which in turn may
   > trigger in your own mind additional words or ideas. For ex-
   > ample, the word **Eltern** might call to mind such associations
   > as **Angst, einmal jung**, and **Tochter**; these words could then
   > prompt a statement or two from someone else in your group.
   > Anytime you do not understand the meaning of something,
   > ask your instructor or another student.*

2. Einigen Sie sich *(agree)* mit anderen Personen über zehn Substantive
   im Text, die Ihrer Meinung nach das Mädchen im Straßencafé am
   besten charakterisieren.

In eigenen Worten

Erklären Sie allein oder mit anderen Personen zusammen die folgenden
Stellen.

> **NOTE:** *Explaining involves paraphrasing plus commen-
> tary. Think in German, and try to simplify structure and
> vocabulary as much as possible. The sentences in "Mittags-
> pause" are already short and structurally fairly simple. On
> the other hand, Wondratschek leaves much unsaid, thereby
> challenging us to read between the lines and ask why the
> young woman acts as she does. Thus you may very well need
> to elaborate upon the passages with more words and senten-
> ces than in the original.*

BEISPIEL: Mit einer Sonnenbrille ist es einfacher, nicht rot zu werden. Mit Zigaretten wäre es noch einfacher. Sie bedauert, daß sie keine Lungenzüge kann.

Sie trägt eine Sonnenbrille. Sie will nicht rot werden. Sie wird leicht nervös. Sie möchte rauchen, aber sie kann keine Lungenzüge. Sie meint, wenn sie raucht, wird sie nicht so leicht nervös.

1. Die Eltern wissen, daß sie schön ist. Sie sehen es nicht gern.

2. Die Mittagspause ist ein Spielzeug. Wenn sie nicht angesprochen wird, stellt sie sich vor, wie es wäre, wenn sie ein Mann ansprechen würde.

3. Beim Abendessen sprechen die Eltern davon, daß sie auch einmal jung waren. Vater sagt, er meine es nur gut. Mutter sagt sogar, sie habe eigentlich Angst.

4. Obwohl sie regelmäßig im Straßencafé sitzt, ist die Mittagspause anstrengender als Briefeschreiben. Sie wird von allen Seiten beobachtet. Sie spürt sofort, daß sie Hände hat.

5. Der Rock ist nicht zu übersehen. Hauptsache, sie ist pünktlich.

6. Katastrophe ist ihr Lieblingswort. Ohne das Lieblingswort wäre die Mittagspause langweilig.

Diskussion

1. Wie alt ist „sie"? Warum braucht sie Sonnenbrille und Zigaretten, aber keinen Lippenstift? Wann spürt sie ihre Hände und warum?

2. Was passiert in diesem Text überhaupt? Wie bringt der Autor das zum Ausdruck? Was will er damit zeigen?

3. An was für eine „Katastrophe" denkt dieses Mädchen wohl?

4. Welche drei Fragen würden Sie gern an dieses Mädchen stellen, die für das Verständnis dieses Textes wichtig sein könnten?

5. Finden Sie das Mädchen zu sehr aus einer Männerperspektive beschrieben? Wieso?

6. Welche Aspekte dieser Erzählung würden *Sie* gern noch besprechen?

Wortschatzaufgaben

1. Schreiben Sie zehn Wörter aus dem Text (Verben, Adjektive oder Adverbien, aber *keine* Substantive), die Sie vorher nicht gekannt haben und die Sie jetzt lernen möchten.

2. Machen Sie mit diesen Wörtern Aussagen über sich selbst (einzeln oder in einer Gruppe).

   BEISPIELE: Wenn ich sitze, **schlage** ich die Beine nicht **übereinander**.
   Ich mag **ausweichende** Antworten nicht.

   Ich rufe meine Eltern **regelmäßig** an, wenn ich nicht zu Hause bin.

Aufsatzthemen

TIPS ZUM SCHREIBEN: Identifying steps in the writing process; proofing; collecting vocabulary and formulating ideas; writing in the present tense; using a variety of verbs; avoiding **haben** and **sein**

Writing is a process of important steps. These steps include a) gathering vocabulary, b) generating sentences, c) arranging sentences into a first draft, d) checking for accuracy and style, and e) writing a final copy. If your assignment is to retell a story, try gathering words and ideas by brainstorming with a partner or in groups. The most important words to brainstorm are **verbs**, since they normally provide the main thrust for sentences. When describing or discussing texts, persons, or ideas, keep your verbs in the present tense. Use a variety of verbs, and avoid **haben** and **sein** as much as possible, since they add little to your writing.

1. Erzählen Sie im Präsens *(present tense)*, was das Mädchen im Straßencafé tut oder nicht tut, und warum sie diese Dinge tut. Mit den folgenden subordinierenden Konjunktionen erklärt man manchmal das *Warum* (siehe auch **Tips zum Schreiben**, Text 4).

da	since
damit	so that *(intention)*
weil	because

2. Beschreiben Sie einen typischen Abend für das Mädchen im Straßencafé.

3. Beschreiben Sie die „Mittagspause" eines jungen Mannes in demselben Straßencafé. Was tut er? Was denkt er? Was wäre für ihn eine Katastrophe?

2 Imitation

Gabriele Wohmann

Gabriele Wohmann was born in 1932 in Darmstadt and is one of Germany's best known and most prolific authors. She published her first collection of stories, *Mit einem Messer*, in 1958. In addition to many volumes of short stories and prose sketches, she has written novels, radio plays (**Hörspiele**), and poetry. Her stories often depict and expose the artificiality, meanness, and pain of human encounters and relationships. "Imitation," taken from her short story collection *Vor der Hochzeit: Erzählungen* (1980), proves no exception in this regard.

Vor dem Lesen

Lesen und berichten

Im ersten Teil der folgenden Geschichte betreten ein Mann und eine Frau eine Bar. Im zweiten Teil gehen sie wieder in dieselbe Bar. Lesen Sie einen Teil der Geschichte, während Ihr(e) Partner(in) den anderen Teil liest. Berichten Sie ihm/ihr über *Ihren* Teil der Geschichte.

> NOTE: *In conveying the mood and emotions of her characters, the author employs the following adjectives with which you may not be familiar.*

blöd: dumm	stupid, silly
finster: dunkel; nicht froh	gloomy, dark
geringschätzig	disdainful
leise: nicht laut	soft, gentle
mißmutig	in ill humor
roh: wild, nicht zärtlich	rough
sanft	gentle
traurig	sad
unvergnügt	displeased, in ill humor
verstimmt: mißmutig	in ill humor
zärtlich	tender, loving

Lesen Sie die ganze Geschichte genau, nachdem Sie jemandem im Kurs über einen Teil der Geschichte berichtet haben.

Imitation

Sie betraten die Bar, und sanft leitete[1] er sie an einen intimen Nischentisch. Seine Augen waren zärtlich und roh, besitzergreifend[2]. Sie atmete[3] schwer, im glänzenden[4] Blick lagen Unsicherheit und Hoffnung.

5 —You are terribly sweet, sagte er leise.

Sie schüttelte den Kopf, lächelte. Er beteuerte[5] es ihr, umschloß[6] mit einer Hand ihre gefalteten kleinen Finger, fragte, ob sie tanzen wolle.

Sie tanzten, dicht[7] aneinandergedrängt[8] und immer noch zu weit voneinander entfernt. Schwere, süße Betäubung[9]. Die Musik, sein
10 Atem, ihr Parfum, Augen, Hände. Wärme. Ein Rausch[10].

Er verging[11] nicht. Im Taxi brachte er sie nach Haus. Sie wohnte allein. Darf ich? O nein. Nur eine Tasse Kaffee. Bitte!

Er durfte. Zärtlicher großer Mann, seine erregende[12], wunderbare Liebe. Herzklopfen, sanft, sanft kam er zu ihr, ein paar Tränen, die nur
15 die Augen füllten und nicht die Wangen hinunterliefen, ihre Hingabe, dem Zuschauer[13] versprochen in der Glut[14] eines Augenaufschlags[15], in der Verschmelzung ihrer Lippen.

—Noch was trinken?
20 —Ja, wär' nicht schlecht.

Sie betraten die Bar, und mißmutig bahnte er sich einen Weg[16] durch die Tische, fand keinen guten Platz. Sie hinter ihm her.

Unsympathisch muß er wirken[17] mit seinem finsteren Gesicht, den unvergnügten Lippen.
25 Er bestellte das billigste Getränk, fand es immer noch zu teuer.

—Hübscher Film, sagte sie.

—Na, reichlich dick aufgetragen[18], brummte[19] er.

—Was willst du, Kitsch ist's immer.

Beleidigt[20] saß sie, betrachtete[21] mit geringschätziger Wehmut[22]
30 die Tanzpaare.

—Blöd, bei der Hitze zu tanzen, sagte sie traurig.

Er sah auf, fixierte eine aparte[23] kleine Mulattin, schlank[24] und drahtig[25] und halb nackt in den Armen ihres Partners.

—Kommt drauf an[26], sagte er.
35 Schwere, bittere Enttäuschung[27]. Die Musik, sein festgenagelter[28] Blick[29], daß man nicht geliebt wurde, daß man nicht liebte. Hitze. Eine schwache, leise bohrende Qual[30]. Sie verging nicht. Verstimmt tappten[31] sie durch die dunklen Straßen.

Leseverständnis

1. Suchen Sie im ersten Teil einen Ausdruck oder einen Satz, der Ihrer Meinung nach die Stimmung des ersten Teils am besten beschreibt. Tun Sie dasselbe für den zweiten Teil.

2. Wie und warum sind die Stimmung und die Beziehung *(relationship)* zwischen diesen beiden Menschen im zweiten Teil anders als im ersten Teil?

In eigenen Worten

Erklären Sie die folgenden Stellen, indem Sie von den Gedanken und Absichten *(intentions)* dieser Menschen erzählen.

BEISPIEL: Sie betraten die Bar, und sanft leitete er sie an einen intimen Nischentisch.

Er wollte mit ihr allein etwas trinken. Er wollte sie besser kennenlernen.

1. —You are terribly sweet, sagte er leise.

2. Er verging nicht. Im Taxi brachte er sie nach Haus. Sie wohnte allein. Darf ich? O nein. Nur eine Tasse Kaffee. Bitte!

3. Er durfte.

4. —Hübscher Film, sagte sie.

—Na, reichlich dick aufgetragen, brummte er.

—Was willst du, Kitsch ist's immer.

Diskussion

1. Diskutieren Sie darüber, inwiefern der zweite Teil dieser Geschichte eine „Imitation" ist. Durch welche Wörter und sprachlichen Mittel kontrastiert die Autorin die beiden Teile der Geschichte?

2. Warum sagt „er" auf englisch: „You are terribly sweet"?

3. Am Ende „tappten sie durch die dunklen Straßen". Wie muß es Ihrer Meinung nach weitergehen?

4. Gefällt Ihnen diese Geschichte? Warum? Warum nicht? Finden Sie die Geschichte glaubhaft?

Wortschatzaufgaben

1. Machen Sie eine Liste von sechs bis acht Adjektiven im Text, die aus Partizipien bestehen (*consist of*). (Es gibt mindestens zehn solche Wörter!)

   BEISPIELE: **glänz<u>end</u>** = Partizip Präsens; **beleidigt** = Partizip Perfekt

   Schreiben Sie kurze Beispielsätze mit fünf dieser Adjektive, die Sie für den *aktiven* Sprachgebrauch lernen wollen.

   BEISPIELE: Sie hat **glänzende** Noten bekommen.

   Er machte ein **beleidigtes** Gesicht.

2. Vokabeln lernt man oft besser in kurzen Ausdrücken oder Kontexten. Suchen Sie insgesamt sechs bis acht Adjektive aus dem Text, die positive oder negative Stimmungen oder Haltungen (*attitudes*) beschreiben und die Sie für den *aktiven* Sprachgebrauch lernen wollen. Bilden Sie kurze Ausdrücke (Adjektiv + Substantiv) mit diesen Adjektiven.

   BEISPIELE: mit **sanfter** Stimme

   ein **zärtlicher** Mensch

Aufsatzthemen

TIPS ZUM SCHREIBEN: Writing informal letters

When writing informal letters, note the following common format:

Fulda, den 30. August 19 . . .

Liebe [Bertha]/Lieber [Bert],

ich glaube, ich möchte [nicht mehr] mit Dir immer zusammen sein. Wie Du Dir ja denken kannst . . . usw.

Dein [Klaus]/
Deine [Claudia]

Always capitalize informal second-person pronouns and possessive adjectives (**Du, Dich, Dir, Dein; Ihr, Euch, Euer**) in letters.

1. Schreiben Sie einen Brief, den „sie" am nächsten Tag an „ihn" schreibt oder „er" an „sie".

2. Wo lernen *Sie* neue Menschen kennen? Was machen Sie, wenn Sie zum ersten Mal mit einer neuen Bekanntschaft *(acquaintance)* ausgehen?

3. Jemand gefällt Ihnen, und Sie möchten diese Person besser kennenlernen. Schreiben Sie ihm/ihr und laden Sie ihn/sie ein, mit Ihnen auszugehen (z.B. einen Ausflug machen, ins Kino oder zu einer Party gehen usw.).

3. Die Erfindungsmaschine

Paul Maar

Paul Maar was born in 1937 in Schweinfurt, Germany. He has gained literary renown as a writer and illustrator of books for children and young adults. Among his award-winning efforts are *Der tätowierte Hund* (1968) and *Eine Woche voller Samstage* (1973). "Die Erfindungsmaschine" is from *Summelsarium oder 13 wahre Lügengeschichten* (Oetinger Verlag, 1973). All thirteen selections, including two additional Professor Monogrohm stories, "Die Frühstücksmaschine" and "Das Mittel," make for delightful and easy reading.

Vor dem Lesen

Informationssuche

Überfliegen Sie schnell diese Geschichte. Suchen Sie ergänzende (*additional*) Information für die folgenden Sätze.

1. Diese Geschichte handelt von einem Professor, der ...
2. Seine Frau sagte ihm, er sollte ...
3. Elefanten sind Pflanzenfresser und ...
4. Die Denkmaschine war frech und sagte dem Professor, daß ...
5. Die Erfindungsmaschine ...

Lesen Sie die Geschichte genau, nachdem Sie die Informationssuche gemacht haben.

 ## Die Erfindungsmaschine

Eines Morgens sagte Professor Monogrohm (der berühmte[1] Erfinder der fünfeckigen Kugel[2], der Frühstücksmaschine und des trinkbaren Superhaarwuchsmittels[3]) vor dem Frühstück zu seiner Frau: „Es ist höchste Zeit[4], daß ich wieder einmal eine meiner berühmten
5 Erfindungen mache. Aber mir fällt nicht ein, was ich erfinden soll."

„Das hast du schon oft gesagt", meinte seine Frau. „Erfinde doch[5] irgendeine[6] neuartige[7] Maschine!"

„Das hast du auch schon oft vorgeschlagen[8]", sagte er. „Aber mir fällt eben keine ein. Alle Maschinen sind schon erfunden. Ich denke
10 und denke, aber . . ."

„Du denkst und denkst?" unterbrach[9] ihn seine Frau. „Warum tust du das? Warum baust du keine Maschine, die dir das abnimmt[10]?"

„Richtig! Großartig[11]! Höchstbestens[12]!" rief er. „Das ist eine geniale[13] Idee. Schade, daß sie nicht von mir ist. Ich erfinde eine Denk-
15 maschine!"

Damit[14] zog er seinen weißen Erfindermantel an, ging in die Erfinderwerkstatt[15], setzte sich an seinen Erfindertisch und begann die Denkmaschine zu erfinden.

Er baute sechs Wochen, dann war die Maschine fertig. Stolz schob
20 er sie ins Wohnzimmer und führte sie seiner Frau vor[16]. Oben war eine alte Schreibmaschine eingebaut. In die spannte er einen Bogen[17] Papier ein[18] und tippte die erste Frage:

WIEVIEL IST SIEBEN UND ZWÖLF?

Kaum war die Frage ausgeschrieben, tippte die Maschine auch
25 schon ihre Antwort. Neugierig[19] zog der Professor das Papier heraus und las seiner Frau die Antwort vor:

ALBERNE[20] FRAGE! NATÜRLICH NEUNZEHN.

„Die Maschine ist ganz schön hochmütig[21]", stellte der Professor leicht verärgert[22] fest[23]. „Ich muß ihr wohl eine schwierigere Frage
30 stellen."

Er dachte einige Zeit nach[24], dann tippte er:

WENN DREI ELEFANTEN AN ZWEI TAGEN SIEBEN PFUND FLEISCH FRESSEN, WIEVIEL PFUND FLEISCH FRESSEN DANN NEUN ELEFANTEN AN FÜNF TAGEN?

35 Wieder brauchte die Maschine keine zwanzig Sekunden, dann hatte sie schon ihre Antwort geschrieben. Professor Monogrohm zog das Papier heraus und las vor:

ELEFANTEN SIND PFLANZENFRESSER UND FRESSEN ÜBERHAUPT KEIN FLEISCH, ALTER TROTTEL[25]!

40 „Die Maschine ist nicht hochmütig, sie ist frech[26]", sagte der Professor. „Jetzt werde ich ihr eine Frage stellen, an der sie ordentlich[27] zu kauen[28] hat."

Damit spannte er ein neues Papier ein und schrieb:

WAS SOLL PROFESSOR MONOGROHM ERFINDEN?

45 Kaum war die Frage ausgeschrieben, tippte die Maschine schon die Antwort. Die beiden zogen das Papier heraus und lasen gemeinsam[29]:

PROFESSOR MONOGROHM IST ERFINDER! PROFESSOR MONOGROHM WEISS NICHT, WAS ER ERFINDEN SOLL! DARAUS FOLGT[30]:

ʃ

PROFESSOR MONOGROHM SOLL EINE ERFINDUNGSMASCHINE ERFIN-
50 DEN, DIE AUFSCHREIBT, WAS ER ERFINDEN SOLL!

„Wenn die Maschine manchmal auch ausgesprochen[31] frech ist:
Denken kann sie!" freute sich der Professor. „Genau das ist es, was ich
jetzt erfinden werde. Eine Erfindungsmaschine, die Erfindungen erfin-
det!"

55 Wieder zog er seinen weißen Erfindermantel an und ging in die
Erfinderwerkstatt, um die Erfindungsmaschine zu bauen.

Gestern ist die Maschine fertig geworden. Alle vierundfünfzig
Minuten schreibt sie einen neuen Erfindungsvorschlag auf und spuckt
ihn aus[32]. Und Professor Monogrohm braucht sich nur in seine
60 Erfindungswerkstatt zu setzen und das zu bauen, was die Maschine
ausgedacht hat. Denn das Schwierigste beim Erfinden ist nicht das
Erfinden selber. Viel schwieriger ist es, sich Sachen auszudenken, die
bis jetzt noch keiner erfunden hat.

Dies sind die ersten Erfindungsvorschläge, die die Maschine ausge-
65 spuckt hat:

1. Spazierstock[33] mit Kilometerzähler
2. Hut, der sich automatisch vom Kopf hebt, wenn sein Besitzer
   „Guten Tag" sagt
3. Brille[34] mit Scheibenwischer[35]
70 4. Viereckige Äpfel (weil sie sich besser in Kisten[36] verpacken
   lassen als runde)
5. Spinat mit Schokoladengeschmack
6. Gardine[37], die ohne Wind wehen[38] kann (für Kriminalfilme)
7. Mechanische Großmutter, die auf Knopfdruck[39] Märchen
75 erzählt
8. Jacke, die sich allein zuknöpft[40]
9. Pantoffeln[41] mit eingebauter Heizung[42]
10. Unverwüstliche[43] Rauchzeichen[44] aus Metall für Indianer
11. Runde Hausecken (damit es weniger weh tut, wenn man sich
80 stößt[45])
12. Automatischer Mantelkragen[46], der sich bei starkem Wind
    hochklappt[47]
13. Wanderstiefel[48] für Wanderdünen[49]

(leicht gekürzt)

■ ■

Leseverständnis

1. Erzählen Sie jemandem, was in der Geschichte passiert. Benutzen
   Sie dabei das folgende Erzählschema. Nehmen Sie den Text nicht zu
   Hilfe.

Eines Morgens
höchste Zeit
Erfindung
nichts einfallen

Frau
vorschlagen
Maschine, die
geniale Idee

anziehen
Werkstatt
bauen
nach sechs Wochen
vorführen

Bogen einspannen
tippen
Wieviel . . .
Antwort?
Wenn drei Elefanten . . .
Antwort?

meinen, sehr frech
eine Frage stellen, die
Was soll . . .
Antwort?

Maschine
alle vierundfünfzig Minuten
Vorschlag ausspucken

2. Drücken Sie die Vorschläge, die die Maschine ausgespuckt hat, auf englisch aus.

In eigenen Worten

Drücken Sie die folgenden Stellen anders aus.

> **NOTE:** *This is a straight paraphrasing activity; you need not explain the contexts.*

1. „Das hast du auch schon oft vorgeschlagen", sagte er. „Aber mir fällt eben keine ein."

2. „Du denkst und denkst?" . . . „Warum tust du das? Warum baust du keine Maschine, die dir das abnimmt?"

3. „Jetzt werde ich ihr eine Frage stellen, an der sie ordentlich zu kauen hat."

Diskussion

1. a. Schlagen Sie Professor Monogrohm mindestens fünf weitere Erfindungen vor. Wenn Sie wollen, schreiben Sie die Vor-schläge zuerst auf englisch. Übersetzen Sie sie dann mit Hilfe Ihres Lehrers ins Deutsche.

   b. Lesen Sie Ihre Vorschläge in der Deutschstunde vor. Wer hat den lustigsten, den teuersten, den billigsten, den größten, den praktischsten oder unpraktischsten, den besten oder den dümmsten Vorschlag?

2. a. Schreiben Sie eine chronologische Liste der Ihrer Meinung nach acht wichtigsten Erfindungen in der Geschichte der Menschheit.

   b. Lesen Sie Ihre Liste im Unterricht vor.

   c. Einigen Sie sich als Gruppe über eine Rangliste *(ranking)* der acht wichtigsten Erfindungen in der Geschichte der Menschheit.

3. Stellen Sie eine Liste von acht wichtigen Erfindungen und Ent-deckungen *(discoveries)* zusammen, ohne die unser modernes Leben unmöglich oder ganz anders wäre. Berichten Sie kurz darüber, was wäre, wenn es jede dieser Erfindungen nicht gäbe.

4. Führen Sie durch Pantomime eine Erfindung vor. Die anderen in der Gruppe versuchen, Ihre Erfindung zu erraten *(guess)*.

Wortschatzaufgaben

1. Suchen Sie sechs Adjektive aus dem Text, die menschliche Re-aktionen oder Urteile *(judgments)* ausdrücken. Bilden Sie kurze Ausdrücke mit diesen Vokabeln, aber verwenden Sie keine Sub-stantive aus der Geschichte.

   BEISPIEL: genial

   mit **genialer** Phantasie

2. Machen Sie eine Liste aller trennbaren und untrennbaren Präfixver-ben im Text. (Es gibt sicher mehr als fünfzehn!) Welche dieser Verben haben Sie beim Lesen nicht erkannt, weil sie für Sie neu waren? Lesen Sie jemandem im Kurs diese neuen Verben vor. Er/sie soll mit diesen Verben Aussagen über die Geschichte machen.

Aufsatzthemen

TIPS ZUM SCHREIBEN: Expressing views

To let readers know that you are expressing views rather than indisputable facts, consider using some of the following qualifiers.

Ich glaube, [daß] . . .

Ich bin der Meinung, [daß] . . .

Meiner Meinung/meiner Ansicht nach . . .

Vielleicht . . .

Ich finde, [daß] . . .

Ich halte [ihn/sie] für . . .

To add persuasive emphasis to your convictions, consider some of the following adverbs or adjectives.

gewiß	for sure, certain(ly)
natürlich	of course, naturally
selbstverständlich	of course, obvious(ly)
sicher	positive(ly), definite(ly)
unbedingt	absolute(ly), without fail
vor allem	above all
zweifellos/ohne Zweifel	doubtlessly, without doubt

1. Sie sind Erfinder und haben eine ganz tolle Erfindung gemacht. Jetzt wollen Sie diese Erfindung verkaufen. Schreiben Sie, warum diese Erfindung so fabelhaft ist.

2. Beschreiben Sie die beste Erfindung, die es noch nicht gibt, und was man damit machen kann.

3. Erzählen Sie, warum Sie eine bestimmte Erfindung für eine der besten, der wichtigsten oder der schlimmsten Erfindungen aller Zeiten halten.

Ein Posten ist frei

Ekkehard Müller

This listening text is taken from *Menschen um Müller: Lustiger Wiederholungskurs* (1971), an anthology of entertaining reading and listening texts for learners of German written by Ekkehard Müller and published by Klett Edition Deutsch. The thirty-five texts in this book are ideally suited for intermediate German.

Höranweisung

In der folgenden Geschichte bewirbt sich Herr Konrad um einen Posten und stellt sich beim Personalchef einer großen Firma vor. Achten Sie darauf, welche Fragen der Personalchef an Herrn Konrad stellt und wie Herr Konrad auf diese Fragen antwortet.

Wortschatz im Hörtext[1]

sich bewerben* um	to apply for
sich (*acc.*) **vorstellen**	to present *or* introduce o.s.
der **Personalchef, -s**	personnel manager
die **Stenographie**	shorthand
Schreibmaschine können	to be able to type
die **Erfahrung, -en**	experience
im Umgang mit	in dealing with
der **Kunde, (-en), -en**	customer
weltweit	world-wide
das **Unternehmen, -**	firm, enterprise
das **Selbstvertrauen**	self-confidence
das **Gedächtnis**	memory
zunächst	(at) first
der **Dienst, -e**	service

Hörprotokoll

Erzählen Sie diese Geschichte zusammen mit jemandem im Kurs nach.

Diskussion

1. Welche weiteren Fragen stellen Sie an Herrn Konrad, ehe Sie ihm den Posten geben?
2. Wie macht man beim Vorstellungsgespräch einen guten Eindruck?
3. Können Sie sich an eines Ihrer Vorstellungsgespräche erinnern? Erzählen Sie davon.

---

[1] Strong and irregular verbs are indicated by asterisk.

Hörtext 1B

Der Verkäufer und der Elch

Franz Hohler

Franz Hohler was born in 1943 and resides in Zurich, where he writes in a variety of genres and also performs on stage and in cabarets. In addition to many humorous stories and sketches, he has authored satirical programs for radio and television and award-winning children's books. This text comes from his collection *Ein eigenartiger Tag (1983)*. Numerous other short texts in this anthology also make for entertaining reading.

Höranweisung

Der Verkäufer in dieser Geschichte will einem Elch eine Gasmaske verkaufen. Achten Sie darauf, wie der Verkäufer den Elch dazu bringt, eine Gasmaske zu kaufen.

Wortschatz im Hörtext

das **Sprichwort, ¨er**	saying
tüchtig	capable, competent
die **Zahnbürste, -n**	toothbrush
die **Kiste, -n**	case
wozu	what for
die **Fabrik, -en**	factory
wahnsinnig	crazy
giftig	poisonous
das **Abgas, -e**	exhaust gas
der **Schornstein, -e**	chimney
die **Höflichkeitsform, -en**	polite form
übrigens	incidentally
verwechseln	to confuse, mistake one for the other

Hörprotokoll

Machen Sie Notizen über das, was Sie gerade gehört haben. Erzählen Sie diese Geschichte jemandem im Kurs nach. Dann soll er/sie die Geschichte noch einmal nacherzählen, aber diesmal vom Standpunkt des Verkäufers. Verwenden Sie den angegebenen Wortschatz aus dem Hörtext.

Diskussion

1. Was will der Autor mit dieser Geschichte zum Ausdruck bringen?

2. Mußten Sie einmal (vielleicht als Schüler[in]) Zeitschriften, Pralinen oder etwas anderes verkaufen? Haben Sie das gern gemacht? Haben Sie das gut gemacht? Erzählen Sie davon.

Zur Wiederholung 1

Texte 1–3

Wortschatzaufgaben (Partnerarbeit oder Hausaufgabe)

> **NOTE:** *Try to do the activities first without referring back to the texts and glosses. Numbers in parentheses refer to the stories from which the words are taken.*

1. **Bilden Sie Ihre eigenen Sätze mit diesen Verben.**

   BEISPIEL: betreten* (2)

   > In diesem Park darf man den Rasen (*lawn*) nicht **betreten**.

   a. beleidigen (2)

   b. betrachten (2)

   c. sich entscheiden* (für) (1)

   d. sich freuen (über) (3)

   e. überlegen (3)

   f. unterbrechen* (3)

   g. sich verlieben (in) (1)

   h. vorführen (3)

   i. vorschlagen* (3)

   j. sich verspäten (1)

2. **Mit welchen Personen oder Dingen assoziieren Sie die folgenden Adjektive oder Adverbien? Bilden Sie Ihre eigenen Sätze mit diesen Wörtern.**

   BEISPIEL: langweilig

   > Mein Deutschkurs ist nie **langweilig** (1).

   a. apart (2)

   b. frech (3)

   c. großartig (3)

   d. leise (2)

   e. neugierig (3)

   f. regelmäßig (1)

g. süß (2) i. verärgert (3)

h. ungefährlich (1) j. verstimmt (2)

Welche dieser Adjektive passen zu Ihnen und Ihrem Temperament?

3. **Machen Sie für jede Geschichte eine „Erzählkarte" von 7 x 12 cm (3 x 5 in.) oder 10 x 15 cm (4 x 6 in.). Schreiben Sie auf eine Seite dieser Karte etwa zwölf bis fünfzehn deutsche Wörter oder Ausdrükke. Ihr(e) Partner(in) soll eine der Karten ziehen und mit Ihren Wörtern und Ausdrücken Aussagen über diese Geschichte machen.**

Diskussionsthemen /Aufsatzthemen

1. **Welche Geschichten behandeln verwandte Themen? Erklären Sie Ihre Antwort. Verwenden Sie einige der folgenden Redemittel und Reaktionen.**

Redemittel:
Vergleicht man die beiden Erzählungen, wird dann klar, daß . . .

Der Autor/die Autorin befaßt sich in dieser Geschichte mit dem Thema . . .

Der Text schildert, wie . . .

Durch diese [Wörter, Situationen usw.] will er/sie zeigen, daß/ wie . . .

Solche [Wörter/Situationen usw.] machen deutlich, daß/wie . . .

Am Anfang/Ende der Erzählung sieht man, wie . . .

Reaktionen: ja
Das finde ich auch.

Ich bin ganz Ihrer/deiner Meinung.

Reaktionen: nein
Ich sehe das ganz anders.

Ich bin nicht derselben Meinung.

Das mag sein, aber . . .

2. **Welche Geschichte hat Ihnen am besten gefallen? Warum?**

3. **Welche Geschichte hat Ihnen am wenigsten gefallen? Warum?**

4 Familie in Kürze

Elisabeth Alexander

Elisabeth Alexander was born in 1932 in Linz/Rheinland and lives in Heidelberg. She attended a Catholic girls school but married before completing her secondary education. She later earned her **Abitur** the hard way by attending an **Abendgymnasium**. Her career as a writer began with the publication of poems in 1963. Since 1970, she has been a freelance writer and journalist. In this story, as well as in her many other short stories and two novels, she depicts the role of a wife and mother in a male-dominated, bourgeois society. "Familie in Kürze" is taken from her collection *Damengeschichten*, first published in 1983. She has also written a collection of *Herrengeschichten* (1990).

Vor dem Lesen

Überfliegen des Textes

Der folgende Text schildert das alltägliche Leben einer deutschen Ehe-frau. Überfliegen Sie den Text, indem Sie nur die ersten zwei Zeilen (*lines*) in jedem Abschnitt lesen. Teilen Sie dann anderen Personen im Kurs in etwa drei bis vier Aussagen Ihre ersten Eindrücke von dieser Familie mit.

Lesen Sie die ganze Geschichte genau, nachdem Sie den Text überflogen haben. Achten Sie darauf, ob Ihre ersten Eindrücke von dieser Familie noch stimmen.

Familie in Kürze

Sie kochte gut. Sie putzte gut. Sie konnte auch gut backen. Die Familie wußte das. Jeden Mittag lockte[1] ein appetitlicher Geruch[2] die Esser schneller die Treppe hinauf.

Die Bücher standen akkurat im Regal. Die Fernsehillustrierten wur-
5 den eine Zeitlang aufgehoben[3]. Ordentlich lagen sie im Zeitungs-ständer.

Jede Woche kamen zwei Kasten Bier und ein Kasten Sprudel[4]. Die Schuhe der Kinder waren geputzt. Die Bügelfalten[5] des Mannes waren korrekt. Die Hemden ohne Flecken[6] am Kragen[7]. Er war Abteilungs-
10 leiter[8].

Sein Auto war sauber[9] und der Motor genauso gepflegt[10]. Der Mann liebte das. Seine Frau war stolz auf das Auto. An Sonntagen zog sie bedächtiger[11] den Rock an, wenn sie sich hineinsetzte. Sie fuhren rund um den Wohnort. In einen Waldort, zu Tanten, Onkel, Geburts-

15 tagen. Manchmal zu einem Volksfest. Das sahen die Nachbarn erst bei der Rückkehr. Der Kleinste brachte dann einen prallgeblasenen[12] Luftballon heim.

Die Frau ging jeden Morgen einkaufen. Die Kinder brachte sie bis zur Ecke, von wo ab der Weg zur Schule, zum Kindergarten sozusagen

20 ungefährlich war.

Sie überlegte[13] vorher, ließ sich nicht beschwatzen[14] oder durch Plakate verleiten[15], über ihr Einkaufsnetz hinauszukaufen. Nie ging sie langsam. Vielleicht spazierte sie auch so.

Die Stimmen der Familienmitglieder waren etwas lärmend[16]. Der

25 Mann sprach eindringlich[17]. Wohldosiert. Mit optimistischen und pessimistischen Lebensanschauungen[18] gemischt. Er konnte das meiste noch psychologisch untermalen[19].

Er dachte auch sicher schon einmal an Frauen. Aber das Bild seiner Frau ging ihm nie aus dem Sinn[20]. Sie kochte in der Tat wunderbar.

30 Er gab das Geld ihr. Die Miete wurde gleich von der Bank überwiesen[21]. Er machte keine Überstunden. Es reichte[22]. Sein Bier stand im Keller. Auch Wein. Den bekam er von einem Weingut[23] geschickt. Zweimal im Jahr fünfzig Flaschen. Gewöhnlich kaufte er im Discountgeschäft. Mit dem Auto war das leicht, bequem und eine billige

35 Einkauferei geworden.

Nicht alle Kinder fuhren mit in Urlaub. Die größeren begannen, eigene Interessen zu haben. Sie mußten Sprachen lernen. Dazu gab es das Ausland. Außerdem war es sparsamer[24].

Die Frau liebte Operettenmusik. Die Jungen sammelten Schall-

40 platten[25]. Das Mädchen klebte[26] sich die Stars an die Wand. Der Mann liebte Klavier. Es ist so beständig[27]. Wenigstens das, was er spielte.

Ölblumen[28] hingen an der Wand im Wohnzimmer. Und auf dem großen Teppich lag eine richtige echte Brücke[29]. Sie staubte jeden Tag alles ab.[30] Eigentlich lag nie etwas herum. Nicht einmal Kleidungsstük-

45 ke. In der Mitte auf dem Tisch standen die meiste Zeit frische Schnittblumen. Aber eines Tages wurden sie durch Plastikblumen ersetzt[31]. Und die wurden einmal im Monat durch Rei[32] gezogen[33], und sie blühten neu. Und nie brannte ein Essen an.

Der Mann konnte trotzdem laut schimpfen[34]. Es schallte[35] an den

50 Wänden hoch und hinab. Verstehen konnten es die anderen Hausbewohner kaum. Aber es war so mächtig gekonnt[36], das Brüllen[37] der Wörter. Der Mann liebte das auch. Im Sommer standen die Fenster offen. Es war ein akustischer Film dann.

Auf dem Balkon goß[38] die Frau jeden Tag die Geranien. Vielleicht waren es jedes Jahr dieselben. Vom Fernsehen lernten sie viel. Sie sahen es den anderen so gern ab[39]. Die so schön vormachten[40].

Leseverständnis

1. Machen Sie allein oder mit anderen Personen zusammen eine Liste der Aufgaben, welche die Frau und der Mann in dieser Familie erledigten (*did, took care of*).

    Die Frau   **Der Mann**

    Sie kochte.   Er verdiente das Geld.

    Sie putzte.   *usw.*

    usw.

2. Was wissen Sie von den Kindern?

In eigenen Worten

In diesem Text wird ohne Kommentar erzählt. Kommentieren Sie die folgenden Stellen im Hinblick auf (*in regard to*) die Geschichte. Verwenden Sie einige der folgenden Konjunktionen.

koordinierend: **aber, denn** (*for, because*)

subordinierend: **da** (*since [cause]*), **damit** (*so that [intention]*), **indem** (*by -ing*), **obwohl, weil**

BEISPIELE: Er machte keine Überstunden.

Er machte keine Überstunden, denn er wollte mehr Zeit mit seiner Familie verbringen.

Seine Frau war stolz auf das Auto.

Seine Frau war stolz auf das Auto, obwohl sie es selbst nie fuhr.

1. Sie überlegte vorher, ließ sich nicht beschwatzen oder durch Plakate verleiten, über ihr Einkaufsnetz hinauszukaufen.

2. Er dachte auch sicher schon einmal an Frauen. Aber das Bild seiner Frau ging ihm nie aus dem Sinn. Sie kochte in der Tat wunderbar.

3. Sie mußten Sprachen lernen. Dazu gab es das Ausland. Außerdem war es sparsamer.

4. Sie staubte jeden Tag alles ab. Eigentlich lag nie etwas herum.

5. Vom Fernsehen lernten sie viel. Sie sahen es den anderen so gern ab. Die so schön vormachten.

Diskussion

1. Möchten Sie wie die Frau oder der Mann in dieser Geschichte werden? Warum? Warum nicht?

   Redemittel: Meinungen

   Ich bin der Meinung, [daß] . . .

   Ich finde, [daß] . . .

   Ich glaube, daß . . .

   Ich halte [ihn/sie] für . . .

2. Es gehört zum Stil der Autorin, daß sie ohne Kommentar erzählt. Erzählt sie auch ohne Kritik? Wieso?

3. Wir erfahren ausführlich (*in detail*), was die Frau *tut*. Was erfahren wir nicht? Was bedeutet das?

4. Vergleichen Sie diese Familie mit Ihrer Familie!

5. Welche Rolle spielt das Fernsehen in dieser Familie? (Siehe die letzten drei Sätze der Geschichte.)

Wortschatzaufgaben

1. Suchen Sie aus der folgenden Liste sieben Verben, die Sie öfter im aktiven Sprachgebrauch verwenden könnten. Machen Sie wahre Aussagen mit diesen sieben Verben. Die anderen acht Verben sollen Sie nur *passiv* aus dem Kontext verstehen können.

jmdm. etwas absehen*	locken	überlegen
aufheben*	pflegen	überweisen*
beschwatzen	sammeln	untermalen
blühen	schallen	verleiten
ersetzen	schimpfen	jmdm. etwas vormachen

   BEISPIEL: Bevor man spricht, sollte man **überlegen**, was man sagen will.

2. Passen die folgenden Adjektive zu Ihnen? Warum? Warum nicht?
   bedächtig beständig eindringlich ordentlich ungefährlich

Aufsatzthemen

TIPS ZUM SCHREIBEN: Using subordinating conjunctions and linking adverbs

Some subordinating conjunctions prove useful when explaining the intent (**damit**), cause (**da**), or reason (**weil**) behind a person's behavior. Remember that the conjugated verb comes last in subordinate clauses: **Sie spielte die perfekte Hausfrau, <u>weil</u> sie das von ihrer Mutter oder vom Fernsehen so gelernt hatte**. You can also use adverbial expressions such as **deswegen/deshalb/daher** (*therefore, for this reason*) and **aus diesem Grunde** (*for this reason*) to explain behavior and its results, but then the conjugated verb remains in regular second position: **Sie machte alles für ihre Familie, und <u>deshalb</u> hatte sie kein eigenes Leben**. (See also **Tips zum Schreiben** for story 12). Be sure to use (but not overuse) conjunctions when writing on the following topics.

1. Schreiben Sie über die Frau in dieser Geschichte. Erklären Sie, warum sie so denkt und lebt.

2. Beschreiben Sie jemanden in *Ihrer* Familie „in Kürze". Warum handelt und benimmt sich (*behaves*) diese Person so?

3. Beschreiben Sie im Präsens das Familienleben, das Sie später einmal führen möchten.

5 San Salvador

Peter Bichsel

Peter Bichsel was born in 1935 in Lucerne, Switzerland. He taught elementary school in the canton of Solothurn until he turned to writing full time in 1968. Several remarkable short story collections and a novel, *Die Jahreszeiten* (1967), have established him as one of Switzerland's leading contemporary writers and earned him numerous literary awards. The simple yet subtle language of Bichsel's stories, like "Ein Tisch ist ein Tisch," "Die Erde ist rund," "Der Milchmann," "Der Erfinder," and "Stockwerke," accounts for their popularity in first- and second-year German textbooks. Taken from his collection *Eigentlich möchte Frau Blum den Milchmann kennenlernen* (1964), "San Salvador" blends subtlety with understatement. The most important things are left unsaid. How they are left unsaid, however, is what lends the story its depth and poignancy.

Vor dem Lesen

Titel und Bild

Was erwarten Sie von dieser Erzählung, wenn Sie den Titel lesen und sich das Bild auf Seite 37 ansehen? Diskutieren Sie mit anderen Personen im Kurs darüber.

Lesen Sie die Geschichte genau, nachdem Sie über Titel und Bild diskutiert haben. Achten Sie darauf, ob die Geschichte Ihren Erwartungen entspricht.

San Salvador

Er hatte sich eine Füllfeder[1] gekauft.

Nachdem er mehrmals seine Unterschrift, dann seine Initialen, seine Adresse, einige Wellenlinien[2], dann die Adresse seiner Eltern auf ein Blatt gezeichnet hatte, nahm er einen neuen Bogen[3], faltete[4] ihn
5　sorgfältig[5] und schrieb: „Mir ist es hier zu kalt", dann, „ich gehe nach Südamerika", dann hielt er inne[6], schraubte[7] die Kappe auf die Feder, betrachtete[8] den Bogen und sah, wie die Tinte eintrocknete und dunkel wurde (in der Papeterie[9] garantierte man, daß sie schwarz werde), dann nahm er seine Feder erneut[10] zur Hand und setzte noch
10　großzügig[11] seinen Namen darunter.

Dann saß er da.

Später räumte[12] er die Zeitungen vom Tisch, überflog[13] dabei die Kinoinserate[14], dachte an irgend etwas[15], schob den Aschenbecher beiseite, zerriß[16] den Zettel[17] mit den Wellenlinien, entleerte seine Feder
15 und füllte sie wieder. Für die Kinovorstellung[18] war es jetzt zu spät.

Die Probe[19] des Kirchenchors dauerte bis neun Uhr, um halb zehn würde Hildegard zurück sein. Er wartete auf Hildegard. Zu all dem[20] Musik aus dem Radio. Jetzt drehte er das Radio ab[21].

Auf dem Tisch, mitten auf dem Tisch, lag nun der gefaltete Bogen,
20 darauf stand in blauschwarzer Schrift sein Name Paul.

„Mir ist es hier zu kalt", stand auch darauf.

Nun würde also Hildegard heimkommen, um halb zehn. Es war jetzt neun Uhr. Sie läse seine Mitteilung[22], erschräke[23] dabei, glaubte wohl das mit Südamerika nicht, würde dennoch[24] die Hemden im
25 Kasten[25] zählen, etwas müßte ja geschehen sein.

Sie würde in den „Löwen"[26] telefonieren.

Der „Löwe" ist mittwochs geschlossen. Sie würde lächeln und verzweifeln[27] und sich damit abfinden[28], vielleicht.

Sie würde sich mehrmals die Haare aus dem Gesicht streichen[29],
30 mit dem Ringfinger der linken Hand beidseitig der Schläfe[30] entlangfahren, dann langsam den Mantel aufknöpfen[31].

Dann saß er da, überlegte[32], wem er einen Brief schreiben könnte, las die Gebrauchsanweisung[33] für den Füller noch einmal – leicht nach rechts drehen – las auch den französischen Text, verglich[34] den engli-
35 schen mit dem deutschen, sah wieder seinen Zettel, dachte an Palmen, dachte an Hildegard.

Saß da.

Und um halb zehn kam Hildegard und fragte: „Schlafen die Kinder?"

Sie strich sich die Haare aus dem Gesicht.

■ ■

Leseverständnis

1. **Schriftlich:** Mit ganz wenigen Worten sagt der Autor viel über das Eheleben von Paul und Hildegard, über ihre Gefühle, ihre Situation. Es gibt aber auch manches, was wir einfach nicht genau wissen. Schreiben Sie zu Hause Fragen über das, was wir *nicht* erfahren (mindestens sieben Fragen).

   NOTE: *Begin each question with a different interrogative word.*

BEISPIELE: **Wie lange** *sind Paul und Hildegard verheiratet?*

Wo *wohnen sie?*

Warum *ist es ihm zu kalt?*

2. **Mündlich:** Stellen Sie in der Unterrichtsstunde Ihre Fragen an andere Studenten. Notieren Sie die Antworten, die Sie bekommen.

3. **Partner- oder Gruppenarbeit:** Beschreiben Sie Paul, Hildegard und ihre Ehe mit Hilfe der Antworten, die Sie auf Ihre Fragen bekommen haben.

In eigenen Worten

Drücken Sie die Stellen anders aus.

NOTE: *This is a paraphrase activity; you need not explain the passages.*

BEISPIEL: Dann . . . las [er] die Gebrauchsanweisung für den Füller noch einmal . . .

Dann las er wieder, wie man die Füllfeder benutzt.

1. [Er] nahm einen neuen Bogen . . . dann nahm er seine Feder erneut zur Hand und setzte großzügig seinen Namen darunter [d.h., unter den Satz „ich gehe nach Südamerika"].

2. Später räumte er die Zeitungen vom Tisch, überflog dabei die Kinoinserate . . .

3. Sie läse seine Mitteilung, erschräke dabei, glaubte wohl das mit Südamerika nicht, würde dennoch die Hemden im Kasten zählen, etwas müßte ja geschehen sein.

Diskussion

1. Diskutieren Sie Pauls Wunschtraum. Warum ist es ihm jetzt zu kalt? In welchem Land lebt er, und inwiefern ist das hier vielleicht wichtig?

2. Der Name „San Salvador" kommt im Text nicht vor; Paul schreibt, daß er nach Südamerika geht, aber San Salvador ist die Hauptstadt von El Salvador in *Mittelamerika*. Die Insel San Salvador (von wem so genannt?!) befindet sich im Karibischen Meer und nicht in Südamerika. Hat der Autor sich geirrt? Warum nennt der Autor seine Geschichte so? Was bedeutet San Salvador?

3. Wir können im Text beobachten, wie Pauls Entschluß (*decision*) wegzugehen, sozusagen wie die Tinte auf dem Papier „eintrocknet". Der Autor sagt aber nicht mit Worten, warum Paul diesen Entschluß nicht ausführt. Was meinen Sie?

4. Diskutieren Sie die wiederholten Worte „Dann saß er da" und „Saß da" (ohne „er").

5. Erzählen Sie in einer Reihe von Aussagen, was beide Partner in dieser Ehe tun könnten, um eine solche „kalte" Situation zu vermeiden (*avoid*) oder zu ändern. Beginnen Sie Ihre Aussagen mit Formen wie z.B. „Sie könnten", „Sie müßten" und „Sie sollten".

6. Was meinen Sie?

   a. Meiner Meinung nach sollte Paul seine Familie verlassen (nicht verlassen) und (nicht) nach Südamerika fliehen, denn . . .

   b. Wenn ich Paul (oder Hildegard) wäre, dann würde ich . . .

Wortschatzaufgaben

1. Machen Sie eine Liste von etwa zehn Verben im Text, mit denen der Autor beschreibt, was Paul tut, z.B. **räumen, innehalten**. Schreiben Sie zu jedem dieser Verben zwei oder drei Wörter oder Ausdrücke (aber keine aus dieser Geschichte), welche die Tätigkeit dieser Verben logisch ergänzen (*complete*).

   BEISPIELE: räumen

   das Geschirr (*dishes*) / die Spielzeuge usw. vom Tisch **räumen**

   innehalten

   beim Lesen/Sprechen/Schreiben **innehalten**

2. Welche Substantive in der Geschichte haben mit Schreiben oder Lesen zu tun? Lernen Sie diese Wörter mit Artikel und Plural.

Aufsatzthemen

TIPS ZUM SCHREIBEN: Using modal verbs for explanation; using subjunctive modals for opinions and conjecture

Modal verbs (**dürfen, können, nicht mögen, müssen, sollen, wollen**) can be used to express motivations, attitudes, or conditions surrounding certain actions. The sentence "**Paul geht nicht nach Südamerika**" is a simple statement of fact without any commentary. On the other hand, the sentences "**Paul kann nicht nach Südamerika gehen**" or "**Paul will/mag nicht wirklich nach Südamerika gehen**" are in effect commentary on *why* he does not go to South America.

When offering opinions on possible courses of action, consider using the following conditional subjunctive forms:[1]

> **er/sie könnte [tun]**   he/she could/would be able to [do]
>
> **er/sie müßte [tun]**   he/she would have to [do]
>
> **er/sie sollte [tun]**   he/she should/ought to [do]

1. Beschreiben Sie die Ehe dieses Ehepaars. Erklären Sie, wie und warum es Paul kalt geworden ist.

2. Erzählen Sie, wie Paul und Hildegard ihre Ehekrise vielleicht überwinden könnten.

3. Träumen Sie manchmal von einem fernen Ort, wohin Sie auch reisen möchten? Erzählen Sie davon und auch von Ihren Gefühlen dabei.

---

[1] The subjunctive form **wollte** (*would want*) is very uncommon except in wishes. The subjunctive **möchte** (*would like*) is a polite form used mainly to express wishes or desires in present time: **Sie möchte jetzt gehen.** or **Ich möchte eine Tasse Tee**. The subjunctive **dürfte** (*might*) is only used in a few very specific idiomatic contexts: **Dürfte ich Sie etwas fragen?**

6 Neapel sehen

Kurt Marti

Kurt Marti was born in 1921 in Berne, Switzerland, and has been a pastor there for many years. His short stories, essays, and poetry have earned him several literary awards in his homeland and in Germany. "Neapel sehen" ("To See Naples") appeared in his first collection of short stories, *Dorfgeschichten* (1960). In terse style Marti offers a poignant portrait of a man locked into his own false perceptions and misspent life. Central to the story is the significance of its title. Other short and challenging selections from this collection are "Ein Leben in Villen," "Dora ißt Brot," "Lokalzug," and "Happy End."

Vor dem Lesen

Erwartungen vom Titel

Die Stadt Neapel in Süditalien ist für ihre Schönheit bekannt. Von dieser Stadt sagen die Italiener: „Vedi Napoli e poi muori!" („Neapel sehen und sterben."). Diskutieren Sie mit anderen Personen im Kurs darüber, was Sie von dem Titel „Neapel sehen" erwarten.

Lesen Sie die Geschichte genau, nachdem Sie den Titel mit jemandem im Kurs besprochen haben. Achten Sie darauf, was der Titel mit der Geschichte zu tun hat.

Neapel sehen

Er hatte eine Bretterwand[1] gebaut. Die Bretterwand entfernte[2] die Fabrik aus seinem häuslichen Blickkreis[3]. Er haßte[4] die Fabrik. Er haßte seine Arbeit in der Fabrik. Er haßte die Maschine, an der er arbeitete. Er haßte das Tempo der Maschine, das er selber beschleunigte[5]. Er
5 haßte die Hetze nach[6] Akkordprämien[7], durch welche er es zu einigem Wohlstand[8], zu Haus und Gärtchen gebracht[9] hatte. Er haßte seine Frau, so oft sie ihm sagte, heut nacht hast du wieder gezuckt[10]. Er haßte sie, bis sie es nicht mehr erwähnte[11]. Aber die Hände zuckten weiter im Schlaf, zuckten im schnellen Stakkato der Arbeit. Er haßte
10 den Arzt, der ihm sagte, Sie müssen sich schonen[12], Akkord ist nichts

mehr für Sie. Er haßte den Meister, der ihm sagte, ich gebe dir eine andere Arbeit, Akkord ist nichts mehr für dich. Er haßte so viele verlogene[13] Rücksicht[14], er wollte kein Greis[15] sein, er wollte keinen kleineren Zahltag, denn immer war das die Hinterseite[16] von so viel

15 Rücksicht, ein kleinerer Zahltag. Dann wurde er krank, nach vierzig Jahren Arbeit und Haß zum ersten Mal krank. Er lag im Bett und blickte zum Fenster hinaus. Er sah sein Gärtchen. Er sah den Abschluß[17] des Gärtchens, die Bretterwand. Weiter sah er nicht. Die Fabrik sah er nicht, nur den Frühling im Gärtchen und eine Wand aus gebeizten[18]

20 Brettern. Bald kannst du wieder hinaus, sagte die Frau, es steht alles in Blust[19]. Er glaubte ihr nicht. Geduld[20], nur Geduld, sagte der Arzt, das kommt schon wieder[21]. Er glaubte ihm nicht. Es ist ein Elend[22], sagte er nach drei Wochen zu seiner Frau, ich sehe immer das Gärtchen, sonst nichts, nur das Gärtchen, das ist mir zu langweilig[23],

25 immer dasselbe Gärtchen, nehmt doch einmal zwei Bretter aus der verdammten Wand, damit[24] ich was anderes sehe. Die Frau erschrak[25]. Sie lief zum Nachbarn. Der Nachbar kam und löste[26] zwei Bretter aus der Wand. Der Kranke sah durch die Lücke[27] hindurch, sah einen Teil der Fabrik. Nach einer Woche beklagte er sich[28], ich sehe immer das

30 gleiche Stück der Fabrik, das lenkt mich zu wenig ab[29]. Der Nachbar kam und legte die Bretterwand zur Hälfte nieder. Zärtlich[30] ruhte der Blick des Kranken auf seiner Fabrik, verfolgte das Spiel des Rauches über dem Schlot[31], das Ein und Aus der Autos im Hof, das Ein des Menschenstromes am Morgen, das Aus am Abend. Nach vierzehn

35 Tagen befahl[32] er, die stehengebliebene Hälfte der Wand zu entfernen. Ich sehe unsere Büros nie und auch die Kantine nicht, beklagte er sich. Der Nachbar kam und tat, wie er wünschte. Als er die Büros sah, die Kantine und so das gesamte[33] Fabrikareal[34], entspannte[35] ein Lächeln die Züge[36] des Kranken. Er starb nach einigen Tagen.

Leseverständnis

1. Gruppieren Sie um die auf Seite 46 angegebenen Wörter möglichst viele andere Wörter oder Informationen aus dem Text, an die Sie sich erinnern. Nehmen Sie dabei den Text nicht zu Hilfe. Arbeiten Sie allein oder mit anderen zusammen.

2. Erzählen Sie allein oder mit anderen Personen zusammen die Geschichte mit Hilfe dieser Wortassoziationen ausführlich (*in detail*) nach.

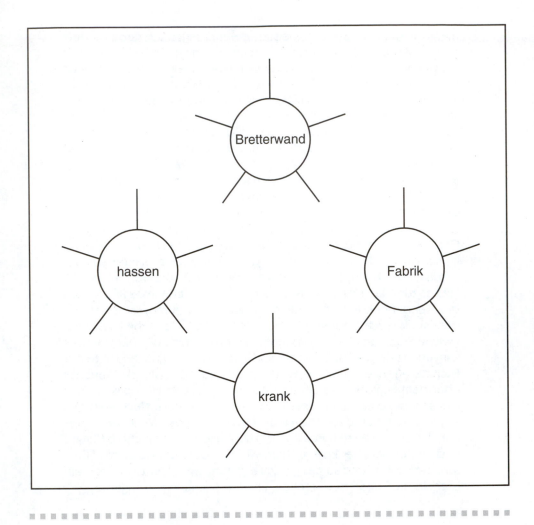

NOTE: *You could probably summarize the story in four or five sentences, but here you should try to expand the narrative as much as possible. When working in groups, every time another student makes a statement to which you can add more details or information, gain the floor and provide additional commentary. Note the following openers for adding comments.*

Redemittel:

Bitte, wir sollten noch etwas erwähnen (*mention*).

Man hat nicht erwähnt, daß . . .

Wir wollen auch nicht vergessen, daß/wie . . .

Es steht aber auch im Text, daß . . .

In eigenen Worten

Drücken Sie die Stellen anders aus.

> **NOTE:**   *This is a paraphrase activity; you need not explain the context.*

> **BEISPIEL:**   Die Bretterwand entfernte die Fabrik aus seinem häuslichen Blickkreis.
>
> *Von seinem Haus aus konnte er die Fabrik nicht sehen. Er sah nur die Bretterwand.*

1. Er haßte die Hetze nach Akkordprämien, durch welche er es zu einigem Wohlstand, zu Haus und Gärtchen gebracht hatte.

2. Sie müssen sich schonen, Akkord ist nichts mehr für Sie.

3. Er haßte so viele verlogene Rücksicht, er wollte kein Greis sein, er wollte keinen kleineren Zahltag, denn immer war das die Hinterseite von so viel Rücksicht, ein kleinerer Zahltag.

4. Zärtlich ruhte der Blick des Kranken auf seiner Fabrik, verfolgte das Spiel des Rauches über dem Schlot.

5. Nach vierzehn Tagen befahl er, die stehengebliebene Hälfte der Wand zu entfernen.

Diskussion

> **NOTE:**   *A* motif *is a simple element, usually a familiar situation, incident, attitude, etc., that serves as the basis or central idea for a story or poem. The more literature we read, the more familiar we become with such motifs because they tend to recur within our literary tradition, although in many different guises. Just think, for example, how many stories, musicals, and films have been built around the Cinderella motif of the poor girl who marries the rich prince.*

1. Welche Motive sehen Sie in dieser Geschichte?

2. Warum heißt die Geschichte „Neapel sehen"?

3. Die Geschichte besteht aus (*consists of*) *einem* langen Abschnitt. Warum nicht aus zwei oder drei Abschnitten?

4. Erklären Sie, welche Aspekte oder Probleme im Leben dieses Mannes und vielleicht im Leben vieler Menschen in unserem Zeitalter (*age, era*) durch die folgenden Dinge zum Ausdruck gebracht werden.

   die Bretterwand   das Ein und Aus der Autos im Hof

   das Gärtchen   Akkordprämien

   das Stakkato der Arbeit

5. Machen Sie eine Liste von Dingen, die Sie hassen. Was hassen Sie am allermeisten?

   BEISPIEL: Ich hasse den Krieg.

   Ich hasse es, wenn/daß . . .

6. Gibt es ein Neapel in Ihren Träumen? Erzählen Sie davon.

Wortschatzaufgaben

1. Suchen Sie etwa zehn Wörter aus dem Text (Verben, Substantive, Adjektive), welche *Reaktionen, Gefühle, Meinungen* und *sprachliche Äußerungen* der Figuren in der Geschichte ausdrücken. Schreiben Sie mit diesen Wörtern Aussagen über sich selbst oder andere Menschen, die Sie kennen.

   BEISPIEL: sich beklagen

   Ich habe einen Freund, der **sich** über alles **beklagt**.

2. Machen Sie eine Liste aller Substantive im Text, die zur Welt der Arbeit und der Fabrik gehören. Lernen Sie diese Wörter mit Artikel und Plural.

Aufsatzthemen

TIPS ZUM SCHREIBEN: Using the simple past tense in narratives; avoiding unnecessary tense shifts; varying the beginning of sentences.

When telling or retelling a story, you should use the simple past tense rather than the present perfect. Also, keep your tense usage consistent.

Some writers slip back and forth between present and past tense for no apparent reason at all. If you begin in the past tense, remain in the past tense, unless the time of your narrative shifts to the present. In addition, vary your style by beginning some sentences with adverbs and prepositional phrases rather than subjects.

1. Erzählen Sie die Geschichte nach. Verwenden Sie mindestens vier der folgenden Verben.

müssen	können
sollen	lassen
wollen	(nicht) dürfen

2. Haben Sie einmal eine Arbeit gehabt, die Sie haßten? Erzählen Sie davon. Beschreiben Sie auch die Gefühle, die Sie dabei hatten.

3. **Gruppenaufsatz zu dritt:** Drei Mitarbeiter des alten Mannes sitzen nach dem Begräbnis in einem Gasthaus und reden über ihren verstorbenen Kollegen. Setzen Sie sich mit zwei anderen Personen im Kurs zusammen. Diskutieren Sie darüber, was diese drei Arbeiter sagen könnten. Schreiben Sie dann eine dialogische Szene, in der jede(r) in Ihrer Gruppe für eine der drei Stimmen verantwortlich ist. Lesen Sie Ihre Szene im Kurs vor.

Der Mann, der nie zu spät kam

Paul Maar

Like the "Erfindungsmaschine," this story by Paul Maar was also written for children and young adults. (See Maar's biography in story 3.)

Höranweisung

Sie hören diese Geschichte zunächst ohne Ende. Obwohl es wohl Wörter gibt, die Sie nicht kennen, hören Sie sich die Geschichte zuerst *ohne den angegebenen Wortschatz* an. Sie können ja viel verstehen und manche Wörter leicht aus dem Kontext erraten (*guess*). Hören Sie sich die Geschichte dann ein zweites Mal an, diesmal *mit dem Wortschatz*.

Wortschatz im Hörtext

Schon als Kind . . .

pünktlich	punctual
regelmäßig	regular(ly)
das **Weckerklingeln**	ringing of the alarm clock
angezogen	dressed
sich beeilen	to hurry, make haste
der **Hausmeister, -**	building caretaker
gähnend	yawning
der **Schulhof, ⸚e**	school yard
schlurfen	to shuffle
aufschließen*	to unlock, open up
sich (*dat.*) **etwas anschauen**	to look at s.th.

Später arbeitete Wilfried . . .

trotzdem	despite this
der **Bahnsteig, -e**	train platform
jmdn. als ein Beispiel hinstellen	to hold s.o. up as an example
die lobe ich mir	I like that; (*lit.*) I praise it
sich (*dat.*) **eine Scheibe abschneiden***	(*coll.*) to learn from s.o.'s example; (*lit.*) to cut off a slice for oneself
deswegen	for this reason

der **Vorteil, -e**	advantage
sich verabreden mit	to make an appointment, arrange to get together
die **Versammlung, -en**	gathering, meeting
die **Gelegenheit, -en**	occasion, opportunity
die **Gefahr, -en**	danger
meiden*	to avoid

Einmal glaubte ein Arbeitskollege . . .

ertappen	to catch (in the act)
die **Vorstellung, -en**	show
sich tasten	to feel one's way, grope
die **Reihe, -n**	row
der **Unsinn**	nonsense
rechtzeitig	on time
auswendig	from memory, by heart
eine Feier veranstalten	to organize a ceremony/ celebration
ihm zu Ehren	in his honor
nach Dienstschluß	after closing
die **Urkunde, -n**	certificate
schwanken	to totter, wobble

Am nächsten Morgen wachte er nicht . . .

üblich	customary, usual
läuten	to ring
erwachen	to awake
entsetzt	horrified

Das Ende der Geschichte:

stolpern	to stumble, trip
abstellen	to set down
die **Bahnsteigkante, -n**	edge of a train platform
ins Leere treten*	to step into empty space
stürzen	to plunge, fall
die **Schiene, -n**	track, rail
folglich	thus, accordingly
planmäßig	scheduled
offensichtlich	obvious(ly), apparent(ly)
verdattert	flabbergasted, confused and surprised

klettern	to climb
der **Bahnbeamte** (ein **Bahnbeamter**)	train official
atemlos	breathless(ly)
nicken	to nod
begreifend	comprehending(ly)
überhaupt nicht	not . . . at all
erstaunt	amazed
inzwischen	meanwhile, in the meantime
feststellen	to ascertain
von Vorteil sein*	to be beneficial

Hörprotokoll

Erzählen Sie auf deutsch oder auf englisch, was Sie gerade gehört haben.

Wie endet die Geschichte?

1. Wie endet die Geschichte wohl? (Siehe den angegebenen Wortschatz für diesen Teil der Geschichte!)

2. Hören Sie sich das Ende der Geschichte an, nachdem Sie sich ein Ende ausgedacht haben.

Diskussion

1. Kennen Sie einen Menschen, der wie Herr Kalk irgendeine (*some*) fixe Idee hat? Erzählen Sie davon.

2. Kommen Sie immer rechtzeitig? Warum? Warum nicht?

3. Soll man nie zu spät kommen?

Wortschatzaufgabe

Die folgenden recht oft gebrauchten Verben aus dem Text beschreiben menschliche Tätigkeiten. Bilden Sie Sätze mit diesen Verben.

sich beeilen	sich tasten
sich etwas anschauen	veranstalten
sich verabreden mit	stolpern über (*acc.*)
meiden*	feststellen, (daß/ob)

Zur Wiederholung 2

Wortschatzaufgaben (Partnerarbeit oder Hausaufgabe)

1. **Verwenden Sie jedes der folgenden Wörter in kleinen Wendungen (*expressions*). Vergleichen Sie Ihre Wendungen mit denen anderer Personen im Kurs.**

   BEISPIELE: überfliegen (5)

   einen Text **überfliegen**

   ein Zettel (6)

   einen **Zettel** hinterlassen/schreiben

   a. überweisen* (4)   f. dauern (5)

   b. befehlen* (6)   g. lösen (6)

   c. eine Gebrauchsanweisung (5)   h. eine Mitteilung (5)

   d. sich beklagen (über) (6)   i. entfernen (6)

   e. überlegen (4, 5)

2. **Drücken Sie die Sätze mit Hilfe der angegebenen Wörter und Ausdrücke anders aus.**

   NOTE: *This exercise requires more than simple word substitution.*

   BEISPIEL: Du darfst nicht soviel Geld ausgeben. (sparsam, 4)

   Du mußt **sparsamer** leben.

   a. Du mußt aufpassen, daß du beim Arbeiten keine Fehler machst. (sorgfältig, 5)

b. Ich kann diese Melodie einfach nicht vergessen. (jmdm. aus dem Sinn gehen, 4)

c. Die Tanzlehrerin wird euch zeigen, wie man diesen Tanzschritt macht. (jmdm. [etwas] vormachen, 4)

d. Kochen finde ich völlig uninteressant. (langweilig, 6)

e. Der Lehrer freut sich über seine guten Studenten und erzählt gern von ihnen. (stolz [auf], 4)

f. Für ein zweites Spiel war nicht genug Zeit. (reichen, 4)

g. Gib nicht alle Hoffnung auf! (verzweifeln, 5)

h. Du sollst auf deine Gesundheit aufpassen und nicht mehr schwer arbeiten. (sich schonen, 6)

i. Wenn jemand etwas Dummes tut, darf man nicht gleich böse werden. (Geduld haben/die Geduld verlieren, 6)

3. Machen Sie für jede Geschichte eine „Erzählkarte" von 7 x 12 cm (3 x 5 in.) oder 10 x 15 cm (4 x 6 in.). Schreiben Sie auf eine Seite dieser Karte etwa zwölf bis fünfzehn deutsche Wörter. Ihr(e) Partner(in) soll eine der Karten ziehen und mit Ihren Wörtern und Ausdrücken Aussagen über diese Geschichte machen.

Diskussionsthemen/Aufsatzthemen

1. Vergleichen Sie das (Ehe)leben der Frauen und Männer in den drei Geschichten. Verwenden Sie womöglich Wörter aus den Wortschatzaufgaben.

   Redemittel:

   Ich finde die Frau/den Mann in [*Titel*] . . .

   Meines Erachtens (*in my view*) führt er/sie ein Leben, das . . .

   Besonders deutlich sieht man, daß/wie . . .

   Auch in ihrer/seiner Ehe . . .

   Es kann/könnte (auch) sein, daß er/sie . . .

   Letzten Endes (*in the final analysis*) aber glaube ich, daß . . .

2. Diskutieren Sie, was Arbeit und Beruf für die Männer in „Familie in Kürze" und „Neapel sehen" bedeuten.

3. Welche Geschichte hat Ihnen am besten oder am wenigsten gefallen? Warum?

7 66 Fragen

Franz Hohler

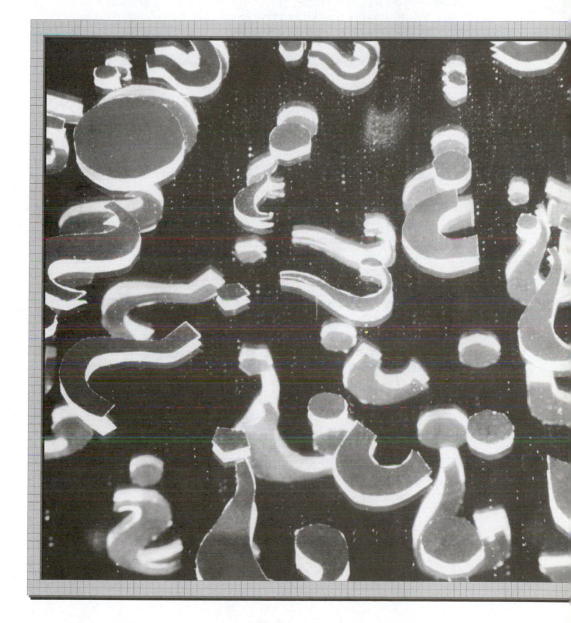

Like "Der Verkäufer und der Elch," Franz Hohler's "66 Fragen"
comes from his collection *Ein eigenartiger Tag*. Although this text
does not fall into any literary genre, it is intended as literature
and should surely provoke creative responses from readers. (See
Hohler's biography in Hörtext 1B.)

Der Text besteht aus Fragen. Sie brauchen keine Aufgabe vor dem Lesen
zu machen. Beantworten Sie die Fragen, während Sie sie lesen. Bei
einigen Fragen genügt ein Wort (oft *ja* oder *nein*) als Antwort.

66 Fragen

Wie groß sind Sie?

Wie lange können Sie den Atem[1] anhalten?

Können Sie durch die Finger pfeifen?

Wann haben Sie das letztemal einen Purzelbaum[2] gemacht?

5   Wenn Sie in einem Restaurant sind und einen Kaffee trinken, und es
gibt verpackten Zucker dazu, und Sie trinken den Kaffee ohne
Zucker–nehmen Sie dann den Zucker mit?

Kennen Sie viele Apfelsorten?

Können Sie etwas über Nagetiere[3] sagen?

Worum ging es[4] im Ersten Weltkrieg?

Kennen Sie den Namen Ihres Briefträgers?

10   Glauben Sie an Impfungen[5]?

Wogegen?

Gibt es ein Gedicht[6], das Sie auswendig[7] können?

Gibt es ein unanständiges[8] Gedicht, das Sie auswendig können?

Von wem stammt die Kuh ab[9]?

15 Was finden Sie schwerer, aufhören[10] oder anfangen?

Wie heißen Sie?

Sind Sie mit Ihrem Namen zufrieden?

Wenn nicht, wie möchten Sie lieber heißen?

Können Sie ein Märchen erzählen?

20 Haben Sie zu Hause einen Luftbefeuchter[11]?

Worauf hoffen Sie?

Können Sie an einer Zoohandlung vorbeigehen, ohne hineinzu-schauen?

Können Sie an einer Handlung für Damenwäsche vorbeigehen, ohne hineinzuschauen?

Sind Sie männlichen oder weiblichen Geschlechts[12]?

25 Was stellen Sie sich unter Bandenergie[13] vor[14]?

Waren Sie schon einmal in psychiatrischer Behandlung[15]?

Wem gehören Sie?

Glauben Sie, daß man Zeit gewinnen kann?

Schreiben Sie von Ihren Ferien Ansichtskarten[16]?

30 Wem?

Hassen[17] Sie Leute, die Witze im Kopf behalten können?

Denken Sie oft ja, wenn Sie nein sagen?

Gibt es einen Metzger[18], den Sie persönlich kennen?

Können Sie einen Blindgänger markieren[19]?

35 Dieses leichte Stechen[20] in der Nierengegend[21], haben Sie das schon lange?

Geben Sie alle Ihre Einkünfte[22] der Steuer[23] an[24]?

Wieso wehren Sie sich[25] gegen das Wort Hinterziehung[26]?

Hassen Sie die Pest[27]?

Wie geht es Ihnen?

40 Wissen Sie, was ein Moschusochse[28] ist?

Wenn Sie es nicht wissen, interessiert es Sie, zu wissen, was das ist?

Können Sie den Unterschied zwischen einer Aktie[29] und einer Obligation[30] erklären?

Benutzen Sie die Wörter „Dein, Ihr, Euer" am Schluß eines Briefes?

Schreiben Sie Briefe?

45 Glauben Sie daran, daß Sie einmal sterben müssen?

Glauben Sie das wirklich?

Kennen Sie jemanden, der gelb als Lieblingsfarbe hat?

Wie gut kennen Sie ihn?

Fürchten Sie sich[31] vor Verkäuferinnen?

50 Beginnen Sie Ihre Unterschrift oben oder unten?

Gehen Sie gern zu Fuß?

Wann sind Sie zum letztenmal rot geworden?

Gibt es ein Wort, das Ihnen zuwider ist[32]?

Wenn Sie einen Pfirsich anfassen[33], kriegen Sie da eine Hühnerhaut[34]?

55 Werfen Sie Schnüre[35] von Paketen, die Sie bekommen, weg?

Wo wohnen Sie?

Können Sie kochen?

Töten Sie gern Insekten?

Haben Sie ein Taschenmesser?

60 Wo liegt Ihrer Meinung nach Abu Dhabi?

Macht es Ihnen nichts aus, eine Salbe gegen Hämorrhoiden zu kaufen?

Gibt es etwas, das Sie noch nachholen[36] möchten?

Wie alt sind Sie?

Ist Ihnen der Gedanke an rohes Fleisch unangenehm?

65 Haben Sie diese Fragen nur gelesen oder auch beantwortet?

Wo denken Sie hin[37]?

Leseverständnis

1. Wie viele der 66 Fragen konnten Sie beantworten?
2. Auf welche Fragen im Text wissen Sie keine Antwort? Fragen Sie andere Personen, ob sie die Antworten wissen.
3. Auf welche Fragen gibt es keine Antworten, weil Sie für sich die Fragen nicht relevant finden?

Diskussion

1. Was sind Ihrer Meinung nach die fünf besten und die fünf dümmsten Fragen in diesem Text?
2. Gibt es im Text Fragen, die jeder Mensch sich stellen und beantworten sollte? Wenn ja, welche?

3. Gibt es im Text Fragen, worauf es keine Antworten gibt oder geben kann?

4. Was will der Autor mit seinen 66 Fragen?

Wortschatzaufgaben

1. Unterstreichen Sie (*underline*) alle Wörter im Text, die Sie beim ersten Lesen nicht verstanden haben. Geben Sie Artikel und Plural für alle Substantive.

2. Entscheiden Sie darüber, welche dieser Wörter für den täglichen Sprachgebrauch nützlich sind. Lernen Sie diese Wörter.

Aufsatzthemen

TIPS ZUM SCHREIBEN: Using interrogatives

Remember that there are two types of questions: yes/no questions, and those that are posed with interrogative words and thus require a specific informational answer. Use some of the following interrogatives when doing the writing assignments.

wer? wem? wen? wessen?

welcher/welche/welches?

wo? wohin? woher?

woran? worauf? wofür? womit? wovon? wozu? (*for what purpose?*)

wann?

wie? wieso? (*how is it that?*)

warum? weshalb?

1. Stellen Sie einen Fragebogen (*questionnaire*) mit zehn Fragen zusammen. Lassen Sie andere Personen im Kurs (und auch den Professor/die Professorin) Ihren Fragebogen anonym ausfüllen. Berichten Sie die Ergebnisse (*results*).

2. Schreiben Sie einen Aufsatz mit dem Titel „Fragen".

3. Schreiben Sie einen Aufsatz über *eine* der Fragen in Franz Hohlers Text.

8 Rotkäppchen '65

Anneliese Meinert

Anneliese Meinert (Alice Penkala) was born in 1902 in Vienna. She worked as an attorney for a number of years before becoming a freelance journalist and writer. After Hitler's annexation of Austria, she and her husband left the country and ended up in the international zone of Tangiers, where she survived through a variety of jobs and professions. At the end of World War II she settled in Southern France, where she was living as recently as 1988.

Überfliegen des Textes

Lesen Sie den ersten Satz in jedem Abschnitt, um einen ersten Eindruck von der Geschichte zu gewinnen.

Lesen Sie „Rotkäppchen '65" jetzt genau. Achten Sie dabei auf Parallelen zwischen diesem modernen „Rotkäppchen" und „Rotkäppchen" nach den Brüdern Grimm (siehe Hörtext 3).

Rotkäppchen '65

„Rotkäppchen", sagte die Mutter, „ich habe ein Körbchen[1] für die Oma zurechtgemacht[2]. Kuchen und Whisky. Ich habe eine dringende[3] Verabredung[4]. Sei lieb und bring es ihr."

Rotkäppchen freute das gar nicht[5]. Sie hatte ein Rendezvous. Aber
5   da sie ein freundliches Mädchen war, knurrte[6] sie: „Gib her."

Rotkäppchen sprang in ihren Sportwagen. Sie sauste[7] durch den Wald. Das war keine Autobahn, aber der Verkehr war so schwach, daß man rasen[8] konnte. Vorbei an den Bäumen. Vorbei an den warnenden Tafeln[9] mit den Tiersilhouetten. Am Wegrand[10] stand ein grauer
10   Schatten[11] und winkte[12]. Vorbei!

Die Oma schien durch den Besuch nicht gerade[13] beglückt[14] zu sein. „Du kommst ungelegen[15], mein Kind. Ich habe eine Bridgepartie. Und was fällt deiner Mutter ein[16], mir Kuchen und Whisky zu schicken? Ich bin in meiner Rohkostwoche[17]. Muß abnehmen[18]. Trag das Zeug[19]
15   fort[20], ehe es mich in Versuchung[21] führt."

„Ja, Oma." Rotkäppchen ergriff das Körbchen, das sie auf den Tisch gestellt hatte. Dann fragte sie: „Oma, warum hast du so glänzende[22] Augen?"

„Damit[23] ich dich besser sehen kann." Die Oma lachte. „Kontaktglä-
20 ser[24]! Viel angenehmer als eine Brille."

„Warum trägst du so große Ohrgehänge?"

„Damit ich dich besser hören kann. Das ist die letzte Erfindung[25].
Man baut die Apparate in die Ohrclips ein."

Auch Rotkäppchen lachte. „Oma, dein Mund ist anders als sonst."
25 „Damit ich dich besser fressen kann? Nein. Ich habe ein neues
Gebiß[26]. Der Zahnarzt hat es so konstruiert, daß die Mundwinkel[27]
nicht mehr herunterhängen. Aber ich will dich nicht länger aufhalten,
Kind . . ." Rotkäppchen hüpfte in den Wagen und fuhr los.

An der Normaluhr[28] wartete ihr Freund, der junge Jäger.

30 „Unpünktlich", grollte[29] er, während er einstieg. „Wo hast du dich wieder herumgetrieben[30]?"

„Überhaupt nicht[31]. Ich war bei der Oma. Und wenn du mir nicht glaubst: da ist das Körbchen, das sie mir gegeben hat."

Hans Jäger öffnete die Whiskyflasche. „Keine einzige Begegnung[32]?"

35 fragte er. Dann nahm er einen kräftigen Schluck[33].

„I wo[34]! Der alte Herr Wolf wollte Autostopp machen. Ich hätte ihn beinahe[35] überfahren."

„Mmmm", machte Hans, denn er hatte den Mund voll Kuchen.

Sie fuhren über die Autobahn und durch den Wald. Daß Blumen am

40 Straßenrand wuchsen und weiter drin, unter den Bäumen, noch schönere, sahen sie nicht, ebensowenig wie Rotkäppchen etwas davon gemerkt hatte, als sie allein im Wagen war. Wie könnte man auch! Bei 180 Stundengeschwindigkeit[36]!

Leseverständnis

Hören Sie sich „Rotkäppchen" nach den Brüdern Grimm an (siehe Hörtext 3, Seite 77). Machen Sie eine Liste von allen möglichen Unterschieden zwischen diesen beiden Versionen von „Rotkäppchen". Vergleichen Sie Ihre Liste mit den Listen anderer Personen im Kurs.

Rotkäppchen	Rotkäppchen '65
zu Fuß gehen	im Sportwagen fahren
Körbchen mit Kuchen und Wein usw.	Körbchen mit Kuchen und Whisky

In eigenen Worten

Suchen Sie fünf Sätze aus dem Text heraus, in denen weder *sein* noch *haben* das Hauptverb ist. Lesen Sie Ihre Sätze vor. Andere Personen sollen den Inhalt von diesen Sätzen in ihren eigenen Worten ausdrücken. Bücher zu!

BEISPIEL: Student(in) 1 liest:

Die Oma schien durch den Besuch nicht gerade beglückt zu sein.

Student(in) 2 drückt den Satz anders aus:

Die Oma freute sich nicht besonders darüber, daß Rotkäppchen sie besuchte.

oder: *Rotkäppchens Besuch machte die Oma nicht besonders froh.*

Diskussion

1. Ein Märchen hat fast immer eine Moral, eine Lehre. Welche Lehre finden Sie im alten Märchen vom Rotkäppchen? Wie wird die Moral in dieser modernen Version variiert?

2. Was kritisiert die Autorin am deutschen Leben im Jahre 1965? Suchen Sie Belege (*proofs*) im Text.

3. Diskutieren Sie, wie ein „Rotkäppchen" heute aussehen müßte.

Wortschatzaufgaben

1. Machen Sie eine Liste von allen Präfixverben, die Sie in der Geschichte finden. Teilen Sie diese Verben in die folgenden Kategorien ein. Lernen Sie diese Wörter.

   Verben mit trennbarem   **Verben mit untrennbarem**
   Präfix   **Präfix**

2. Welche Dinge (Substantive) in diesem modernen Märchen findet man gewöhnlich nicht in einem Märchen? Welche Dinge in diesem Märchen spielen eine Rolle in Ihrem Leben? Wieso? Lernen Sie diese Wörter mit Artikel und Plural.

Aufsatzthemen

TIPS ZUM SCHREIBEN: Writing direct speech; using punctuation with quotation marks

Direct speech and dialogue can make a narrative livelier and more interesting. Normally, narrative and direct speech for each speaker are in separate paragraphs, as in the Meinert text. When direct speech is introduced by narrative, a colon precedes it. **Sie sagte: „Guten Tag."** If, however, a sentence begins with direct speech and is then interrupted by narrative, the continuing direct speech is preceded by a comma rather than a colon. **„Guten Tag", sagte sie, „darf ich herein?"** In German, the opening quotation mark is set at the bottom of the line, the concluding one at the top. The concluding quotation mark comes before commas but after periods, question marks, and exclamation marks (see above examples).

1. Schreiben Sie Ihre eigene Rotkäppchen-Variante oder ein neues Ende zum alten Märchen.

   So könnte es beginnen:

   Es war einmal ein hübsches kleines Mädchen. Das hieß Rotkäppchen, aber es war ein freches und faules Kind. Eines Tages sagte die Mutter: „Rotkäppchen, nimm diesen Korb und bringe ihn der kranken Großmutter."

   „Warum immer ich", maulte das Rotkäppchen, „ich soll jetzt Tennis spielen."

   . . .

   Wie sie durch den Wald kam, traf sie den hübschen jungen Wolf, den sie von der Schule kannte. „Grüß dich Wölfi", sagte das Rotkäppchen, „kannst du mir einen Gefallen tun und diesen Korb zur Oma tragen?" . . . usw.

2. Schreiben Sie eine moderne Märchenparodie.

3. **Gruppenarbeit:** Jede Gruppe schreibt eine Anekdote oder ein Märchen mit insgesamt (*altogether*) zehn der trennbaren und untrennbaren Verben in diesem Text (siehe Wortschatzaufgabe 1). Die Arbeiten werden im Kurs vorgelesen.

9 Das Märchen vom kleinen Herrn Moritz, der eine Glatze kriegte

Wolf Biermann

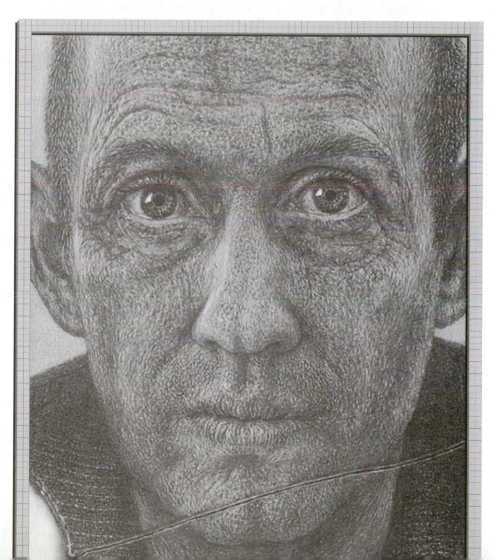

Wolf Biermann was born in Hamburg in 1936 and moved to the German Democratic Republic in 1953. He gained fame and notoriety as a **Liedermacher** and singer critical of the East German regime. In 1976, while Biermann was on tour in West Germany, the East German government revoked his citizenship, compelling him to stay in the West. Since then, Biermann has maintained visibility as a song writer, singer, and freelance journalist writing social and political commentary. Most songs from his GDR period require knowledge of the former East German political regime. However, "Die Ballade von dem Briefträger William L. Moore aus Baltimore" or "Kleinstadtsonntag" from his collection *Die Drahtharfe, Balladen, Gedichte, Lieder* (1965), and many of the selections in *Mit Marx- und Engelszungen* (1968) have broad appeal and are easy to read. The "Märchen vom kleinen Herrn Moritz" was written nearly two decades ago, when there were two Germanys and two Berlins. Which "Berlin" Biermann refers to should become clear as you read.

Vor dem Lesen

Lesen und berichten (Gruppenarbeit)

1. Bilden Sie zunächst Dreiergruppen (*groups of three*). Lesen Sie *einen* Teil dieses Märchens (entweder A, B oder C) rasch durch. Benutzen Sie die Glossen. Die anderen in Ihrer Gruppe lesen je (*each*) einen anderen Teil des Textes. Schreiben Sie dabei Stichworte und Notizen zum Nacherzählen Ihres Teils (15 Minuten).

2. Erzählen Sie den anderen in Ihrer Dreiergruppe kurz den Inhalt Ihres Teils. Für drei Berichte hat Ihre Gruppe etwa 15 Minuten.

   NOTE: *Here you have an opportunity to put your paraphrasing skills to work. Keep in mind that your partners may not understand some of the glossed words that you would like to use. In such instances you will have to explain in German what these words mean.*

3. Erzählen Sie in einer größeren Gruppe das ganze Märchen noch einmal nach (15 Minuten).

Lesen Sie die Geschichte genau, nachdem Sie die Gruppenaufgabe gemacht haben.

Das Märchen vom kleinen Herrn Moritz, der eine Glatze[1] kriegte[2]

A

Es war einmal ein kleiner älterer Herr, der hieß Herr Moritz, und hatte sehr große Schuhe und einen schwarzen Mantel dazu[3] und einen langen schwarzen Regenschirmstock[4], und damit ging er oft spazieren.

5 Als nun der lange Winter kam, der längste Winter auf der Welt in Berlin, da wurden die Menschen allmählich[5] böse.

Die Autofahrer *schimpften*[6], weil die Straßen so glatt[7] waren, daß die Autos ausrutschten[8]. Die Verkehrspolizisten *schimpften,* weil sie immer auf der kalten Straße rumstehen mußten. Die Verkäuferinnen
10 *schimpften,* weil ihre Verkaufsläden[9] so kalt waren. Die Männer von der Müllabfuhr[10] *schimpften,* weil der Schnee gar nicht alle[11] wurde. Der Milchmann *schimpfte,* weil ihm die Milch in den Milchkannen zu Eis gefror. Die Kinder *schimpften,* weil ihnen die Ohren ganz rot gefroren waren, und die Hunde *bellten*[12] vor Wut[13] über die Kälte
15 schon gar nicht mehr, sondern zitterten[14] nur noch und klapperten mit den Zähnen[15] vor Kälte, und das sah auch sehr böse aus.

An einem solchen kalten Schneetag ging Herr Moritz mit seinem blauen Hut spazieren, und er dachte: „Wie böse die Menschen alle sind, es wird höchste Zeit, daß wieder Sommer wird und Blumen
20 wachsen."

B

Und als er so durch die schimpfenden Leute in der Markthalle ging, wuchsen ganz schnell und ganz viel Krokusse, Tulpen und Maiglöck-chen[16] und Rosen und Nelken[16], auch Löwenzahn[16] und Margeriten[16]. Er merkte es aber erst gar nicht, und dabei[17] war schon längst[18] sein
25 Hut vom Kopf hochgegangen, weil die Blumen immer mehr wurden und auch immer länger.

Da blieb vor ihm eine Frau stehn und sagte: „Oh, Ihnen wachsen aber schöne Blumen auf dem Kopf!" „Mir Blumen auf dem Kopf!" sagte Herr Moritz, „so was[19] gibt es gar nicht!"
30 „Doch[20]! Schauen Sie hier in das Schaufenster[21], Sie können sich darin spiegeln. Darf ich eine Blume abpflücken?"

Und Herr Moritz sah im Schaufensterspiegelbild, daß wirklich Blumen auf seinem Kopf wuchsen, bunte[22] und große, vielerlei Art[23], und er sagte: „Aber bitte, wenn Sie eine wollen . . ."
35 „Ich möchte gerne eine kleine Rose", sagte die Frau und pflückte sich eine.

„Und ich eine Nelke für meinen Bruder", sagte ein kleines Mädchen, und Herr Moritz bückte sich[24], damit das Mädchen ihm auf den Kopf langen[25] konnte. Er brauchte sich aber nicht sehr tief zu bücken, denn er war etwas kleiner als andere Männer. Und viele Leute kamen und

brachen sich Blumen vom Kopf des kleinen Herrn Moritz, und es tat
ihm nicht weh, und die Blumen wuchsen immer gleich nach[26], und es
kribbelte[27] so schön am Kopf, als ob ihn jemand freundlich strei-
chelte[28], und Herr Moritz war froh, daß er den Leuten mitten im kalten
45 Winter Blumen geben konnte. Immer mehr Menschen kamen zusammen und lachten und wunderten sich[29] und brachen sich Blumen vom
Kopf des kleinen Herrn Moritz, und keiner, der eine Blume erwischt[30]
hatte, sagte an diesem Tag noch ein böses Wort.

C

Aber da kam auf einmal[31] auch der Polizist Max Kunkel. Max Kunkel
50 war schon seit zehn Jahren in der Markthalle als Markthallenpolizist
tätig[32], aber so was hatte er noch nicht gesehn! Mann mit Blumen auf
dem Kopf! Er drängelte sich[33] durch die vielen lauten Menschen, und
als er vor dem kleinen Herrn Moritz stand, schrie er: „Wo gibt's denn
so was! Blumen auf dem Kopf, mein Herr! Zeigen Sie doch[34] mal bitte
55 sofort ihren Personalausweis[35]!"

Und der kleine Herr Moritz suchte und suchte und sagte verzweifelt[36]: „Ich habe ihn doch immer bei mir gehabt, ich habe ihn doch in
der Tasche gehabt!"

Und je mehr er suchte, um so mehr[37] verschwanden[38] die Blumen
60 auf seinem Kopf.

„Aha", sagte der Polizist Max Kunkel, „Blumen auf dem Kopf haben
Sie, aber keinen Ausweis in der Tasche!"

Und Herr Moritz suchte immer ängstlicher seinen Ausweis und war
ganz rot vor Verlegenheit[39], und je mehr er suchte – auch im Jacken-
65 futter[40]–, um so mehr schrumpften die Blumen zusammen[41], und der
Hut ging allmählich wieder runter auf den Kopf! In seiner Verzweiflung
nahm Herr Moritz seinen Hut ab, und siehe da[42], unter dem Hut lag in
der abgegriffenen[43] Gummihülle[44] der Personalausweis. Aber was
noch!? Die Haare waren alle weg! Kein Haar mehr auf dem Kopf hatte
70 der kleine Herr Moritz. Er strich[45] sich verlegen über den kahlen[46] Kopf
und setzte dann schnell den Hut drauf.

„Na[47], da ist ja der Ausweis", sagte der Polizist Max Kunkel freundlich, „und Blumen haben Sie ja wohl[48] auch nicht mehr auf dem Kopf,
75 wie[49]?!"

„Nein . . .", sagte Herr Moritz und steckte schnell seinen Ausweis
ein[50] und lief, so schnell man auf den glatten Straßen laufen konnte,
nach Hause. Dort stand er lange vor dem Spiegel und sagte zu sich:
„Jetzt hast du eine Glatze, Herr Moritz!"

Leseverständnis

1. Schreiben Sie für jeden Teil der Geschichte vier Sätze, die Sie zum Zusammenfassen der Handlung (*plot*) für notwendig halten (insgesamt nicht mehr als zwölf Sätze).

2. Vergleichen Sie Ihre Sätze mit denen Ihrer Mitstudenten. Wenn Sie mit einigen Ihrer Sätze daun nicht zufrieden sind, können Sie sie durch deren (*their*) Sätze ersetzen (*replace*).

In eigenen Worten

Erklären Sie den Kontext (wer, was, mit wem, usw.).

1. Er merkte es aber erst gar nicht, und dabei war schon längst sein Hut vom Kopf hochgegangen, weil die Blumen immer mehr wurden und auch immer länger.

2. Max Kunkel war schon seit zehn Jahren in der Markthalle als Markthallenpolizist tätig, aber so was hatte er noch nicht gesehn.

3. Und der kleine Herr Moritz suchte und suchte und sagte verzweifelt: „Ich habe ihn doch immer bei mir gehabt, ich habe ihn doch in der Tasche gehabt!"

4. Dort stand er lange vor dem Spiegel und sagte zu sich: „Jetzt hast du eine Glatze, Herr Moritz."

Diskussion

Oft beginnt ein Märchen mit einer bekannten, alltäglichen, aber oft unguten Situation: z. B., arme Familie, böse Mutter. Dann kommt die Hauptperson in eine unbekannte, nicht alltägliche oder „wunderbare" Situation: z. B., Hexe (*witch*) im Wald; ein Wald, in dem man die Sprache der Tiere versteht. Am Ende kehrt diese Person in die bekannte Welt oder Situation zurück und bringt dabei aus der wunderbaren Welt oft etwas Besonderes (Gold, Juwelen usw.) mit, wodurch die schlechte Ausgangssituation behoben (*eliminated*) wird.

1. Diskutieren Sie, inwiefern (*to what extent*) das Märchen vom kleinen Herrn Moritz eine solche Struktur hat. Was ist in diesem Märchen anders? Was bedeutet das?

2. In diesem Märchen steckt (*is, lies hidden*) wohl auch Politisches.

Besprechen Sie, was die folgenden Personen, Dinge und Situationen eigentlich bedeuten und was Biermann damit andeuten (*suggest*) will.

  a. Herr Moritz

  b. der längste Winter auf der Welt (in Berlin!)

  c. Blumen im Winter

  d. Max Kunkel

  e. der Personalausweis

  f. die Glatze

3. Leben Herr Moritz und Max Kunkel in West-Berlin oder Ost-Berlin? Begründen Sie Ihre Antwort.

4. Was meinen Sie?

  a. Für mich sind Blumen . . .

  b. Menschen mit einem Glatzkopf sind . . .

  c. Meiner Meinung nach sind Polizisten . . .

Wortschatzaufgaben

1. Welche Substantive aus dem Text passen zu den folgenden Sätzen? Vergessen Sie die Artikel nicht.

  BEISPIEL: Der Müll wird weggebracht.

             Das ist **die Müllabfuhr.**

  a. Man wird im Regen nicht naß.

  b. Das sieht man im Spiegel.

  c. Dort stellen Geschäfte ihre Waren aus.

  d. Du kannst damit beweisen, wer du bist.

  e. Die Gastgeberin wird sich bestimmt darüber freuen.

2. Erzählen Sie, wann Sie Folgendes tun.

  a. schimpfen

  b. zittern

  c. sich wundern

  d. spazierengehen

  e. vor Verlegenheit rot werden

Aufsatzthemen

TIPS ZUM SCHREIBEN: Using conjunctions to structure narratives and link ideas

Conjunctions prove useful when structuring narratives, since they make it possible to link or combine two or more ideas or actions in a single sentence. Coordinating conjunctions (indicated in the following list by the letter c) link two clauses; they do not affect word order: **Sie ging nach Hause, <u>denn</u> es war sehr spät geworden.** Subordinating conjunctions (indicated by the letter s in the list) introduce subordinate clauses; conjugated verbs are placed at the end of the clause: **Sie ging nach Hause, <u>da</u> es sehr spät geworden war.**

aber (*c*)	but, however
als (*s*)	when, as (*single occurrence in past or present time*)
da (*s*)	since (*indicating why*)
denn (*c*)	for (*indicating why*)
obwohl (*s*)	although
und (*c*)	and
während (*s*)	while
weil (*s*)	because
wenn (*s*)	whenever (*repeated occurence in past or present time*)

Try to use several different conjunctions when writing on the following topics.

1. Bilden Sie aus Ihren zwölf Sätzen in **Leseverständnis** eine Zusammenfassung der Geschichte. Schreiben Sie höchstens zwölf Sätze!

2. Erzählen Sie, wie die Haare des Herrn Moritz wieder auf seinem Kopf zu wachsen begannen.

3. Weil die Frau von Herrn Moritz gegen Blumen stark allergisch ist, möchte er ihr nicht erzählen, was wirklich passiert ist. Welche andere Erklärung für den Verlust seiner Haare gibt es, die seine Frau ihm vielleicht glauben wird?

Rotkäppchen

nach den Brüdern Grimm

The Grimm brothers' version of "Little Red Riding Hood" requires
little introduction. What you hear, however, may not correspond
exactly with the tale as you remember it. Note that the Brothers
Grimm use the neuter pronouns **es/ihm** and the possessive
adjective **sein** when referring to Little Red Riding Hood, since the
word "Rotkäppchen" is a diminutive word and neuter.

Höranweisung

Das Märchen „Rotkäppchen" und die Wörter darin kennen Sie wahrscheinlich schon mehr oder weniger. Im folgenden Wortschatz geben
wir einige der Wörter in ihrem Kontext. Hören Sie sich das Märchen an.
Versuchen Sie, beim Hören die Bedeutung aller angegebenen Wörter aus
dem Kontext zu erraten (*guess*). Schreiben Sie die englischen Bedeutungen daneben.

Wortschatz im Hörtext

der **Samt:** aus Samt
sich aufmachen: Mach dich auf
begegnen: begegnete es dem Wolf
die **Schürze, -n:** unter der Schürze
sich stärken
erschnappen: ich will beide erschnappen
der **Strauß, ⸚e**
die **Klinke:** auf die Klinke drücken
verschlingen*: verschlang sie
die **Haube, -n:** setzte ihre Haube auf
packen: dich besser packen kann
das **Maul, ⸚er:** entsetzlich großes Maul
schnarchen
die **Schere, -n**
der **Bauch, ⸚e**
atmen
dein Lebtag

Hörverständnis

Haben Sie alles verstanden? Wenn nicht, dann hören Sie sich den Text
noch einmal an. Stoppen Sie die Kassette bei jeder Stelle, die Sie nicht
verstehen. Hören Sie sich diese Stelle noch einmal an. Schreiben Sie alle

unbekannten Wörter oder Satzteile auf. Fragen Sie dann andere Personen im Kurs, ob sie Ihnen mit Ihren „schwierigen Stellen" vielleicht helfen können.

Wortschatzaufgaben

1. Hören Sie sich „Rotkäppchen" noch einmal an. Schreiben Sie beim Hören mindestens achtzehn trennbare (*separable*) Präfixverben auf, die Sie im Text hören.

2. Geben Sie einem Partner/einer Partnerin Ihre Liste. Er/sie soll versuchen, zu Ihren Verben passende Objekt-, Präpositional- oder Infinitivergänzungen (siehe Beispiele) aus dem Märchen zu schreiben. Machen Sie dasselbe mit seinen/ihren Verben. Vergleichen Sie am Ende Ihre Ergebnisse (*results*) mit denen Ihres Partners/Ihrer Partnerin.

> **BEISPIELE:** mitbringen
> einen Strauß **mitbringen** (*Objektergänzung*)
>
> ablaufen
> vom Weg **ablaufen** (*Präpositionalergänzung*)
>
> anfangen
> **anfangen** zu schnarchen (*Infinitivergänzung*)

Eine Kettenerzählung[1]

Machen Sie mit allen anderen Personen im Kurs zusammen eine Liste möglichst vieler Substantive aus „Rotkäppchen". Alle Substantive werden an die Tafel geschrieben.

Jetzt geht es mit einer chronologischen Nacherzählung des Märchens los! Alle sitzen im Kreis, und einer nach dem anderen bildet Sätze. Dabei muß das letzte Substantiv im Satz der ersten Person das erste Substantiv im Satz der nächsten Person sein, usw.

> **BEISPIEL:** Student(in) 1: Es war einmal ein kleines **Mädchen**.
> Student(in) 2: Dieses **Mädchen** trug immer ein rotes Käppchen.
> Student(in) 3: Wegen dieses **Käppchens** nannten die Leute es Rotkäppchen.

---

[1] For this activity I am indebted to Diethelm Kaminski and the other authors of *Märchen. Aufgaben und Übungen*, Goethe-Institut München, 1986.

Student(in) 4: **Rotkäppchen** hatte eine kranke Großmutter.

Student(in) 5: Die **Großmutter** wohnte in einem Haus im Wald.

Student(in) 6: Im **Wald** gab es natürlich keinen Arzt.

Student(in) 7: Weil es dort keinen **Arzt** gab, schickte die Mutter der Oma Wein und Kuchen.

Student(in) 8: **Den Wein und Kuchen** trug Rotkäppchen in einem Korb.

usw.

Diskussion

1. Was glauben Sie? Warum gibt es Märchen überhaupt?

2. Welche Märchen haben Sie als Kind gehört? Welche hatten Sie besonders gern oder ungern? Warum?

3. Welche Rollen spielten Männer in den Märchen, die Sie als Kind gehört haben? Welche Rollen spielten Frauen?

4. Was macht ein Märchen zum Märchen? Das heißt, was sind die typischen Themen und Motive eines Märchens?

5. Kennen Sie ein modernes Märchen aus Radio, Film oder Fernsehen? Welche Thematik, welche Lehre und welche Motive hat dieses Märchen?

6. Kennen Sie ein Märchen aus einem anderen Land oder einer anderen Kultur als der deutschen, z.B. ein skandinavisches, russisches, chinesisches, usw.? Erzählen Sie kurz davon.

Texte 7–9

Wortschatzaufgaben (Partnerarbeit oder Hausaufgabe)

1. Geben Sie Bedeutungen und Stammformen (*principal parts*) dieser Verben an.

abnehmen* (8)	hineinschauen (7)
anhalten* (7)	losfahren* (8)
aufhören (7)	nachholen (7)
aussehen* (9)	spazierengehen* (9)
einsteigen* (8)	stehenbleiben* (9)
forttragen* (8)	vorbeirasen (8)
(he)rumstehen* (9)	zusammenkommen* (9)

2. Setzen Sie die obigen Verben ins Präteritum (*simple past*) und bilden Sie damit kurze Sätze.

BEISPIEL: abnehmen (8)

Ihr Bruder **nahm** fünf Kilo **ab**.

3. Was tut man mit den folgenden Dingen? Wozu braucht man sie?

BEISPIEL: der Schatten (8)

Man sitzt im **Schatten**, wenn die Sonne zu heiß ist.

a. der Ausweis (9)
b. die Ansichtskarte (7)
c. die Impfung (7)
d. der Schatten (8)

e. das Schaufenster (9)
f. die Unterschrift (7)
g. der Luftbefeuchter (7)

4. Nennen Sie ein Synonym und ein Antonym für jedes der folgenden Adjektive/Adverbien. Machen Sie wahre Aussagen mit diesen Wörtern.

a. allmählich (9)

b. angenehm (7, 8)

c. ängstlich (9)

d. bunt (9)

e. kräftig (8)

f. zufrieden (7)

5. Entwerfen Sie Erzählkarten von je zwölf bis fünfzehn Wörtern für die Texte „Rotkäppchen '65" und „Das Märchen vom kleinen Herrn Moritz, der eine Glatze kriegte". Ihr(e) Partner(in) soll eine der Karten ziehen und mit Ihren Wörtern und Ausdrücken diesen Text zusammenfassen.

Diskussionsthemen/Aufsatzthemen

1. „Rotkäppchen '65" und „Das Märchen vom kleinen Herrn Moritz, der eine Glatze kriegte" sind beide moderne Märchen, aber beide verfolgen nicht denselben Zweck. Diskutieren Sie die Unterschiede. Verwenden Sie mindestens zwei der folgenden Redemittel.

Redemittel:

[*Name des Autors/der Autorin*] schreibt . . . , während [*Name*] . . . erzählt . . .

Dieses Märchen spielt [*wo, wann usw.*] und zeigt . . .

In [*Titel*] aber geht es um etwas ganz anderes, nämlich um . . .

Damit will/möchte diese(r) Autor(in) zeigen, wie . . .

2. Welche „Fragen" (siehe den Text von Franz Hohler) könnte man an die Hauptfiguren in den beiden modernen Märchentexten stellen?

3. Welcher von den vier Texten (einschließlich Hörtext „Rotkäppchen" nach den Brüdern Grimm) hat Ihnen am besten gefallen? Warum?

10

Ohne
Vorurteile

Christine Nöstlinger

Christine Nöstlinger was born in Vienna in 1936. In addition to writing for newspapers, radio, and television, she has gained critical acclaim as a prize-winning author of stories for children and young adults. A freelance writer, she currently divides her time between Vienna and the Waldviertel district of Austria. "Ohne Vorurteile" is taken from her best-seller *Das kleine Frau Mein Tagebuch* (1989), a collection of short sketches dealing with contemporary family and society. Similar sketches can be found in her 1987 collection *Haushaltsschnecken leben länger* (Household Snails Live Longer).

Vor dem Lesen

Vorurteile

Sind Sie ein Mensch mit oder ohne Vorurteil? Gibt es Vorurteile, die Sie besonders stören? Was erwarten Sie von einem Menschen ohne Vorurteile?

Lesen Sie diesen Text genau, nachdem Sie mit anderen Personen im Kurs über Vorurteile diskutiert haben.

Ohne Vorurteile[1]

Der Chef von Frau M. ist ein Mann, der keine Vorurteile kennt. Und schon gar keine gegen Frauen! Frauen, sagt er immer, seien genauso tüchtig[2] und strebsam[3] im Beruf wie Männer. Im Grunde genommen[4], sagt er, hätte er überhaupt nichts dagegen, alle „höheren" Posten in
5   seiner Firma mit Frauen zu besetzen[5].
   Darum[6] war er auch schon vor zwanzig Jahren ehrlich[7] bekümmert[8], als er der damals noch sehr jungen Frau M. den „besseren" Posten nicht geben konnte und ihr einen sehr jungen Mann vorziehen[9] mußte.
10   „Schauen Sie", erklärte er damals der Frau M., „Sie sind jung verheiratet, Sie werden sicher demnächst[10] ein Kind bekommen. Dann fallen Sie für ein Jahr aus. Aber auf diesem Posten brauche ich eine Person, mit der ich rechnen[11] kann. So eine verantwortungsvolle[12] Stellung kann ich nicht ein Karenzjahr[13] lang mit einer Aushilfs-
15   kraft[14] besetzen!"

Frau M. sah das ein[15], wurde – ganz wie der Chef vorausgesehen[16] hatte – schwanger[17], bekam Zwillinge[18], war ein Jahr daheim und arbeitete dann bei ihrem lieben Chef brav weiter. Die Zwillinge versorgte[19] die Oma. Als, nach etlichen[20] Jahren, wieder ein „besse-
20 rer" Posten frei wurde, bewarb sich[21] Frau M. wieder, denn mit den Zwillingen war ihr Bedarf[22] an Nachwuchs[23] gedeckt, und sie konnte ihrem Chef versichern, daß kein Karenzjahr mehr drohe[24]. Aber der arme Chef konnte ihr den Posten wieder nicht geben.

„Schaun Sie", erklärte er ihr, „diese Stellung bedarf[25] ganzen
25 Einsatzes[26]! Eine Mutter, das weiß man, hat keine Freude mit Über-stunden. Und wenn die Kinder krank werden, gibt es auch immer Zores.[27] Ja, ja, die Oma hütet[28] die Kinder! Aber seien Sie doch ehrlich, eine Mutter ist mit ihrem halben Hirn[29] immer daheim bei den Kindern und nicht im Büro!"

30 Also arbeitete Frau M. weiter in ihrer alten Position. In achtzehn Jahren nahm sie insgesamt[30] vier Tage Pflegeurlaub[31]. Ob sie „mit halbem Hirn" nicht im Büro war, läßt sich schwer entscheiden[32], jedenfalls[33] war ihre Arbeitsleistung[34] nicht geringer[35] als die ihrer männlichen Kollegen.

35 Nun sind Frau M.s Zwillinge erwachsen, und in Frau M.s Firma ist wieder einmal ein „höherer" Posten zu besetzen. Den mußte ihr der Chef – leider, leider – wieder verweigern[36].

Gewiß, nun muß Frau M. auch nicht mehr mit dem „halben Hirn" bei den Kindern sein, auch Überstunden würden sie nicht mehr stören[37],
40 aber nun erklärt ihr der Chef: „Ja doch! Eine Frau wäre mir sehr willkommen für diesen Posten. Eine vitale, dynamische Person. Aber in Ihrem Alter, liebe Frau M., schafft[38] man das doch nicht mehr!"

Leseverständnis

Welche Aussagen sind richtig? Berichtigen Sie die falschen Aussagen.

1. Der Chef von Frau M. sagt, er findet Frauen genau so tüchtig und strebsam im Beruf wie Männer.

2. Der Chef möchte alle höheren Posten in der Firma mit Frauen besetzen.

3. Vor zwanzig Jahren konnte der Chef Frau M. den besseren Posten nicht geben, weil sie ein Kind erwartete und oft zu Hause bleiben mußte.

4. Als Frau M. dann Zwillinge bekam, mußte sie ein Jahr daheim bleiben.

5. Als nach etlichen Jahren wieder ein besserer Posten frei wurde, konnte der Chef Frau M. die Stelle nicht geben, weil sie keine Überstunden machen wollte.

6. In achtzehn Jahren mußte Frau M. selten wegen der Kinder zu Hause bleiben.

7. Als nach achtzehn Jahren jetzt wieder ein höherer Posten frei wird, sucht die Firma eine Frau, die jünger ist als Frau M.

8. Der Chef ist ein Mensch ohne Vorurteile.

In eigenen Worten

Drücken Sie die Stellen anders aus.

> **BEISPIEL:** Der Chef von Frau M. ist ein Mann, der keine Vorurteile kennt. Und schon gar keine gegen Frauen.
>
> *Der Chef von Frau M. glaubt nicht, daß Frauen nicht so gut im Beruf sind wie Männer.*

1. So eine verantwortungsvolle Stellung kann ich nicht ein Karenzjahr lang mit einer Aushilfskraft besetzen.

2. Die Zwillinge versorgte die Oma.

3. [Frau M. bewarb sich wieder], denn mit den Zwillingen war ihr Bedarf an Nachwuchs gedeckt, und sie konnte dem Chef versichern, daß kein Karenzjahr mehr drohe.

4. „Schaun Sie", erklärte er ihr, „diese Stellung bedarf ganzen Einsatzes!"

5. Ob sie „mit halbem Hirn" nicht im Büro war, läßt sich schwer entscheiden, jedenfalls war ihre Arbeitsleistung nicht geringer als die ihrer männlichen Kollegen.

Diskussion

1. Wie hätte Frau M. gegen die jeweiligen Begründungen des Chefs argumentieren können?

2. Glauben Sie, daß es in Ihrem Land Vorurteile gegen Frauen im Beruf gibt? Können Sie Beispiele geben?

3. Soll es immer gleichen Lohn (*wage*) für gleiche Arbeit geben?

4. In welchen Berufen haben Frauen die besten Chancen?

5. Was muß geschehen, damit Frauen die gleichen beruflichen Chancen haben wie Männer?

6. Haben Sie oder Bekannte von Ihnen ähnliche Vorurteile bei der Arbeit erlebt? Erzählen Sie davon.

Wortschatzaufgaben

1. Suchen Sie aus dem Text alle Verben mit untrennbarem Präfix, die Sie vorher nicht gekannt haben. Machen Sie mit diesen Verben persönliche Aussagen.

2. Machen Sie eine Liste von etwa zehn Wörtern oder Ausdrücken im Text, die Sie unbedingt (*absolutely*) brauchen, um die Geschichte nachzuerzählen. Lernen Sie die Substantive darunter mit Artikel und Plural!

Aufsatzthemen

TIPS ZUM SCHREIBEN: Using flavoring particles for emphasis and nuance

Several of the so-called "flavoring" particles can be used to lend emphasis, emotion, persuasion, or rhetorical flair to views about which you feel strongly. Place them within the sentence where you wish to add emphasis, but never before a verb in normal second position. Try to use two or three of the following flavoring particles when writing on the second or third topics.

Denn emphasizes questions, at the same time making them less abrupt and less formal.

> Warum sollen Frauen denn immer die gleichen Chancen haben?
> *Well, why should women always have the same opportunities?*

Doch is used for emphasis in a variety of situations. Its range of meanings includes *after all* and *really*. It can be used to emphasize

a. the obviousness of a statement:
> Es ist doch ganz klar, daß . . .
> *After all, it is quite clear that . . .*

b. surprise or disbelief:
> Sie wollen mir doch nicht sagen, daß . . .
> *You don't really want to tell me that . . .*

c. a sense that something did not happen as expected or hoped for:
   Sie hat den besseren Posten doch nicht bekommen.
   She didn't get the better position after all.

Doch intensifies the sense of impatience or urgency in imperatives. It is often followed by **mal**.
   Hören Sie doch (mal) zu!
   Come on, (just) listen!

Ja expresses the obviousness of a statement, or surprise. In this usage, it is slightly less emphatic than **doch**.
   Das wissen Sie ja.
   You know that, of course. | You know that, after all.
   Da bist du ja!
   Well there you are!

Ja adds a sense of urgency or warning to imperatives. It is often preceded by **nur** in this usage.
   Tun Sie das (nur) ja nicht!
   Don't you dare do that!

Nun einmal or **nun mal** implies somewhat resigned acceptance of the way things are in a particular situation.
   Für Frauen im Beruf ist es nun einmal so.
   For women with a career, that's just the way it is.

Wohl can suggest probability or likelihood.
   Die Situation wird sich in Zukunft wohl nicht bessern.
   The situation will probably not get any better in the future.

Wohl, when stressed, can indicate a sense of certainty.
   Das weiß ich wohl.
   I know that full well.

1. Erzählen Sie die Geschichte in Ihren eigenen Worten.

2. Im Beruf sollen Männer und Frauen gleichgestellt sein. Ja oder nein?

3. Kann oder soll eine Ehefrau und Mutter auch einen Beruf ausüben?

11

Keine Menschenfresser, bitte!

H. C. Artmann

H. C. Artmann is a Viennese original, bizarre and inventive both in person and in his works. He was born in Lower Austria (Nieder-österreich) in 1921 and as a youth apparently dabbled in foreign languages and even wrote entries in Sanskrit in his diary. Drafted into the German army in 1940, he served on the Russian front and concluded his military career as a translator in an American prisoner of war camp in Regensburg. He was very active in avant-garde writers' circles after the war and gained considerable fame in 1958 with a volume of dialect poetry: *med ana schwoazzn dintn* ("with black ink"). In addition to many poems, plays, and sketches, he has translated literary works from a variety of languages including English, French, Spanish, and Swedish. His considerable popularity in Austria stems in part from his liberal use of dialect, as in "Keine Menschenfresser, bitte." It is one of many humorous stories in his collection *Im Schatten der Buren-wurst. Skizzen aus Wien* (1983).

Vor dem Lesen

Zur Information

Frau Amtsrat[1] Reißfleisch wohnt in Wien. Sie spricht einen Wiener Dialekt, der in der Aussprache, in der Grammatik und in der Recht-schreibung (*orthography*) nicht immer der hochdeutschen Norm ent-spricht (*corresponds to*).

Lesen Sie die Geschichte genau. Kreuzen Sie (*mark with an X*) beim Lesen alle Dialektstellen an, damit Sie sie nachher leichter wiederfinden.

---

[1]Traditionally, Austrian government officers and civil-service employees have titles by which they are addressed. The title **Amtsrat** is a rather officious yet vague title for someone in a supervisory position. It is also not uncommon for wives of titled employees to use their husband's title, hence the appellation **Frau Amtsrat**, with which Artmann pokes fun at **Frau Reißfleisch**.

Keine Menschenfresser, bitte!

Frau Amtsrat Reißfleisch wollte einen Untermieter[1] aufnehmen und hatte zu diesem Behuf[2] tags vorher die Studentenschaft angerufen. Vornehmes[3] Gassenkabinett[4], elektrisches Licht, Bett, Pendeluhr, Schreibtisch, Universitätsnähe usw. Für nur 900 Schilling, ab sofort
5 beziehbar[5] . . . Nun aber, an diesem Nachmittag, war sie doch ein wenig bedrückt[6], da sie fürchtete, man möchte[7] ihr einen dunkel-häutigen[8] Herrn zuschicken. Und das wäre besonders peinlich[9] vor den Nachbarn und so weiter und so weiter. Vielleicht wären auch Kannibalen und Mädchenhändler[10] unter ihnen, wie man ja nur zu
10 häufig[11] Im Lesezirkel erfahren[12] kann . . .

Frau Amtsrat Reißfleisch und ihre Freundin Adele saßen diesen Nachmittag bei Kaffee und Mohnstrudel[13] und warteten die kommen-den Dinge etwas nervös ab. „Am liebsten", sagte Frau Amtsrat, „wär mir halt[14] so ein solider Amerikaner, der was alle Ersten pinktlich
15 seinen Zins[15] zahlen tut und nicht schnarcht[16] . . ."

„Ganz recht, liebe Melanie", sagte Adele, „die Ameriganer sein die solidesten und Geld haben tuns auch. Auf keinen Fall darfst du dir ein Arawer, Perser oder gar ein Dürken nehmen. Die haben uns schon viermal belagert[17] . . ."

20 Die Klingel der Wohnungstür schrillte scharf und kriegerisch. Frau Amtsrat Reißfleisch richtete sich würdig[18] auf, ging ins Vorzimmer, das zugleich[19] als Besenkammerl[20] diente, und öffnete einen Spalt[21] die Türe.

„Ich komm wegen Kabinett. Ist noch frei, bittschen? Mein Name ist
25 Berislav Stojanović . . ."

„Sind Sie der Ameriganer, den was ich das Zimmer versprochen hab?" fragte die Frau Amtsrat durch den Türspalt. „Amerikaner?" meinte Stojanović verfremdet[22] . . .

„Dut mir leid", sagte Frau Amtsrat kurz, „aber das Zimmer is schon
30 an ein Ameriganer vergeben!" Die Türe schlug kurz vor der Adler-nase[23] des langen Kroaten zu.

„Wer war's denn?" fragte Adele. Aber bevor Frau Amtsrat Reiß-fleisch noch eine Antwort erstatten[24] konnte, klingelte es abermals.[25]

„Ich komme wegen Zimmer. Ist das Zimmer noch frei, bitte? Mein
35 Name ist Wassilis Liolakis . . ."

„Sind Sie der Ameriganer, den was ich das Zimmer versprochen hab?" fragte Frau Amtsrat mit der gleichen diplomatischen Schläue wie vorher.

„Ich bin aus Ioannina und das is in Griechenland und . . ." Die Tür
40 krachte ins Schloß[26].

„Lauter[27] Tschuschen![28]" sagte Frau Amtsrat zu ihrer Freundin Adele und wollte seufzend[29] in ein Stück Mohnstrudel beißen, als es abermals, nun aber sanft und bescheiden[30] klingelte. Frau Amtsrat war jedoch schon gewitzigt[31] und sah dieses Mal nur durch das Guckloch[32]
45   auf den Gang hinaus. Draußen stand ein gutaussehender Inder mit pechschwarzem[33] Vollbart und Turban, und in seinen dunklen Augen lag eine tiefe Traurigkeit. Er wußte wohl schon, daß er dieses billige Kabinett mit Gassenaussicht niemals bekommen würde.

„Wer war's denn?" fragte Adele mit klopfendem Herzen. Sie hatte
50   keine Tür gehen gehört. Es mußte was Schreckliches draußen gestanden haben.

Frau Amtsrat seufzte jetzt wirklich, biß in das angefangene Stück Mohnstrudel und meinte pikiert: „Jetzt schicken s' einem sogar schon Mentschenfresser in d' Wohnung. Ich werd' mich bei der Vermittlung[34]
55   gehörig[35] beschwern![36]"

Nach einer Weile ging im Vorzimmer alias Besenkammer das Telephon. Frau Amtsrat Reißfleisch sprach eine Weile. Dann kam sie strahlend[37] und zufrieden zu Adele zurück, die ihrerseits ein neues Stück Mohnstrudel begonnen hatte und kaute[38].
60   „Wer war's denn, Melanie?" fragte Adele.

„Gott sei Dank", sagte Frau Amtsrat, „das nette Fräulein Elfi von der Studentenvermittlung hat angerufen. In einer halben Stunde kommt ein ameriganischer Herr wegen dem Zimmer. Und stell dir vor[39]: James Eisenhover heißt er! Ich hab natirlich fest zugesagt[40]. Der griegt das
65   Zimmer und kein anderer, so wahr ich die Frau Amtsrat Melanie Reißfleisch geb.[41] Krauthaupt bin!"

Nach einer exakten halben Stunde läutete es an der Wohnungstür. Sanft, bescheiden, nicht ohne einer gewissen Distinktion. Frau Amtsrat erhob sich mit einem bärenzuckersüßen[42] Lächeln und öffnete
70   weit und einladend die Tür . . . Ein freundliches „Grissgooooot!" erstarb in ihrer amtsrätlichen Kehle[43].

„My name is Eisenhover", sagte der dezent gekleidete Gentleman und trat ein. Aus seinem kohlschwarzen Gesicht blitzte[44] ein tadelloses[45], freundliches Gebiß . . .
75   „Ich kommen wegen das Zimmö . . .", sagte er.

Leseverständnis

1. Suchen Sie Wörter oder Ausdrücke im Text, die die Vorurteile von Frau Amtsrat Reißfleisch– man achte auf den Namen der Frau!– gegen Ausländer zeigen.

BEISPIEL: dunkelhäutig

2. Was für Vorstellungen haben Frau Amtsrat Reißfleisch und ihre Freundin Adele von Amerikanern?

In eigenen Worten

Drücken Sie die folgenden Dialektstellen auf hochdeutsch aus.

1. „. . . die Ameriganer sein die solidesten und Geld haben tuns auch."

2. „. . . ein solider Amerikaner, der was alle Ersten pinktlich seinen Zins zahlen tut und nicht schnarcht . . ."

3. „Sind Sie der Ameriganer, den was ich das Zimmer versprochen hab?"

Suchen Sie drei bis vier weitere Stellen dieser Art in der Geschichte. Schreiben Sie diese Stellen auch um.

Diskussion

1. Was für Vorurteile gibt es in *Ihrem* Land gegen andere Menschentypen und Sozialgruppen? Halten Sie solche Vorurteile für berechtigt (*justified*)?

2. Haben Sie erlebt, daß andere Menschen gegen *Sie* Vorurteile hatten? Erzählen Sie davon.

Wortschatzaufgaben

1. Suchen Sie alle Adjektive im Text, welche Folgendes ausdrücken:

   a. positive Eindrücke oder Gefühle: z.B. solid

   b. negative Eindrücke oder Gefühle: z.B. peinlich

   Machen Sie wahre Aussagen mit diesen Adjektiven. Verwenden Sie einige dieser Adjektive in attributiver Stellung (d.h., vor einem Substantiv).

   BEISPIEL: Es ist für mich immer **peinlich**, wenn ich meine Aufgabe nicht gemacht habe.

   oder attributiv: Es ist für mich immer eine **peinliche** Situation, wenn ich meine Aufgabe nicht gemacht habe.

2. Bilden Sie mit den folgenden Präfixverben Sätze im Präteritum (*past*

tense) oder im Perfekt (*present perfect tense*), die mit der Geschichte nichts zu tun haben.

aufnehmen*	sich beschweren
erfahren*	sich (*dat.*) vorstellen
abwarten	zusagen
sich aufrichten	sich erheben*

Aufsatzthemen

TIPS ZUM SCHREIBEN: Paraphrasing through indirect speech

When summarizing what others have said, you will find it useful to put their comments into your own words—a process known as paraphrasing: *He/she says (said), believes (believed), thinks (thought), claims (claimed) that* . . . followed by what the other person says, believes, thinks, or claims. This construction is known as indirect discourse (**indirekte Rede**). If there is no reason to doubt the veracity of the information being reported, Germans nowadays tend to use the *indicative* mood in the **daß**-clause, particularly when speaking: **Sie sagt(e), daß er sie liebt**. However, if the person relaying the information doubts its veracity and wishes to make it clear that he or she is only reporting what someone else says or believes and may not even agree with the statement, then this neutral stance or doubt is implied by using *subjunctive* mood in the **daß**-clause: **Sie sagt(e), daß er sie liebe** (but in fact, perhaps he does not love her). Indirect discourse subjunctive occurs primarily in *written* German. In *spoken* German, it is on the wane and will probably vanish one day (Hurrah!). There are two sets of subjunctive in German; for an explanation of their forms and uses, you should consult a grammar book. You may, however, find the following guidelines concerning use of the two subjunctives in *written* indirect discourse helpful.

1. In written indirect discourse, subjunctive I forms (**er/sie/sei/habe/werde/müsse/gehe** etc.) are the rule.

    Sie sagt(e), daß ihr Nachbar faule Kinder <u>habe</u>.

    Er meint(e), daß sie mit ihm nicht ausgehen <u>wolle</u>.

2. If a subjunctive I form is identical with the indicative, a subjunctive II form (**er/sie wäre/hätte/würde/müßte/ginge** etc.) is used instead. (Thus all verbs except **sein**, which is irregular, always take subjunctive II in the first and third person plural, since their subjunctive I and indicative forms are identical.)

Sie meint(e), daß manche Leute einfach zu viele Kinder <u>hätten</u>.

Er sagt(e), daß arme Leute immer große, teure Autos <u>führen</u>.

3. If both subjunctive I and II are identical with indicative forms, subjunctive II should be used.

   Sie sagt(e), daß junge Leute heutzutage nicht mehr fleißig arbeiten <u>wollten</u>.

   Er behauptet(e) auch, daß junge Leute heutzutage nicht mehr fleißig <u>lernten</u>.

Whichever of the following topics you choose, try to include at least two instances of indirect speech.

1. Wie geht es weiter? Schreiben Sie eine Fortsetzung für die Geschichte „Keine Menschenfresser, bitte".

2. Kennen Sie jemanden, der einmal Schwierigkeiten hatte, ein Zimmer oder eine Wohnung zu bekommen, weil andere Leute Vorurteile gegen ihn/sie hatten? Erzählen Sie davon.

3. Gibt es Vorurteile, die Sie besonders stören? Erzählen Sie von ein paar solchen Vorurteilen. Welche Argumente haben Sie gegen diese Vorurteile?

12 Ali Stern

Alev Tekinay

Alev Tekinay was born in Turkey in 1951 but moved to West Germany in 1971. She earned a doctorate in German and has been teaching German as a foreign language at the University of Augsburg since 1983. An award-winning author, she has written stories, novels, and a collection of fairy tales. Ms. Tekinay writes about Turks and other foreign residents in Germany. She is one of the best known of those writers who, as foreigners living in Germany, offer unique perspectives on what it means to belong to a minority culture in present-day German society. "Ali Stern" is taken from *In zwei Sprachen leben. Berichte, Erzählungen, Gedichte von Ausländern* (1983).

DIESE WOCHE

Drinnen vor der Tür[1]

Türken in Deutschland: Sie sind Bergarbeiter, Müllmänner, Putzfrauen. Deutsche Staatsbürger sind sie nicht. Seit dreißig Jahren leben sie unter uns – in ihrer eigenen Welt. Erst seit ihre Häuser brennen, nehmen wir sie wahr.

DOSSIER   7, 8

---

[1]The expression **Drinnen vor der Tür** is a literary allusion to *Draußen vor der Tür* (1946), Wolfgang Borchert's powerful drama about the despair and disillusion of a soldier upon returning home after the German defeat in World War II. See story 13.

Vor dem Lesen

Türken in Deutschland

In den 60er, 70er und 80er Jahren kamen viele Türken (und auch Griechen, Jugoslawen, Italiener usw.) als „Gastarbeiter" nach Deutschland. Die meisten bekamen Arbeit in Fabriken, im Bauwesen (*construction*) und im Dienstleistungssektor (*service jobs*). Viele solche Gastarbeiter, vor allem türkische Familien, sind geblieben, und heute wohnen mehr als 1.6 Millionen Türken in Deutschland. Für manche Türken ist das Leben in Deutschland recht problematisch. Die Sprache ist anders, die Kultur ist anders, die Mentalität ist anders, ja sogar das Wetter ist anders. Der Türke in dieser Geschichte mußte in Deutschland Deutsch lernen, bevor er arbeiten durfte. Seine Deutschlehrerin erzählt die Geschichte.

Lesen Sie die Geschichte genau. Achten Sie beim Lesen darauf, wie der Türke Ali sein Gastland sieht. Was tut er, um sich in die deutsche Gesellschaft und Kultur zu integrieren?

 # Ali Stern

„Frau Lehrerin, meine Lehrerin", ruft jemand in der überfüllten U-Bahn, während ich versuche, mich irgendwo festzuhalten. Ich schaue mich um[1] und sehe einen jungen Mann, der mir freundlich zulächelt. Ich muß ihn kennen, er kommt mir irgendwie bekannt vor[2]. Die U-Bahn
5 rast[3] durch dunkle Irrgänge[4], die Luft ist stickig[5], die Gesichter sind neurotisch. Aber dieses Gesicht, das freundlich lächelt. . . Dieselben nachtschwarzen Augen, die aber nicht wie damals leuchten[6], die jetzt rote Ränder[7] haben. Das ist doch Ali, Ali Stern.

Nein, das ist nicht möglich, denke ich. Ali war ein Kind, verspielt[8],
10 träumerisch, heiter[9] und fröhlich. Aber dieser junge Mann, der mich begrüßt, ist viel älter als Ali. Sein Gesichtsausdruck ist ernst und verantwortungsvoll[10].

Ali war ein Schüler, der Deutsch lernte. Aber dieser junge Mann ist ein Arbeiter, er trägt einen blauen Arbeitskittel[11] und hält einen
15 Apparat in der Hand, eine Bohrmaschine, glaube ich.

Was ist das?

Das ist ein Schraubstock[12].

Hol den Hammer, bring die Feile.

Das ist eine Bohrmaschine. Wie funktioniert die?
20 Mit beiden Händen festhalten. Stecker[13] rein. Auf den Knopf[14] dürücken. Nicht „dürücken", Ali, „drücken". Sprich mir nach, Ali.

Bereits die ersten Stunden damals im Intensivkurs. Und damals wußte Ali nicht, was eine Bohrmaschine ist. Jetzt hält er sie aber in der Hand und drückt sie fest an die Brust im Menschengewühl[15] der U-
25 Bahn. Und der U-Bahnfahrer ruft in sein Mikrophon: Nächster Halt Marienplatz. Einstieg bitte, Bahnsteig Mitte.

„Kennen Sie mich nicht mehr, meine Lehrerin?" fragt Ali enttäuscht[16].

„Ach ja, jetzt erkenne ich dich, Ali. Aber du bist so –, so, wie soll
30 ich sagen, du bist so verändert, Ali. Obwohl es nicht so lange her[17] ist. Der Deutschkurs damals, wann war das?"

„Vor einem Jahr, meine Lehrerin. Im letzten Sommer."

„Ja, ja, Ali."

„Ich hab Sie gleich erkannt. Sie haben sich gar nicht verändert."
35 Ali spricht Deutsch mit mir. Fast akzentfrei. Recht hat er auch, mit mir Deutsch zu sprechen, denn damals im Intensivkurs sprach ich mit ihm nur Deutsch. Es war ja Vorschrift[18]. Das tue ich gewöhnlich mit allen meinen neuen Schülern. Jetzt besteht[19] aber kein Grund mehr dafür. Alis Deutschkurs ist schon längst vorbei. Vorschriften gibt es jetzt nicht
40 mehr. Deshalb versuche ich, mit ihm in unserer Muttersprache zu reden. Ich finde es unnatürlich, wenn zwei Türken miteinander Deutsch reden. Aber Ali ist trotzig. Er gibt nicht nach[20]. Die Fragen, die ich ihm auf türkisch stelle, beantwortet er auf deutsch.

„Hast du deine Muttersprache verlernt, Ali?" frage ich. Er lächelt
45 schüchtern[21]. Eine Reihe nikotingelber Zähne. Damals rauchte Ali nicht.

„Na ja, wissen Sie", murmelt er, „verlernt habe ich sie natürlich nicht. Aber türkische Wörter fallen mir manchmal nicht ein. Außerdem bin ich der Meinung, daß man die Sprache des Landes sprechen
50 muß, in dem man lebt."

Ali hat Ansichten[22]. Damals schon war er ein Integrationsfanatiker. Das muß man ihm lassen[23]. Die Ausländerfeindlichkeit, über die sich die anderen Schüler so aufregten[24], berührte[25] Ali kaum. Er schimpfte nie mit den Gastgebern. „Das ist ihr Land", sagte er, „man muß sich
55 nach ihren Bestimmungen[26] richten[27]."

Vielleicht war Ali der friedlichste Schüler, den ich je gehabt habe.

„Und was machst du jetzt, Ali?"

„Ich bin Arbeiter!"

„Gefällt es dir noch hier?"
60 „Ja, das heißt – ich meine nur, damals im Deutschkurs war's doch viel schöner."

Damals im Deutschkurs . . . Ali war erst vor einigen Wochen nach Deutschland gekommen und konnte kein Wort Deutsch, als der Intensivkurs begann. Ein Fall[28] wie viele andere, dieser Ali, der nichts
65 anderes im Kopf hatte als so schnell wie möglich Gastarbeiter zu

werden. Ein werdender Gastarbeiter also, wenn alles klappte[29] mit der Aufenthalts- und Arbeitserlaubnis[30]. Ein junger Türke in den Fußstapfen seines Vaters.

70 Ali war damals siebzehn Jahre alt. Wir hatten den neuen Intensivkurs in zwei Gruppen geteilt, weil wir homogene Klassen haben wollten: Anfänger mit wenig Deutschkenntnissen und Anfänger mit Nullkenntnissen. Die letzteren bekam ich natürlich. Manchmal habe ich's satt[31], bei jedem Intensivkurs bei Adam und Eva anfangen[32] zu müssen, das deutsche Alphabet, die deutsche Aussprache, die
75 deutsche Orthographie.

Aber ich bin eben[33] eine Türkin, und für die Schulleitung[34] liegt der Gedanke nahe[35], daß ich die schwere deutsche Grammatik meinen jungen Landsleuten mit Nullkenntnissen vergleichend und besser erklären kann als die deutschen Kollegen.

80 Ali wurde damals meiner Klasse zugeteilt[36]. Er war ein braver und aufmerksamer[37] Schüler.

Damals im Intensivkurs . . . Mai, Juni, Juli. Die Hälfte vom August. Dreieinhalb Monate lang. Tag für Tag. Auch an Wochenenden. Unterricht unter der Woche, kulturelle Veranstaltungen[38] am Wochenende.
85 Sommer in München. Tropisch heiß und naß[39], kalt und häßlich zugleich[40].

Jeden Tag eine Portion deutsche Grammatik und an den Wochenenden eine Portion deutsche Kultur. Deutsches Museum, das Stadtmuseum, das Jugendtheater, das BMW-Museum . . .

90 Die Mädchen (im damaligen Intensivkurs waren's nur drei) saßen eng nebeneinander, weit entfernt von den Buben. Emine trug stets[41] ein Kopftuch, die anderen zwei nicht. Sabiha hatte immer ein rotes Gesicht. Sie weinte viel. Heimweh[42] oder Schwierigkeiten mit den Eltern? Ich bin nie dahinter gekommen[43], weil sie zu schüchtern war
95 und – im Gegensatz zu[44] meinen Schülerinnen von anderen Intensivkursen – mir niemals ihr Herz ausgeschüttet[45] hat. Meral war ein modernes Mädchen. Sie war auch viel begabter[46] als die anderen Mädchen in bezug[47] auf das Thema „Anpassung[48]". Aber am wenigsten begabt für die deutsche Aussprache. Manchmal dauerte es
100 Minuten, bis sie „Hausaufgaben" oder „Bügeleisen[49]" sagen konnte.

Die Schwierigkeit der deutschen Grammatik hatte die anfängliche Begeisterung[50] der Mädchen vertrieben. Auch die Buben hatten ihr anfängliches Interesse verloren. Nur Ali nicht.

Und irgendwann tauchte das Wort „Stern" auf[51], in der siebten
105 Lektion, glaube ich, als ich ihnen die Bezeichnungen[52] für Himmelskörper und Naturerscheinungen[53] beibrachte[54]. Und Ali sagte:

„Stern, das heißt also Yildiz wie mein Familienname. Einen schönen Namen habe ich. Ali Stern."

Er taufte sich um[55]. Von Yildiz in Stern. Von dem Tag an unterschrieb

110 er die Übungen und Klassenarbeiten mit dem neuen Namen: Ali Stern.
(Ich hab noch diese Übungsblätter und Schularbeiten irgendwo in
einer Mappe[56].) Und „Ali Stern" antwortete er stolz, wenn man ihn
fragte: Wie heißt du?

„Nächster Halt Sendlinger Torplatz", ruft der U-Bahnfahrer in sein
115 Mikrophon, und ich zucke zusammen[57], weil ich in die Erinnerungen
an den damaligen Intensivkurs versunken war.

Nun kann man etwas freier atmen. Die Hälfte der Fahrgäste ist
ausgestiegen. Es sind sogar Sitzplätze frei geworden. Und wir setzen
uns.

120 „Hast du etwas von den anderen gehört?" frage ich Ali.

„Sabiha weint immer noch", erzählt er, „und Emine ist in die Türkei
zurückgegangen, weil ihre Eltern sie mit einem Landsmann verheiraten wollen. Meral ist – na ja[58]. Sie kann nun die deutsche Aussprache
etwas besser und lebt wie eine Deutsche. Reden wir lieber nicht über
125 sie."

„Und die Jungs?" möchte ich wissen. „Adnan zum Beispiel, oder
Omer und Metin?"

„Adnan putzt die Toiletten am Stachus[59]", berichtet Ali, „Omer
arbeitet auf einer Baustelle. Metin ist in die Türkei zurückgekehrt. Er
130 will das Abitur nachholen[60]. Und studieren. Was für ein verrückter
Traum!"

„Und du, Ali? Du bist mit deiner Arbeit nicht zufrieden, hab ich den
Eindruck."

„Das habe ich nicht gesagt. Aber –"
135 „Wo arbeitest du?"

„In einer Fabrik. Aber dort gibt es viel Gift[61], wissen Sie. Und meine
Augen, die tun so weh."

„Warst du nicht beim Arzt?"

„Doch. Ich bin ja nun versichert[62]."
140 „Etwas stimmt[63] bei dir nicht, Ali."

„Es ist so, ich – nun – ach, ist ja auch nicht so wichtig."

Ein achtzehnjähriger alter Mann steht vor mir, zusammenge-
schrumpft[64], schmale[65] Schultern, nikotingelbe Zähne, ernst, sorgsam[66], reif, zu reif für sein Alter.
145 „Nächster Halt: Goetheplatz", ertönt es wieder im U-Bahnabteil.

„Ich muß hier aussteigen", meldet Ali, „ich muß zum Betrieb[67]. Ich
hab die Bohrmaschine reparieren lassen. Nun muß ich sie zurückbrin-
gen. Man wartet schon auf mich. Schön, daß ich Sie gesehen habe. Ich
verdanke[68] Ihnen viel. Auf Wiedersehn, meine Lehrerin."
150 „Wiedersehn, Ali Stern", flüstere[69] ich nachdenklich[70].

Als er diesen Namen hört, hält er inne[71], dreht sich um, während die
U-Bahntüren aufgehen.

„Ali Stern. So nennen mich die deutschen Kollegen im Betrieb. Ich habe einen deutschen Namen!"

155   Er versucht zu lächeln. Krampfhaft. Sein achtzehn Jahre altes Gesicht zieht sich in Falten. Dann steigt er aus. Die Türen werden geschlossen. Die U-Bahn fährt weiter. Ohne Ali Stern. Aber ich rede weiter mit Ali. Ich sage ihm jetzt alles, was ich ihm während der kurzen Begegnung[72] in der überfüllten U-Bahn nicht sagen konnte:

160   Selbst wenn ich wollte, könnte ich mich nicht so verändern wie du, Ali. Denn ich sitze ja nicht täglich acht Stunden am Fließband[73] wie du. Ich atme auch weniger Gift als du, nur Kreidestaub, von Abgasen abgesehen[74]. Zugegeben[75], auch meine Arbeit ist schwer. Oft habe ich einen trockenen Hals nach acht Stunden Unterricht, und hab

165 meistens keine Kraft[76] mehr, den Mund aufzumachen. Manchmal tun auch mir die Knochen[77] weh, als ob ich Steine geschleppt hätte wie Omer auf der Baustelle. Aber ich bin glücklich, denn ich habe euch. Und ich bin traurig wegen euch. Ihr kommt zu mir, um Deutsch zu lernen. Und ihr geht von mir, um Gastarbeiter zu werden. Das ist euer

170 Wunsch, ich weiß. Euch zuliebe[78] spiele ich mit. Und am Anfang seid ihr noch Kinder, jung, verspielt, träumerisch und fröhlich. Ich gebe euch die deutsche Grammatik, ihr gebt mir eure Jugend und Hoffnungen. Ihr verdankt mir viel, ich verdanke euch mehr.

    Ihr macht Wandlungen[79] durch[80], aber ich bleibe gleich, an der

175 Tafel, am Tageslichtprojektor, und wiederhole dieselben Sätze wie ein Automat: Ist das eine Rohrzange[81]? Nein, das ist keine Rohrzange, das ist ein Hammer (*der* Hammer, deshalb *ein, die* Rohrzangen, deshalb *eine* und *keine*) . . .

    Leb wohl, Ali Stern.

180   Es ist für mich ein schmerzhaftes Gefühl, meinen ehemaligen[82] Schülern zu begegnen.

■ ■

Leseverständnis

1. Suchen Sie Stellen im Text, die zeigen, daß Ali Stern sich seit seinem Intensivkurs in Deutsch verändert hat.

2. Machen Sie eine Liste der türkischen Kursteilnehmer im Intensivkurs. Schreiben Sie eine kurze Charakterschilderung für jede dieser Figuren. Erzählen Sie, was aus ihnen geworden ist.

3. Suchen Sie Stellen, wo die Lehrerin ihre Gefühle nach der Begegnung mit Ali zum Ausdruck bringt. Welche Adjektive verwendet sie?

In eigenen Worten

Erklären Sie den Kontext und die Bedeutung der Stellen.

> BEISPIEL: Er taufte sich um. Von Yildiz in Stern. Von dem Tag an unterschrieb er die Übungen und Klassenarbeiten mit dem neuen Namen.
>
> *Yildiz heißt Stern auf türkisch. Ali Yildiz wollte einen deutschen Namen haben und nannte sich jetzt Ali Stern.*

1. Damals schon war er ein Integrationsfanatiker. Das muß man ihm lassen. Die Ausländerfeindlichkeit, über die sich die anderen Schüler so aufregten, berührte ihn kaum. Er schimpfte nie mit den Gastgebern. „Das ist ihr Land", sagte er, „man muß sich nach ihren Bestimmungen richten."

2. Was ist das?
   Hol den Hammer, bring die Feile.
   Das ist eine Bohrmaschine. Wie funktioniert die?
   Mit beiden Händen festhalten. Stecker rein. Auf den Knopf dürücken. Nicht „dürücken", „drücken". Sprich mir nach, Ali.

3. Ich sitze ja nicht täglich acht Stunden am Fließband wie du. Ich atme auch weniger Gift als du, nur Kreidestaub, von Abgasen abgesehen. Zugegeben, auch meine Arbeit ist schwer.

4. Manchmal habe ich's satt, bei jedem Intensivkurs bei Adam und Eva anfangen zu müssen.

5. „Hast du deine Muttersprache verlernt?"

Diskussion

1. Warum schreibt die Erzählerin am Ende, es sei für sie ein schmerzhaftes Gefühl, ihren ehemaligen Schülern zu begegnen?

2. Diskutieren Sie die Haltung der Erzählerin Deutschlands gegenüber im Vergleich zur Haltung Alis.

3. Auf welche Weise kontrastiert die Erzählerin die türkische und die deutsche Welt?

4. Vielleicht gibt es in Ihrem Deutschkurs jemanden, der in Ihr Land eingewandert ist. Mit welchen Problemen und kulturellen Unterschieden fand er/sie sich konfrontiert? Berichten Sie darüber.

Wortschatzaufgaben

1. Dieser Text enthält eine Anzahl recht brauchbarer Substantive, die aus zwei oder mehreren Wörtern zusammengesetzt sind. (Es gibt sogar ein Wort mit zweiundzwanzig Buchstaben!) Ein solches Wort bezeichnet man als ein *Kompositum*, Pl. *Komposita*. Suchen Sie aus dem Text acht bis zehn solche Wörter. Geben Sie Artikel und englische Bedeutungen für diese Wörter an. Vergleichen Sie Ihre Wörter mit denen anderer Personen im Kurs.

   Bilden Sie mit *einem* Teil jeder Ihrer Wörter neue Komposita. Vergessen Sie nicht, daß der Artikel vom letzten Wort im Kompositum bestimmt (*determined*) wird.

   BEISPIEL: die Bohrmaschine

   die Näh**maschine** (*sewing machine*)

   oder: die **Bohr**stelle (*drilling spot*)

2. Die folgenden Adjektive kommen im Text vor. Welche beschreiben Ali Stern während des Intensivkurses? Welche beschreiben ihn später als Arbeiter?

	im Intensivkurs	als Arbeiter
aufmerksam	____	____
brav	____	____
ernst	____	____
freundlich	____	____
friedlich	____	____
fröhlich	____	____
heiter	____	____
reif	____	____
sorgsam	____	____
träumerisch	____	____

Aufsatzthemen

TIPS ZUM SCHREIBEN: Using linking adverbs

Effective writers link important statements and explanations with conjunctions (see **Tips zum Schreiben** for stories 4 and 9). One can also use certain adverbs as connectors. Such adverbs often occupy first position in the explanatory clause, followed by the verb in regular second position: **Ali ist ein vorzüglicher Arbeiter. <u>Deswegen</u> kann ich ihn aufs stärkste empfehlen.** They may, however, also occupy a position later in an explanation: **Ali hat allerdings wenig Arbeitserfahrung. Ich würde ihn aber <u>dennoch</u> empfehlen.** Try to use two or three such words in your composition.

Some adverbial connectors:

außerdem	moreover, furthermore
daher	
darum	
deshalb	therefore, for this/that reason
deswegen	
dennoch	nevertheless
stattdessen	instead
trotzdem	in spite of this/that

1. Ali möchte jetzt länger in Deutschland bleiben, aber er braucht eine verlängerte Aufenthaltserlaubnis (*extended residency permit*). Sie sind Vorarbeiter(in) in der Fabrik, in der Ali arbeitet, und er bittet Sie um ein Empfehlungsschreiben.

2. Zur Zeit wandern sehr viele Ausländer aus anderen Völkergruppen in die Vereinigten Staaten ein. Kennen Sie vielleicht solche Leute persönlich oder vom Hörensagen? Können Sie von den Erlebnissen und/oder Problemen dieser Menschen erzählen?

3. Stellen Sie sich vor, Ihre Eltern ziehen für zwei Jahre nach Deutschland oder Österreich und nehmen Sie mit. Sie möchten sich völlig in das Leben und die Kultur Ihres Gastlandes integrieren. Wie machen Sie das?

Hörtext 4

Supermarkt

Jiri Kral

Jiri Kral was born in Czechoslovakia in 1952. He was granted
political asylum in Germany in 1980 and worked in the 1980's in
Munich as an engineer. His story "Supermarkt" is taken from the
anthology *In zwei Sprachen leben. Berichte, Erzählungen,
Gedichte von Ausländern.* Kral's story depicts particular biases
and assumptions encountered by many foreigners doing menial
jobs in Germany.

Höranweisung

Der Erzähler der folgenden Geschichte ist Ausländer und macht abends
Reinigungsarbeit im Supermarkt. Versuchen Sie, beim Hören folgende
Informationen zu bekommen:

1. Welche Arbeit der Erzähler und Hedvika zuerst machen.
2. Wann der Erzähler und Hedvika die Wurst- und Obstabteilung
   putzen können.
3. Was für Arbeit Frau Hoffmann im Geschäft macht.
4. Was alle Verkäuferinnen von der Arbeit vom Erzähler und Hedvika
   halten.
5. Was der Erzähler und Hedvika in der Viertelstunde Zeit tun, bevor
   sie die Wurst- und Obstabteilung putzen können.
6. Was für ein Mensch der Leiter im Geschäft ist.
7. Wie der Erzähler dem Geschäftsleiter erklärt, warum er und Hedvika
   im Moment nichts tun.
8. Welche Sprachen Hedvika spricht oder versteht.
9. Wie der Leiter des Geschäfts heißt.
10. Wie der Lehrling auf das Gespräch zwischen dem Erzähler und dem
    Geschäftsleiter reagiert.

Wortschatz im Hörtext

Es ist 17 Uhr. Unsere Schicht fängt an . . .

die **Schicht, -en**	shift
schaffen	to (manage to) do, accomplish
nach Stundenlohn	paid by the hour
verbringen*	to spend (time)

kehren	to sweep
der **Besen, -**	broom
das **Regal, -e**	row of shelves
der **Kassenraum, ⸚e**	cashier area
wählen	to choose, select
die **Abteilung, -en**	department, section
überflüssig	superfluous
nicken	to nod
beim besten Willen	try as I might
sich (*dat.*) **vorstellen**	to imagine
fortfahren* (zu tun)	to continue (to do)
das **Irrenhaus, ⸚er**	madhouse
sorglos	light-heartedly, without worry
zusammenrechnen	to add up, total
übrigens	incidentally
einstimmig	unanimously
behaupten	to claim, maintain
genießen*	to enjoy
erledigen	to do, finish

Wir gehen deshalb in die Zeitungsabteilung . . .

sich vertiefen in (*acc.*)	to become engrossed in
Der Spiegel	(*German weekly news magazine*)
der **Leiter, -**	manager, director
beleidigen	to insult
das **Benehmen**	behavior
uns gegenüber	towards us
sich beherrschen	to control oneself
daß es zu einem Krach kommt	that there will be a scene
höflich	politely
toben	to rage; *here*: to boil
die **Zähne zusammenbeißen***	to clench one's teeth
das **Gedächtnis, -se**	memory
gleichzeitig	at the same time
erwischen	to catch (s.o. doing s.th.)
deutlich	clear(ly)
die **Überraschung, -en**	surprise
jmdm. einfallen*	to come to mind

hinzufügen	to add, make an additional remark
zeigen auf	to point to
ganz zu schweigen	not to mention
die **Überlegenheit**	superiority
verschwinden*	to disappear
sich verkleinern	to grow smaller
verwirrt	confused
sich unterhalten* mit	to converse with
erkennen*	to recognize, know

Jetzt sehe ich, daß er ...

der **Widerstand**	resistance
in eine **Falle geraten***	to fall into a trap
tönen	to make a sound
wechseln	to exchange
blitzend	flashing, sparkling
der **Lehrling, -e**	apprentice
hochgehoben	raised
der **Daumen, -**	thumb
anerkennend	approvingly
die **Schultern heben***	to shrug one's shoulders
vollkommen	completely

Hörprotokoll

Fassen Sie, was Sie gehört haben, in acht bis zehn Sätzen auf englisch oder auf deutsch zusammen. Sprechen Sie mit anderen Personen im Kurs darüber.

Information sammeln

Arbeiten Sie allein oder in Gruppen. Machen Sie möglichst viele Aussagen über jede der Figuren im Text. *Vorschlag:* Jede Gruppe sammelt Information über nur eine Person, und dann berichten alle Gruppen.

Diskussion

1. Besprechen Sie das Verhältnis Hedvikas und des Erzählers zu den anderen Arbeitern im Supermarkt.
2. Warum spricht der Leiter des Geschäfts so unfreundlich mit den ausländischen Arbeitern?

3. Haben Sie je bei einem Job Schwierigkeiten mit Ihrem Chef/Ihrer Chefin gehabt? Erzählen Sie davon.

Wortschatzaufgabe

Die folgenden Ausdrücke kommen im Text vor. Verwenden Sie diese Verben mit anderen Substantiven.

> **BEISPIEL:**   [unser Eis] genießen
>
> Wir haben unseren Urlaub **genossen**.

a. [den ganzen Tag] verbringen*

b. es kommt zu einem [Krach]

c. sich [in Hefte] vertiefen

d. [Widerstand] erwarten

e. in [eine Falle] geraten*

Zur Wiederholung 4

Texte 10–12

Wortschatzaufgaben (Partnerarbeit oder Hausaufgabe)

1. **Drücken Sie die Sätze anders aus. Achten Sie dabei besonders auf die fettgedruckten Präfixverben aus den Geschichten.**

   a. Alle **erhoben sich** (11) von ihren Plätzen.

   b. Sie hat ihm ihre Hilfe **verweigert** (10).

   c. Ich **sehe** nicht **ein** (10), warum sie die Stelle nicht bekommen kann.

   d. Wir haben nichts Neues **erfahren** (11).

   e. Im Moment **fällt** mir zu diesem Thema nichts **ein** (12).

   f. Wir **ziehen** es **vor** (10), hier zu bleiben.

   g. Na ja, **beschweren** soll man **sich** (11) nicht immer über alles.

   h. Ich habe Ihnen alles zu **verdanken** (12).

   i. Ich **gebe zu** (12), daß Deutsch nicht immer einfach ist.

   j. **Regen** Sie **sich** doch nicht soviel **auf** (12)!

2. **Beantworten Sie die Fragen.**

   BEISPIEL: Was oder wen kann man **enttäuschen** (12)?

   Man kann einen Menschen oder seine Hoffnungen enttäuschen.

   a. Was kann man **besetzen** (10)?

   b. Worum **bewirbt** man **sich** (10)?

   c. Was kann man **sich vorstellen** (11)?

   d. Was kann man **reparieren lassen** (12)?

   e. Was kann man **nachholen** (12)?

    f. Was kann man **verlernen** (12)?

    g. Was kann man jemandem **beibringen** (12)?

3. Stellen Sie jedes der folgenden Adjektive aus der ersten Liste attributiv vor ein passendes Substantiv aus der zweiten Liste. Bilden Sie dann Sätze mit diesen Kombinationen. Vergessen Sie die Adjektivendungen nicht!

> **NOTE:**   *Try to use your combinations in various cases, not just in the nominative.*

> **BEISPIEL:**   heiter (12)
>
>   eine heitere Stimmung
>
>   Es herrschte auf der Party **eine heitere Stimmung**.

a. tüchtig (10)	(1.) die Position	
b. vornehm (11)	(2.) das Benehmen	
c. bescheiden (11)	(3.) der Arbeiter	
d. tadellos (11)	(4.) das Geschäft	
e. schüchtern (12)	(5.) das Gefühl	
f. schmerzhaft (12)	(6.) die Summe Geld	
g. verantwortungsvoll (10)	(7.) der Mensch	

4. Machen Sie eine Erzählkarte für jede Geschichte (etwa zehn bis fünfzehn Wörter). Lesen Sie einem Partner/einer Partnerin die Wörter für eine Geschichte vor. Er/sie soll mit jedem Wort eine Aussage über diese Geschichte machen.

Diskussionsthemen/Aufsatzthemen

1. Erfinden Sie einen neuen Titel für jede Geschichte (auch für den Hörtext). Erklären Sie, warum Sie diese Titel gewählt haben.

2. Erfinden Sie ein „Nachspiel" (*epilogue*) für eine der Geschichten. Teilen Sie anderen Personen oder Gruppen Ihr Nachspiel mit.

3. Was haben die drei Geschichten und der Hörtext in diesem Teil gemeinsam (*in common*)? Könnten diese Geschichten sich in Ihrem Land abspielen? Begründen Sie Ihre Antwort.

Die Küchenuhr

Wolfgang Borchert

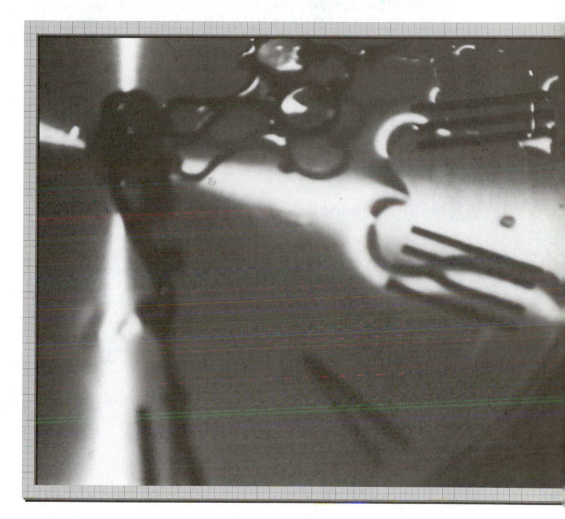

Wolfgang Borchert was born in Hamburg in 1921. He died in 1947, his early death the result of illness contracted during his military service and aggravated through long periods of incarceration by the Nazis during World War II. "Die Küchenuhr" belongs to the **Trümmerliteratur** ("literature of the ruins") in which Borchert and other German authors depicted in stark yet symbolic language the physical and spiritual devastation of Germany at the end of the war. Although Borchert's text is linguistically simple, its metaphoric and symbolic dimensions should not be overlooked. His stories "An diesem Dienstag," "Die drei dunklen Könige," "Das Brot," and "Nachts schlafen die Ratten doch" also deal with the war years and are quite easy to read.

Vor dem Lesen

Überblick über die Geschichte

Wir drucken diese Geschichte in Teilen, damit Sie leichter einen Überblick gewinnen. Lesen Sie die ersten und die letzten zwei bis drei Zeilen (*lines*) von jedem Teil schnell durch. Diskutieren Sie mit anderen Personen, warum die Geschichte wohl „Die Küchenuhr" heißt.

Alternative Gruppenaufgabe: Arbeiten Sie in Gruppen von drei bis fünf Personen. Jeder/jede liest einen Abschnitt, notiert einige wichtige Informationen über diesen Abschnitt und berichtet den anderen in der Gruppe davon.

Lesen Sie die ganze Geschichte genau, nachdem Sie einen Überblick gewonnen haben. Achten Sie besonders darauf, welche Teile der Erzählung vor dem Krieg spielen und welche nachher.

Die Küchenuhr

A

Sie sahen ihn schon von weitem[1] auf sich zukommen[2], denn er fiel auf[3]. Er hatte ein ganz altes Gesicht, aber wie er ging, daran sah man[4], daß er erst zwanzig war. Er setzte sich mit seinem alten Gesicht zu ihnen auf die Bank[5]. Und dann zeigte er ihnen, was er in der Hand trug.

5   Das war unsere Küchenuhr, sagte er und sah sie alle der Reihe nach[6] an, die auf der Bank in der Sonne saßen. Ja, ich habe sie noch gefunden. Sie ist übriggeblieben[7].

B

Er hielt eine runde tellerweiße Küchenuhr vor sich hin[8] und tupfte mit dem Finger die blaugemalten Zahlen ab[9].

10   Sie hat weiter keinen Wert, meinte er entschuldigend, das weiß ich auch. Und sie ist auch nicht so besonders schön. Sie ist nur wie ein Teller, so mit weißem Lack[10]. Aber die blauen Zahlen sehen doch ganz hübsch aus, finde ich. Die Zeiger sind natürlich nur aus Blech[11]. Und nun gehen sie auch nicht mehr. Nein. Innerlich ist sie kaputt, das steht

15   fest[12]. Aber sie sieht noch aus wie immer. Auch wenn[13] sie jetzt nicht mehr geht.

Er machte mit der Fingerspitze einen vorsichtigen[14] Kreis auf dem Rand[15] der Telleruhr entlang. Und er sagte leise[16]: Und sie ist übriggeblieben.

C

20   Die auf der Bank in der Sonne saßen, sahen ihn nicht an. Einer sah auf seine Schuhe, und die Frau sah in ihren Kinderwagen. Dann sagte jemand:

Sie haben wohl alles verloren?

Ja, ja, sagte er freudig[17], denken Sie, aber auch alles! Nur sie hier,

25   sie ist übrig. Und er hob die Uhr wieder hoch, als ob die anderen sie noch nicht kannten.

Aber sie geht doch[18] nicht mehr, sagte die Frau.

Nein, nein, das nicht. Kaputt ist sie, das weiß ich wohl. Aber sonst ist sie doch noch ganz wie immer: weiß und blau. Und wieder zeigte

30   er ihnen seine Uhr. Und was das Schönste ist, fuhr er aufgeregt[19] fort[20], das habe ich Ihnen ja[21] noch überhaupt nicht[22] erzählt. Das Schönste kommt nämlich noch: Denken Sie mal[23], sie ist um halb drei stehengeblieben. Ausgerechnet[24] um halb drei, denken Sie mal.

D

35   Dann wurde Ihr Haus sicher um halb drei getroffen, sagte der Mann und schob wichtig die Unterlippe vor. Das habe ich schon oft gehört. Wenn die Bombe runtergeht, bleiben die Uhren stehen. Das kommt von dem Druck[25].

Er sah seine Uhr an und schüttelte[26] überlegen[27] den Kopf. Nein,

40   lieber Herr, nein, da irren Sie sich[28]. Das hat mit den Bomben nichts zu tun. Sie müssen nicht immer von den Bomben reden. Nein. Um halb drei war ganz etwas anderes, das wissen Sie nur nicht. Das ist nämlich

der Witz[29], daß sie gerade[30] um halb drei stehengeblieben ist. Und nicht um Viertel nach vier oder um sieben. Um halb drei kam ich

45 nämlich immer nach Hause. Nachts, meine ich. Fast immer um halb drei. Das ist ja gerade der Witz.

E

Er sah die anderen an, aber die hatten ihre Augen von ihm weggenommen. Er fand sie nicht. Da nickte er seiner Uhr zu[31]: Dann hatte ich natürlich Hunger, nicht wahr? Und ich ging immer gleich in

50 die Küche. Da war es dann fast immer halb drei. Und dann, dann kam nämlich meine Mutter. Ich konnte noch so leise die Tür aufmachen, sie hat mich immer gehört. Und wenn ich in der dunklen Küche etwas zu essen suchte, ging plötzlich das Licht an. Dann stand sie da in ihrer Wolljacke und mit einem roten Schal um. Und barfuß. Immer barfuß.

55 Und dabei[32] war unsere Küche gekachelt[33]. Und sie machte ihre Augen ganz klein, weil ihr das Licht so hell war. Denn sie hatte ja schon geschlafen. Es war ja Nacht.

F

So spät wieder, sagte sie dann. Mehr sagte sie nie. Nur: So spät wieder. Und dann machte sie mir das Abendbrot warm und sah zu[34],

60 wie ich aß. Dabei[35] scheuerte[36] sie immer die Füße aneinander, weil die Kacheln so kalt waren. Schuhe zog sie nachts nie an. Und sie saß so lange bei mir, bis ich satt[37] war. Und dann hörte ich sie noch die Teller wegsetzen, wenn ich in meinem Zimmer schon das Licht ausgemacht hatte. Jede Nacht war es so. Und meistens immer um halb

65 drei. Das war ganz selbstverständlich[38], fand ich, daß sie mir nachts um halb drei in der Küche das Essen machte. Ich fand das ganz selbstverständlich. Sie tat das ja immer. Und sie hat nie mehr gesagt als: So spät wieder. Aber das sagte sie jedesmal. Und ich dachte, das könnte nie aufhören[39]. Es war mir so selbstverständlich. Das alles. Es war doch[40]

70 immer so gewesen.

G

Einen Atemzug[41] lang war es ganz still auf der Bank. Dann sagte er leise: Und jetzt? Er sah die anderen an. Aber er fand sie nicht. Da sagte er der Uhr leise ins weißblaue runde Gesicht: Jetzt, jetzt weiß ich, daß es das Paradies war. Das richtige Paradies.

75 Auf der Bank war es ganz still. Dann fragte die Frau: Und Ihre Familie?

Er lächelte sie verlegen[42] an[43]: Ach, Sie meinen meine Eltern? Ja, die sind auch mit weg[44]. Alles ist weg. Alles, stellen Sie sich vor[45]. Alles weg.

80 Er lächelte verlegen von einem zum anderen. Aber sie sahen ihn nicht an.

Da hob er wieder die Uhr hoch, und er lachte. Er lachte: Nur sie hier. Sie ist übrig. Und das Schönste ist ja, daß sie ausgerechnet um halb drei stehengeblieben ist. Ausgerechnet um halb drei.

85 Dann sagte er nichts mehr. Aber er hatte ein ganz altes Gesicht. Und der Mann, der neben ihm saß, sah auf seine Schuhe. Aber er sah seine Schuhe nicht. Er dachte immerzu[46] an das Wort Paradies.

Leseverständnis

Machen Sie allein oder mit anderen Personen zusammen möglichst viele kleine Inhalts- oder Meinungsaussagen über diese Erzählung. Eine chronologische Folge ist hier nicht wichtig. Produzieren Sie Aussagen, bis Sie möglichst viel über die Geschichte gesagt haben. Nehmen Sie den Text nicht zu Hilfe.

In eigenen Worten

Suchen Sie im Text vier Stellen von jeweils zwei bis drei Sätzen, in denen Gespräche geführt werden. Lesen Sie einer anderen Person im Kurs diese Stellen vor. Er/sie soll den Zusammenhang erklären (Wer spricht? Mit wem? Worüber?), ohne den Text zu Hilfe zu nehmen.

> **BEISPIEL:** Student(in) 1 liest:
>
> Das habe ich schon oft gehört. Wenn die Bombe runtergeht, bleiben die Uhren stehen.
>
> Student(in) 2 erklärt:
>
> *Der Mann auf der Bank spricht. Er erklärt dem jungen Mann, warum seine Küchenuhr stehengeblieben ist. Das kommt vom Druck der Bomben.*

Diskussion

> **NOTE:** *Offene Stellen. In any literary text there are* many *things that are left unsaid, things about which readers can only conjecture. We can call them* **offene Stellen** *or* **Leerstellen.** *Some of these things are unimportant and would only detract from the tightness of the text. For*

*example, in this story the color of the young man's hair, his
height, and his weight are not significant. There are, however,
other pieces of information that might indeed be useful and
about which we should conjecture—for example, why the
young man always came home at 2:30 in the morning and
what he was doing the night the bomb fell. Such withheld
information prompts us to fill in gaps in the text the way we
see them and thus become partners in the creative encounter
of text and reader. When "filling in the gaps," we find no
absolutely right or wrong solutions, although some may be
more plausible than others, given the specific context of the
story.*

1. Versuchen Sie, durch drei Fragen über jede der folgenden Personen Informationen zu bekommen, die nicht im Text stehen.

   der Mann, der an das Wort „Paradies" dachte

   die Frau mit dem Kinderwagen

   der junge Mann mit der Küchenuhr

   die Mutter

2. Antworten Sie auf die Fragen anderer Studenten.

   > **NOTE:** *Symbole. Scholars will not always agree on how
   > to define a symbol in a literary text. At the least, a symbol in
   > a text, be it an object, a person, or an event, points to meanings
   > or significance that the author wishes to convey but not in so
   > many words. Symbols are usually filled with potential
   > associations, but the reader has to tap them.*

3. Der junge Mann erzählt, was „halb drei" für ihn symbolisch bedeutet. Nämlich was? Was bedeutet es, daß eine *Uhr* kaputt ist und nicht ein Spiegel (*mirror*) oder ein Radio?

4. Überlegen (*ponder*) Sie, was in der Geschichte Symbolcharakter haben könnte. Geben Sie mindestens drei Beispiele. Was will der Autor durch solche Symbole zum Ausdruck bringen?

   Dieses Symbol   bringt vielleicht zum Ausdruck, daß . . .

                                      (a) _____

   (1) _____ (b) _____

                                      (c) _____

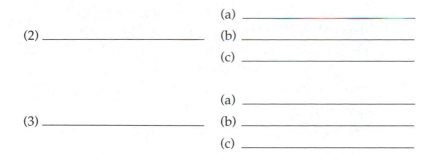

(2) _____

  (a) _____

  (b) _____

  (c) _____

(3) _____

  (a) _____

  (b) _____

  (c) _____

5. Suchen Sie Wörter und Wendungen (*expressions*), die sich im Text wiederholen. Diskutieren Sie, was Borchert durch solche Wiederholungen ausdrücken will.

6. Zeigen Sie am Verhalten (*behavior*) des jungen Mannes, daß er nicht mehr ganz normal ist.

7. Diskutieren Sie, was das „Paradies" für den jungen Mann und für den anderen Mann auf der Bank war.

Wortschatzaufgaben

1. Im Gespräch verwendet man oft Modalpartikel (*modal particles*) (siehe **Tips zum Schreiben**, Text 10) und gewisse Adverbien, um einer Aussage oder einer Meinung besonderen Ausdruck zu verleihen (*lend*). Solche Wörter intensivieren oder nuancieren eine Aussage. Unterstreichen Sie in Borcherts Text die folgenden Wörter.

ausgerechnet	mal
doch	nämlich
ganz	nur
gerade	überhaupt (nicht)
ja	wohl

Lesen Sie diese Stellen einmal mit diesen Wörtern und einmal ohne sie. Hören Sie den Unterschied?

2. Was sagen oder fragen Sie in diesen Situationen? Verwenden Sie Vokabeln und Ausdrücke aus der Liste.

   a. Sie haben viel gegessen und wollen nichts mehr.

   b. Was Sie gesagt haben, stimmt nicht.

   c. Ihre Mutter will spazierengehen, aber Sie wissen, daß die Wege vereist und deswegen sehr gefährlich sind.

   d. Die Leute neben Ihnen in der Unversitätsbibliothek reden
      dauernd, während Sie zu lesen versuchen.

   e. Sie möchten wissen, ob die Professorin den Termin für die
      nächste Deutschprüfung schon festgelegt hat.

aufhören (zu tun)	sich irren
auffallen*	satt sein*
feststehen*	vorsichtig sein*
fortfahren* (zu tun)	

Aufsatzthemen

TIPS ZUM SCHREIBEN: Using adjectives

Adjectives can help you convey how you view or react to the persons,
things, or occurrences about which you write. First, compile a list of
adjectives you find important for the topic and your reactions to it. Next,
write your first draft without adjectives, checking to see that all articles
and nouns are in the proper cases. Finally, write a second draft, inserting
adjectives where they enhance your narrative. Remember to use the
simple past tense in narratives and to avoid repeated use of the verbs
haben and **sein**.

1. Fassen Sie *die Handlung* der Geschichte in einem Abschnitt kurz
   zusammen. Schreiben Sie dann einen weiteren Abschnitt über *die
   Bedeutung* der Geschichte.

2. Beschreiben Sie einen Gegenstand (*object*) und erklären Sie, warum
   dieser Gegenstand für Sie besondere Bedeutung hat.

3. Erinnern Sie sich an ein besonders schönes Erlebnis oder an eine
   schöne Zeit aus Ihrer Jugend? Erzählen Sie davon und auch von
   Ihren Gefühlen dabei.

14 Wenn die Haifische Menschen wären

Bertolt Brecht

Und der Haifisch der hat Zähne

Bertolt Brecht was born in 1898 in Augsburg, Germany. He spent most of World War II in exile in Denmark, Finland, and the United States. He later moved to Switzerland and in 1949 to East Berlin, where he founded his own theater, the famous Berliner Ensemble. He achieved literary prominence through one of his early plays, the "Dreigroschenoper" (1928), for which Kurt Weill composed the music. Best known for his stage works, Brecht also wrote short didactic plays (**Lehrstücke**), novels, short stories, calendar tales, screenplays, poetry, essays, and theoretical treatises on the theater. "Wenn die Haifische Menschen wären" comes from *Geschichten vom Herrn Keuner*, a remarkable collection of more than eighty anecdotes written by Brecht over many years and published in 1956, the year he died. These anecdotes are very short, often less than a hundred words, and show Brecht at his witty and at times philosophical best. Many of these selections are easy to read and fun to discuss.

Vor dem Lesen

Haifische

Was für ein Tier ist ein Haifisch? Welche Eigenschaften hat er? Diskutieren Sie mit anderen Personen im Kurs darüber.

Lesen Sie die ganze Geschichte jetzt genau.

> **NOTE:**   *This story does not lend itself to skimming or quick reading.*

Wenn die Haifische[1] Menschen wären

„Wenn die Haifische Menschen wären", fragte Herrn K. die kleine Tochter seiner Wirtin[2], „wären sie dann netter zu den kleinen Fischen?" „Sicher", sagte er. „Wenn die Haifische Menschen wären, würden sie im Meer für die kleinen Fische gewaltige[3] Kästen[4] bauen lassen,
5 mit allerhand[5] Nahrung[6] drin, sowohl Pflanzen als auch Tierzeug[7]. Sie würden sorgen[8], daß die Kästen immer frisches Wasser hätten, und sie würden überhaupt[9] allerhand sanitäre Maßnahmen

treffen[10]. Wenn zum Beispiel ein Fischlein sich die Flosse[11] verletzen[12]
würde, dann würde ihm sogleich[13] ein Verband[14] gemacht, damit es
10 den Haifischen nicht wegstürbe vor der Zeit. Damit die Fischlein nicht
trübsinnig[15] würden, gäbe es ab und zu[16] große Wasserfeste; denn
lustige Fischlein schmecken besser als trübsinnige. Es gäbe natürlich
auch Schulen in den großen Kästen. In diesen Schulen würden die
Fischlein lernen, wie man in den Rachen[17] der Haifische schwimmt. Sie
15 würden zum Beispiel Geographie brauchen, damit sie die großen
Haifische, die faul irgendwo liegen, finden könnten. Die Hauptsache
wäre natürlich die moralische Ausbildung[18] der Fischlein. Sie würden
unterrichtet werden, daß es das Größte und Schönste sei, wenn ein
Fischlein sich freudig aufopfert[19], und daß sie alle an die Haifische
20 glauben müßten, vor allem[20], wenn sie sagten, sie würden für eine
schöne Zukunft[21] sorgen. Man würde den Fischlein beibringen[22], daß
diese Zukunft nur gesichert sei, wenn sie Gehorsam[23] lernten. Vor
allen niedrigen[24], materialistischen, egoistischen und marxistischen
Neigungen[25] müßten sich die Fischlein hüten[26] und es sofort den
25 Haifischen melden[27], wenn eines von ihnen solche Neigungen
verriete[28]. Wenn die Haifische Menschen wären, würden sie natürlich
auch untereinander Kriege führen, um fremde[29] Fischkästen und
fremde Fischlein zu erobern[30]. Die Kriege würden sie von ihren
eigenen Fischlein führen lassen. Sie würden die Fischlein lehren, daß
30 zwischen ihnen und den Fischlein der anderen Haifische ein riesiger[31]
Unterschied bestehe[32]. Die Fischlein, würden sie verkünden[33], sind
bekanntlich stumm[34], aber sie schweigen in ganz verschiedenen
Sprachen und können einander daher[35] unmöglich verstehen. Jedem
Fischlein, das im Krieg ein paar andere Fischlein, feindliche, in anderer
35 Sprache schweigende Fischlein tötete, würden sie einen kleinen
Orden[36] aus Seetang[37] anheften[38] und den Titel Held[39] verleihen[40].
Wenn die Haifische Menschen wären, gäbe es bei ihnen natürlich
auch eine Kunst[41]. Es gäbe schöne Bilder, auf denen die Zähne der
Haifische in prächtigen[42] Farben, ihre Rachen als reine Lustgärten[43], in
40 denen es sich prächtig tummeln läßt[44], dargestellt[45] wären. Die
Theater auf dem Meeresgrund würden zeigen, wie heldenmütige[46]
Fischlein begeistert[47] in die Haifischrachen schwimmen, und die Musik
wäre so schön, daß die Fischlein unter ihren Klängen[48], die Kapelle[49]
voran, träumerisch und in allerangenehmste Gedanken eingelullt, in
45 die Haifischrachen strömten. Auch eine Religion gäbe es da, wenn die
Haifische Menschen wären. Sie würde lehren, daß die Fischlein erst
im Bauch[50] der Haifische richtig zu leben begännen. Übrigens[51] würde
es auch aufhören[52], wenn die Haifische Menschen wären, daß alle
Fischlein, wie es jetzt ist, gleich sind. Einige von ihnen würden Ämter[53]
50 bekommen und über die anderen gesetzt werden. Die ein wenig

größeren dürften sogar die kleineren auffressen. Das wäre für die
Haifische nur angenehm, da sie dann selber öfter größere Brocken[54]
zu fressen bekämen. Und die größeren, Posten habenden Fischlein
würden für die Ordnung unter den Fischlein sorgen, Lehrer, Offiziere,
55 Ingenieure im Kastenbau usw. werden. Kurz, es gäbe überhaupt erst
eine Kultur im Meer, wenn die Haifische Menschen wären."

Leseverständnis

Für welche der folgenden Lebensbereiche (*areas of life*) würden die
Haifische etwas tun? Geben Sie Beispiele. Erklären Sie auch, warum die
Haifische das alles tun würden. (Gründe und Absichten können Sie mit
den Konjunktionen **damit**, **weil**, und **um . . . zu** erklären.)

    a. Religion

    b. Gesundheit

    c. Kunst

    d. Politik

    e. Militär

    f. Verwaltung/Beamtentum (*administration*)

    g. Haus- und Wohnungsbau

    h. Schule

    i. Lebensmittelversorgung (*food supply*)

    j. Sport

In eigenen Worten

Drücken Sie die Stellen anders aus. Bitte achten Sie darauf, daß alle
Stellen im Konjunktiv (*subjunctive*) sind.

> **BEISPIEL:** Die Kriege würden sie [die Haifische] von ihren
> eigenen Fischlein führen lassen.
>
> *Die Fischlein müßten im Krieg für die Haifische kämpfen.*

    1. Sie [die Haifische] würden sorgen, daß die Kästen immer
        frisches Wasser hätten, und sie würden überhaupt allerhand
        sanitäre Maßnahmen treffen.

2. Die Hauptsache wäre natürlich die moralische Ausbildung der Fischlein.

3. Sie [die Fischlein] würden unterrichtet werden, daß es das Größte und Schönste sei, wenn ein Fischlein sich freudig aufopfert, und daß sie alle an die Haifische glauben müßten, vor allem, wenn sie sagten, sie würden für eine schöne Zukunft sorgen.

4. Man würde den Fischlein beibringen, daß diese Zukunft nur gesichert sei, wenn sie Gehorsam lernten.

5. Übrigens würde es auch aufhören, wenn die Haifische Menschen wären, daß alle Fischlein, wie es jetzt ist, gleich sind.

6. Sie würden die Fischlein lehren, daß zwischen ihnen und den Fischlein der anderen Haifische ein riesiger Unterschied bestehe.

Diskussion

1. Brecht war Kommunist. Diskutieren Sie, ob er hier an bestimmte Gesellschaftssysteme denkt, wie z.B. den Kapitalismus, oder an die Menschen überhaupt. An welche Beispiele in der Geschichte Europas oder Amerikas denkt Brecht vielleicht?

2. Halten Sie seine Meinung für richtig? Begründen Sie Ihre Antwort. Geben Sie konkrete Beispiele von Haifischen in Ihrer Kultur, wenn Sie glauben, daß es solche gibt.

3. Möchten Sie lieber ein Fischlein oder ein Haifisch sein? Warum?

4. Was sollten die Fischlein Ihrer Meinung nach tun, um ihre Situation zu verstehen und zu verbessern? Können Sie an konkrete Beispiele in unserer Welt denken, wo die Fischlein versuchen sollten, ihre Situation zu ändern? Wie sollen sie das tun?

5. Besprechen Sie die Rolle der Religion in der Welt der Haifische. Denken Sie dabei an das Wort von Karl Marx, Religion sei das Opium des Volkes. Was meinte Marx wohl damit?

6. Vielleicht kennen Sie George Orwells *Animal Farm*. Finden Sie Parallelen im Denken von Brecht und Orwell?

Die Moritat[1] von Mackie Messer

NOTE: *This song has been translated into English and sung by such famous personalities as Louis Armstrong and Bobby Darin. Perhaps you can find the recordings and compare the English translations with the German original.*

Und der Haifisch, der hat Zähne
Und die trägt er im Gesicht
Und Macheath, der hat ein Messer
Doch das Messer sieht man nicht.

Ach, es sind des Haifischs Flossen
Rot, wenn dieser Blut vergießt[2]!
Mackie Messer trägt 'nen Handschuh
Drauf man keine Untat[3] liest.

An der Themse grünem Wasser
Fallen plötzlich Leute um!
Es ist weder Pest[4] noch Cholera
Doch es heißt: Macheath geht um.

An 'nem schönen blauen Sonntag
Liegt ein toter Mann am Strand
Und ein Mensch geht um die Ecke
Den man Mackie Messer nennt.

Und Schmul[5] Meier bleibt verschwunden
Und so mancher reiche Mann
Und sein Geld hat Mackie Messer
Dem man nichts beweisen kann.

Jenny Towler ward[6] gefunden
Mit 'nem Messer in der Brust
Und am Kai geht Mackie Messer
Der von allem nichts gewußt.

Wo ist Alfons Glite, der Fuhrherr[7]?
Kommt das je ans Sonnenlicht?
Wer es immer wissen könnte –
Mackie Messer weiß es nicht.

---

[1] die **Moritat** organ-grinder song about terrible deeds   [2] **vergießen*** shed   [3] die **Untat** misdeed   [4] die **Pest** plague   [5] **Schmul** Samuel   [6] **ward: wurde**   [7] der **Fuhrherr** carter

Und das große Feuer in Soho[8]
Sieben Kinder und ein Greis –
In der Menge Mackie Messer, den
Man nichts fragt und der nichts weiß.

Und die minderjährige[9] *Witwe*[10]
Deren Namen jeder weiß
Wachte auf und war geschändet[11] *–*
Mackie, welches war dein Preis?

Und die Fische, sie verschwinden
Doch zum Kummer[12] *des Gerichts*[13]*:*
Man zitiert[14] *am End den Haifisch*
Doch der Haifisch weiß von nichts.

Und er kann sich nicht erinnern
Und man kann nicht an ihn ran[15]*:*
Denn ein Haifisch ist kein Haifisch
Wenn man's nicht beweisen kann.

BERTOLT BRECHT, *Die Dreigroschenoper*

---

[8] **Soho** *ein Stadtteil von London*   [9] **minderjährig** underage   [10] die **Witwe** widow
[11] **schänden** violate, rape   [12] der **Kummer** concern, worry   [13] das **Gericht** court of law
[14] **zitieren** order to appear   [15] **kann nicht an ihn ran** can't get to him (i.e., can't prosecute him)

Wortschatzaufgaben

1. Suchen Sie Verben im Text, die ungefähr Folgendes ausdrücken. Bilden Sie Sätze mit diesen Verben.

   a. jmdn. etwas lehren (2 verschiedene Verben!)

   b. sich weh tun

   c. nicht sprechen

   d. sein

   e. nicht mehr sein

   f. feierlich überreichen

   g. bekanntgeben, erklären

   h. aufpassen, daß . . .

   i. selbstlos für eine andere Person oder für eine Idee arbeiten

2. Suchen Sie fünf Substantive aus dem Text, die Ideen ausdrücken. Suchen Sie in einem deutsch-englischen Wörterbuch mindestens zwei englische Bedeutungen für jedes Wort und unterstreichen Sie die Bedeutung, die das Wort in dem Text von Brecht hat.

   BEISPIEL: die Ausbildung

   development; formation, <u>education</u>; instruction, training

Aufsatzthemen

TIPS ZUM SCHREIBEN: Using the conditional subjunctive for conjecture

Facts are presented in the indicative, hypotheses in the subjunctive. When conjecturing, use the conditional subjunctive (often called subjunctive II, since it is formed from the past tense, i.e., the *second* principal part of a verb). In modern German, and in the Brecht text, there is a strong tendency to use **würde(n)** plus main verb infinitive instead of a subjunctive II form of the main verb: **Man _würde_ den Fischlein _beibringen_, daß** . . . However, with common verbs such as **sein (wäre)**, **haben (hätte)**, **geben (es gäbe)**, **bekommen (bekämen)**, and the modals (**müßten, dürften**) Brecht (and most Germans) use the subjunctive II forms of these verbs themselves: **Auch eine Religion _gäbe_ es da, wenn die Haifische Menschen _wären_**. Choose the forms you wish, but generally avoid **würde(n)** + infinitive in a **wenn**-clause.

1. Erzählen Sie, wie es wäre, wenn *Sie* ein Haifisch im Meer wären.

2. Erzählen Sie, was Sie als Fischlein tun würden, um die Welt im Meer der Haifische zu ändern.

3. Kennen Sie einen Haifisch in Menschengestalt? Gibt es bekannte Haifisch-Menschen in Ihrem Land? Erzählen Sie davon.

15 Die Parabel von den drei Ringen

Gotthold Ephraim Lessing

Gotthold Ephraim Lessing (1729–1781) was one of the major German literary and intellectual figures of the eighteenth century. As a drama critic in Hamburg and as a dramatist in his own right, he helped found and shape the theater tradition in Germany. More than 200 years later, his most notable plays, *Minna von Barnhelm* (1767), *Emilia Galotti* (1772), and *Nathan der Weise* (1779) are still performed on the German stage. *Nathan der Weise* is Lessing's response to the question "What is religion?" It is also a statement about religious and racial tolerance. Lessing adapted the parable of the three rings from a story in Giovanni Boccaccio's *Decamerone* (1348–1353).

Vor dem Lesen

Zur Information

Lessings Drama „Nathan der Weise" spielt im Jahre 1192, im Zeitalter der Kreuzzüge (*crusades*). Der Sultan Saladin, islamischer Herrscher Jerusalems, braucht Geld. Er will den reichen Juden Nathan, den er noch nicht persönlich kennt, durch eine Fangfrage (*question designed to trap someone*) in eine Falle locken und ihm sein Geld abnehmen. Mit der folgenden Parabel antwortet der weise Nathan auf Saladins Frage, welche Religion (das Christentum, das Judentum oder der Islam) die „wahre" sei. Der Text ist im Blankvers, dem Vers Shakespeares, geschrieben. Solche Verse haben fünf Hebungen (*stressed syllables*), aber keinen Endreim.

> NOTE: *Lessing's parable does not lend itself to skimming or quick reading, but it can be previewed effectively by reading aloud in small groups or in the class as a whole, with listeners referring to the glosses. The text has been neither modernized nor simplified. For the sake of meter and rhythm, Lessing takes liberty with endings: for example,* **ergießend[es] Herz** *(line 27). Occasionally he employs words or expressions at variance with current usage: for example:* **in Osten (im Osten)** *(line 1). In addition, sometimes poetic sensitivity dictates that words be omitted, as in the following elliptic sentence:* **Wie auch wahr! (Wie es auch wahr war!)** *(line 95).*

Lesen Sie den Text jetzt genau. Unterstreichen Sie dabei die Sätze, die Sie nicht verstehen. Nachher können Sie diese Stellen mit Hilfe Ihres

Professors/Ihrer Professorin oder anderer Personen im Kurs noch einmal lesen. Siehe auch **In eigenen Worten**.

Die Parabel von den drei Ringen

NATHAN	Vor grauen[1] Jahren lebt' ein Mann in[2] Osten,
	der einen Ring von unschätzbarem[3] Wert
	aus lieber Hand besaß. Der Stein war ein
	Opal, der hundert schöne Farben spielte[4],
5	und hatte die geheime[5] Kraft[6], vor Gott
	und Menschen angenehm zu machen, wer[7]
	in dieser Zuversicht[8] ihn trug. Was Wunder[9],
	daß ihn der Mann in Osten darum nie
	vom Finger ließ; und die Verfügung traf[10],
10	auf ewig ihn bei seinem Hause zu
	erhalten[11]? Nämlich so. Er ließ den Ring
	von seinen Söhnen dem geliebtesten;
	und setzte fest[12], daß dieser wiederum
	den Ring von seinen Söhnen dem vermache[13],
15	der ihm der liebste sei; und stets[14] der liebste,
	ohn' Ansehn[15] der Geburt, in Kraft[16] allein
	des Rings, das Haupt[17], der Fürst[18] des Hauses werde. –
	Versteh mich, Sultan.
SALADIN	Ich versteh' dich. Weiter!
20 NATHAN	So kam nun dieser Ring, von Sohn zu Sohn,
	auf einen Vater endlich von drei Söhnen;
	die alle drei ihm gleich gehorsam[19] waren,
	die alle drei er folglich gleich zu lieben
	sich nicht entbrechen[20] konnte. Nur von Zeit
25	zu Zeit schien ihm bald der, bald dieser, bald
	der Dritte, – so wie jeder sich mit ihm
	allein befand, und sein ergießend[21] Herz
	die andern zwei nicht teilten, – würdiger
	des Ringes; den er denn auch einem jeden[22]
30	die fromme[23] Schwachheit hatte, zu versprechen.
	Das ging nun so, solang es ging. – Allein[24]
	es kam zum Sterben, und der gute Vater
	kommt in Verlegenheit[25]. Es schmerzt ihn, zwei
	von seinen Söhnen, die sich auf sein Wort
35	verlassen[26], so zu kränken[27]. – Was zu tun? –
	Er sendet in geheim[28] zu einem Künstler[29],
	bei dem er, nach dem Muster[30] seines Ringes,

zwei andere bestellt, und weder Kosten
noch Mühe sparen heißt[31], sie jenem gleich,

40 vollkommen[32] gleich zu machen. Das gelingt[33]
dem Künstler. Da er ihm die Ringe bringt,
kann selbst der Vater seinen Musterring
nicht unterscheiden. Froh und freudig ruft
er seine Söhne, jeden insbesondre[34];

45 gibt jedem insbesondre seinen Segen[35], –
und seinen Ring, – und stirbt. – Du hörst doch, Sultan?

SALADIN (*der sich betroffen[36] von ihm gewandt*)
Ich hör', ich höre! – Komm mit deinem Märchen
nur bald zu Ende. – Wird's[37]?

50 NATHAN   Ich bin zu Ende.
Denn was noch folgt, versteht sich ja von selbst. –
Kaum war der Vater tot, so kommt ein jeder
mit seinem Ring, und jeder will der Fürst
des Hauses sein. Man untersucht[38], man zankt[39],

55 man klagt[40]. Umsonst[41]; der rechte Ring war nicht
erweislich; –
(*nach einer Pause, in welcher er des Sultans Antwort
erwartet*)
        Fast so unerweislich, als

60 uns jetzt – der rechte Glaube.

SALADIN   Wie! das soll
die Antwort sein auf meine Frage? . . .

NATHAN   Soll
mich bloß entschuldigen, wenn ich die Ringe

65 mir nicht getrau'[42] zu unterscheiden, die
der Vater in der Absicht[43] machen ließ,
damit sie nicht zu unterscheiden wären.

SALADIN Die Ringe! – Spiele nicht mit mir! – Ich dächte,
daß die Religionen, die ich dir

70 genannt, doch wohl zu unterscheiden wären.
Bis auf[44] die Kleidung, bis auf Speis' und Trank!

NATHAN Und nur von Seiten ihrer Gründe[45] nicht.
Denn gründen alle sich nicht auf Geschichte?
Geschrieben oder überliefert[46]! – Und

75 Geschichte muß doch wohl allein auf Treu
und Glauben[47] angenommen werden? – Nicht? –
Nun, wessen Treu und Glauben zieht man denn
am wenigsten in Zweifel[48]? Doch der Seinen?
Doch deren Blut wir sind[49]? doch deren, die

80 von Kindheit an uns Proben[50] ihrer Liebe
gegeben? die uns nie getäuscht[51], als wo[52]

getäuscht zu werden uns heilsamer[53] war? –
Wie kann ich meinen Vätern weniger
als du den deinen glauben? Oder umgekehrt[54]. –
85 Kann ich von dir verlangen[55], daß du deine
Vorfahren[56] Lügen strafst[57], um meinen nicht
zu widersprechen? Oder umgekehrt.
Das nämliche gilt[58] von den Christen. Nicht? –

SALADIN (Bei dem Lebendigen[59]! Der Mann hat recht.
90 Ich muß verstummen.)

NATHAN   Laß auf unsre Ring'
uns wieder kommen. Wie gesagt: die Söhne
verklagten sich[60], und jeder schwur dem Richter,
unmittelbar[61] aus seines Vaters Hand
95 den Ring zu haben. – Wie auch wahr! – Nachdem
er von ihm lange das Versprechen schon
gehabt, des Ringes Vorrecht[62] einmal zu
genießen. – Wie nicht minder[63] wahr! – Der Vater,
beteu'rte[64] jeder, könne gegen ihn
100 nicht falsch gewesen sein, und eh' er dieses
von ihm, von einem solchen lieben Vater,
argwohnen[65] lass': eh' müss' er seine Brüder,
so gern er sonst von ihnen nur das Beste
bereit zu glauben sei, des falschen Spiels
105 bezeihen[66]; und er wolle[67] die Verräter[68]
schon auszufinden wissen; sich schon rächen[69].

SALADIN Und nun, der Richter[70]? – Mich verlangt zu hören
was du den Richter sagen lässest. Sprich!

NATHAN Der Richter sprach: Wenn ihr mir nun den Vater
110 nicht bald zur Stelle schafft[71], so weis'[72] ich euch
von meinem Stuhle. Denkt ihr, daß ich Rätsel[73]
zu lösen da bin? Oder harret[74] ihr,
bis daß der rechte Ring den Mund eröffne? –
Doch halt! Ich höre ja, der rechte Ring
115 besitzt die Wunderkraft beliebt zu machen;
vor Gott und Menschen angenehm. Das muß
entscheiden! Denn die falschen Ringe werden
doch das nicht können! – Nun; wen lieben zwei
von euch am meisten? – Macht, sagt an[75]! Ihr schweigt?
120 Die Ringe wirken nur zurück[76]? und nicht
nach außen? Jeder liebt sich selber nur
am meisten? – O, so seid ihr alle drei
betrogene Betrüger[77]! Eure Ringe
sind alle drei nicht echt. Der echte Ring
125 vermutlich[78] ging verloren. Den Verlust

zu bergen[79], zu ersetzen, ließ der Vater
die drei für einen machen.

SALADIN   Herrlich! herrlich!

NATHAN   Und also; fuhr der Richter fort[80], wenn ihr

130   nicht meinen Rat[81], statt meines Spruches[82] wollt:
geht nur! – Mein Rat ist aber der: ihr nehmt
die Sache völlig wie sie liegt. Hat von
euch jeder seinen Ring von seinem Vater:
so glaube jeder sicher seinen Ring

135   den echten. – Möglich, daß der Vater nun
die Tyrannei des *einen* Rings nicht länger
in seinem Hause dulden wollen[83]! – Und gewiß;
daß er euch alle drei geliebt, und gleich
geliebt: indem er zwei nicht drücken mögen[84],

140   um einen zu begünstigen[85]. – Wohlan[86]!
Es eifre jeder seiner unbestochnen
von Vorurteilen freien Liebe nach[87].
Es strebe von euch jeder um die Wette[88],
die Kraft des Steins in seinem Ring an Tag

145   zu legen[89]! komme dieser Kraft mit Sanftmut[90],
mit herzlicher Verträglichkeit[91], mit Wohltun,
mit innigster Ergebenheit[92] in Gott
zu Hilf'! Und wenn sich dann der Steine Kräfte
bei euren Kindes-Kindeskindern äußern[93]:

150   so lad' ich über tausend tausend Jahre
sie wiederum vor diesen Stuhl. Da wird
ein weisrer Mann auf diesem Stuhle sitzen
als ich; und sprechen. Geht! – So sagte der
bescheidne[94] Richter.

155 SALADIN   Gott! Gott!

NATHAN   Saladin,
wenn du dich fühlest, dieser weisere
versprochne Mann zu sein . . .

SALADIN   *(der auf ihn zustürzt[95] und seine Hand ergreift, die*

160   *er bis zu Ende nicht wieder fahren läßt[96])*

                             Ich Staub[97]? Ich Nichts?
O Gott!

NATHAN   Was ist dir, Sultan?

SALADIN   Nathan, lieber Nathan! –

165   Die tausend tausend Jahre deines Richters
sind noch nicht um[98]. – Sein Richterstuhl ist nicht
der meine. – Geh! – Geh! – Aber sei mein Freund.

Leseverständnis

Haben Sie die Parabel verstanden? Fassen Sie jeden der folgenden Teile der Parabel in höchstens drei bis fünf Sätzen zusammen. Arbeiten Sie allein oder mit einer anderen Person im Kurs zusammen. Vergleichen Sie Ihre Zusammenfassungen mit denen anderer Personen oder Gruppen.

1.   Der Ring (1–17)
2.   Der Vater mit drei Söhnen (20–46)
3.   Der Tod des Vaters (51–56)
4.   Die Klage vor dem Richter (91–106)
5.   Die Frage des Richters (109–127)
6.   Der Rat des Richters (129–154)

In eigenen Worten

Die folgenden Sätze im Text sind wegen des komplexen Satzbaus recht schwierig. Drücken Sie die Ideen in diesen Sätzen durch mehrere kleinere Sätze und in *Ihren* Worten einfacher aus.

> **BEISPIEL:**   Der Stein war ein Opal, der hundert schöne Farben spielte, und hatte die geheime Kraft, vor Gott und Menschen angenehm zu machen, wer in dieser Zuversicht ihn trug.
>
> *Der Stein war ein Opal. Er spiegelte/glänzte in hundert schönen Farben. Der Ring sollte den Träger vor allen Menschen und vor Gott angenehm machen, aber der Träger mußte an diese Wirkung glauben.*

> **NOTE:**   *Some of the more difficult structures in the following sentences are explained in the glosses.*

1. Er ließ den Ring von seinen Söhnen dem geliebtesten; und setzte fest, daß dieser wiederum den Ring von seinen Söhnen dem vermache, der ihm der liebste sei; und stets der liebste ohn' Ansehn der Geburt, in Kraft allein des Rings, das Haupt, der Fürst des Hauses werde.

2. Nur von Zeit zu Zeit schien ihm bald der, bald dieser, bald der Dritte, – so wie jeder sich mit ihm allein befand, und sein ergießend Herz die andern zwei nicht teilten, – würdiger des Ringes; den er denn auch einem jeden die fromme Schwachheit hatte, zu versprechen.

3. Der Vater, beteu'rte jeder, könne gegen ihn nicht falsch
    gewesen sein, und eh' er dieses von ihm, von einem solchen
    lieben Vater, argwohnen lass': eh' müss' er seine Brüder, so
    gern er sonst von ihnen das Beste bereit zu glauben sei, des
    falschen Spiels bezeihen;

4. Möglich, daß der Vater nun die Tyrannei des *einen* Rings nicht
    länger in seinem Hause [hat] dulden wollen! – Und gewiß;
    daß er euch alle drei geliebt, und gleich geliebt: indem er zwei
    nicht [hat] drücken mögen, um einen zu begünstigen.

5. Es strebe von euch jeder um die Wette, die Kraft des Steins in
    seinem Ring an Tag zu legen! komme dieser Kraft mit Sanft-
    mut, mit herzlicher Verträglichkeit, mit Wohltun, mit innig-
    ster Ergebenheit in Gott zu Hilf'!

Diskussion

1. Worin sind nach Nathans Ansicht alle Religionen gleich? Worin
    sind sie nicht mehr gleich?

2. Woher haben die meisten Menschen nach Nathans Ansicht ihre
    Religion?

3. Durch welche Tugenden (*virtues*) soll jeder Sohn nach Ansicht des
    Richters die Echtheit seines Ringes (d.h., seiner Religion) beweisen?
    Halten Sie das für richtig? Würden Sie auch noch andere Tugenden
    nennen?

4. Machen gute Menschen eine Religion, oder macht eine Religion
    gute Menschen?

5. Wozu braucht man Religionen?

6. Haben Sie eine Religion? Wenn ja, woher haben Sie diesen Glauben?
    Was ist für Sie die wichtigste Aufgabe einer Religion?

Wortschatzaufgaben

1. Suchen Sie im Text acht Adjektive oder adverbial gebrauchte Ad-
    jektive, die Sie vorher nicht gekannt haben. Schreiben Sie die Aus-
    drücke oder Stellen, in denen diese Wörter stehen, ab. Bilden Sie
    eigene Sätze mit diesen Wörtern.

    BEISPIEL: die geheime Kraft (Vers 5)

    Der Spion hatte eine **geheime** Mission.

2. Was bedeuten die folgenden Ausdrücke und Redewendungen aus dem Text auf englisch? Bilden Sie Sätze damit.

sich [in einer Situation] befinden* (27)

in Verlegenheit kommen* (33)

keine Mühe sparen (39)

etwas [tun] lassen* (66)

in Zweifel ziehen* (78)

zur Stelle schaffen (110)

[eine Sache] so nehmen*, wie sie liegt (131–132)

um die Wette [streben*, laufen*, fahren* usw.] (143)

etwas an den Tag legen (144–145)

Aufsatzthemen

TIPS ZUM SCHREIBEN: Using new vocabulary

Always write a first draft using vocabulary and expressions with which you feel comfortable. Then select a few verbs or expressions in your composition that might be expressed more precisely or with greater sophistication. When you encounter such a word, there are several strategies you can follow. Perhaps you recall a synonymous expression. You can also consult a German-German dictionary such as Wahrig's *Deutsches Wörterbuch*, Bertelsmann Verlag, or Langenscheidt's *Großwörterbuch Deutsch als Fremdsprache*, a dictionary with explanations written for learners of German. Thinking of an alternate expression in English and consulting an English-German dictionary may also work sometimes, but be sure to cross-reference the German word you find to verify its meaning.

1. Erzählen Sie die Parabel von den drei Ringen in höchstens zwanzig Sätzen nach.

2. Schreiben Sie darüber, was Ihre Religion für Sie bedeutet und warum sie für Sie wichtig ist.

3. Kennen Sie eine Parabel, die Ihnen besonders gut gefällt? Erzählen Sie diese Parabel.

Hörtext 5A

Der gute Mann

Barbara Gappmaier

Barbara Gappmaier was born in 1968. She died in a fall in 1984, shortly before she was to be awarded first prize for this story in a nationwide writing contest sponsored by the **Österreichischer Bundesverlag**. Out of more than 800 entries, 23 texts, including "Der gute Mann" were chosen for publication in the anthology *Junge Literatur aus Österreich 83/84*.

Höranweisung

Der erste Teil dieses Hörtexts erzählt von einem „guten" Mann, der für die anderen Bewohner im Haus viel Gutes tat und sehr beliebt war. Hören Sie sich die erste Hälfte (bis zur Pause auf der Kassette) an. Sehen Sie sich dann den Wortschatz für die zweite Hälfte der Geschichte an und besprechen Sie mit einem Partner / einer Partnerin, wie die Geschichte wahrscheinlich zu Ende geht. Hören Sie sich nachher das Ende der Geschichte an.

Wortschatz im Hörtext

Er war ein guter Mann . . . (erste Hälfte)

einziehen*	to move in
der **Teppich, -e**	carpet
die **Teppichstange, -n**	bar over which a carpet is draped for cleaning
renovieren	to renovate, remodel
keinen Sinn haben	to not make any sense
wetteifern um	to compete, vie (with one another) for
die **Vergangenheit**	past, past history

Eines Tages starb . . . (zweite Hälfte)

sich eingewöhnen	to become used to new surroundings
sich mit jmdm. anfreunden	to become friends with s.o.
beim Teppichklopfen:	(*Many people still clean carpets by hanging them on a line and beating them.*)
die **Verfolgung, -en**	persecution
erfahren*	to discover, learn, find out

die **Führung**	command, leadership
vernichten	to exterminate
das **Begräbnis, -se**	burial, funeral
die **Grube, -n**	pit, hole
zuschütten	to fill in (a hole)
die **Sau** (*derogatory*)	pig, swine
zu schade für	too good for
die **Trauergemeinde**	mourners
sich einfinden*	to show up
der **Friedhof, ¨e**	cemetery
die **Erlaubnis**	permission
der **Totengräber, -**	grave digger

Hörverständnis

1. Machen Sie eine Liste der Dinge, die der gute Mann für die anderen Hausbewohner tat.

2. Was erfuhr man nach seinem Tod von der Vergangenheit des guten Mannes?

3. Wie reagierten die Hausbewohner, als sie von der Vergangenheit des Mannes erfuhren?

Diskussion

1. Was halten Sie von dem Urteil der anderen Hausbewohner über den guten Mann? Wie hätten *Sie* reagiert?

2. Warum ging das jüdische Ehepaar zum Begräbnis? Wären *Sie* zum Begräbnis des guten Mannes gegangen?

3. Was wissen wir oder die anderen Hausbewohner *nicht* über die Nazi-Vergangenheit des Mannes?

4. Ist dieses Thema heute noch aktuell? Welche Filme und Bücher kennen Sie, die dieses Thema behandeln? Erzählen Sie davon.

Hörtext 5B

Sonntagvormittag

Clemens Hausmann

Clemens Hausmann was born in 1966 in Gmunden am Traunsee in the province of Upper Austria (Oberösterreich). He wrote "Sonntagvormittag" at the age of fifteen and was encouraged by his German teacher to enter it in the Österreichischer Bundesverlag's writing competition. Like the Gappmaier text (**Hörtext 5A**) it was chosen for the anthology *Junge Literatur aus Österreich 83/84*.

Höranweisung

Dieser Text besteht aus (*consists of*) einem langen **als**-Satz, gefolgt von einem kurzen **da**-Abschluß. Sehen Sie sich vor dem Hören das Hörschema an.

Hörschema

Als . . .

Mutter [in der Küche stand] und . . .

Vater . . .

der Bruder des Erzählers . . .

die Schwester . . .

die beiden Onkel . . .

die zwei Tanten . . .

die kleine Cousine des Erzählers . . .

der Bruder der Cousine . . .

der Hund . . .

der Erzähler (ich) . . .

Bienen (*bees*) . . .

Schmetterlinge (*butterflies*) . . .

da . . .

Wortschatz im Hörtext

bereiten	to prepare
der **Zaun, ¨e**	fence
plaudern	to chat
gegenseitig	(to) each other, mutually

Witz erzählen	to tell a joke
schallend lachen	to laugh very loud(ly)
genießen*	to enjoy
stricken	to knit
herrlich	magnificent
in den entlegensten Winkel	into the farthest corner
sich verdrücken	to sneak off, hide
ab und zu	now and then
verschlafen	sleepily
die Entfernung, -en	distance
hocken	to crouch, squat
im Begriff sein* [zu tun]	to be about [to do]
summen	to hum
rauschen	to rustle, rush
die Verschnaufspause, -n	breather, break
der Alltagstrott	daily humdrum
einschlagen*	to hit, strike
schaffen*	to create
ewig	eternal
der Friede(n), (-ns), -n	peace

Hörverständnis

Ergänzen Sie die fehlenden Informationen im Hörschema.

> **NOTE:** *Ignore the* **als***, and place verbs in regular second position.*

Wortschatzaufgabe

Welche der folgenden Tätigkeiten machen Sie *manchmal, oft* oder *sehr oft*? Welche machen Sie *selten* oder *nie*? Drücken Sie Ihre Antworten in Sätzen aus.

> **BEISPIELE:** Ich bereite das Essen manchmal.
> Ich rauche nie.

das Essen bereiten

rauchen

mit Mädchen/Jungs plaudern

Witze erzählen

stricken

sich Tier-/Horror-/Liebesfilme ansehen

faul im Gras liegen

photographieren

Diskussion

1. **Gruppenarbeit:** „Kettenreaktion" (*chain reaction*): „Bei diesem Thema denke ich an . . ."

   BEISPIEL: Bei diesem Thema denke ich . . .

                     Student(in) 1: an kaputte Städte und Länder

                     Student(in) 2: an den Krieg in . . .

                     Student(in) 3: an Atombomben

                     usw.

2. Halten Sie dieses Thema in der neuen Weltordnung nach 1990 für wichtig? Warum? Warum nicht?

Zur Wiederholung 5

Wortschatzaufgaben (Partnerarbeit oder Hausaufgabe)

1. Drücken Sie die Sätze mit den angegebenen Verben anders aus.

> **NOTE:** *Simple word substitutions will not work in this activity; you will have to rephrase the sentences.*

> **BEISPIEL:** Ich glaube, du siehst ihn falsch.
>
> Ich glaube, du **irrst dich** in ihm.

a. Du bist dafür verantwortlich, daß alle in der Gruppe ihre Eintrittskarten bekommen.

b. Sprechen Sie bitte nicht weiter!

c. Arbeiten Sie nur weiter!

d. Nein, das ist nicht richtig, was du denkst.

e. Kinder müssen aufpassen, daß sie nicht mit fremden Menschen sprechen.

f. Der Richter sagt dem Gerichtsdiener, daß er andere Dokumente holen soll.

g. Du kannst sicher sein, daß sie kommt.

h. Was du über ihn sagst, das gleiche kann man auch über sie sagen.

aufhören (zu tun) *or* aufhören mit (13)

fortfahren* (zu tun) (13, 15)

gelten* von (15)

sich hüten vor *(dat.)*/davor, daß (14)

sich irren (in) *(dat.)* (13)

jmdn. [tun] lassen* (15)

sorgen für/dafür, daß (14)

sich verlassen* auf *(acc.)*/darauf, daß (15)

2. Ergänzen Sie die Sätze mit den angegebenen Verben.

 a. Die Möglichkeit _____ , daß wir nächstes Jahr in die tschechische Republik reisen.

 b. Wer nichts zu sagen hat, der soll lieber _____ .

 c. Ihr wurde von der Universität Mainz der Titel „Dr. h.c." (honoris causa) _____ .

 d. Der Bundeskanzler _____ eine neue Ära in den Beziehungen zwischen Deutschland und Rußland.

 e. Der schöne Schein kann manchmal _____ .

 f. Für das Auto hat der Händler einen zu hohen Preis _____ .

 g. Ein solches Benehmen der Zuhörer, so sagte die Professorin, wolle sie in ihren Unterrichtsstunden nicht weiter _____ .

 h. Viele Traditionen werden von einer Generation an die nächste _____ .

bestehen* (14)

dulden (15)

schweigen* (14)

täuschen (15)

überliefern (15)

verkünden, (daß) (14)

verlangen (15)

verleihen* (14)

3. Zu welchen abstrakten Substantiven passen die Erklärungen?

 a. man befindet sich in einer peinlichen Situation

 b. man hat Lust zu etwas

 c. man bereitet sich auf einen Beruf vor

 d. das Gefühl, daß etwas nicht wahr oder richtig sein könnte

 e. negative Meinung über Menschen oder Dinge, die man nicht gut kennt

 f. man tut das, um ein bestimmtes Ziel zu erreichen

g. alle Dinge sind an ihrem Platz

h. man tut, was einem befohlen wird

die Ausbildung (14)

die Neigung (14)

die Ordnung (14)

die Verlegenheit (15)

der Zweifel (15)

das Vorurteil (15)

der Gehorsam (14)

die Maßnahme (treffen*, ergreifen*) (14)

4. Machen Sie eine Erzählkarte für Geschichte 13. Tauschen Sie Ihre Karte mit jemandem im Kurs. Erzählen Sie die Geschichte mit den darauf enthaltenen Wörtern nach.

5. Geschichte 14 eignet sich nicht zu einer Nacherzählung. Schreiben Sie daher auf Ihre Erzählkarten jeweils zwölf Wörter, die diese Geschichte besonders charakterisieren. Ihr(e) Partner(in) soll mit Ihren Wörtern Aussagen über diese Geschichte machen.

Diskussionsthemen/Aufsatzthemen

1. Viele Deutschlehrer(innen) meinen, ihre Schüler(innen) und Student(innen) verstünden nichts vom Zweiten Weltkrieg und möchten auch nichts darüber lesen. Teilen Sie diese Meinung? Finden Sie das Thema „Krieg" heute nicht mehr relevant? Warum? Warum nicht?

2. Erzählen Sie, welche Bedeutung „menschliche Haifische" heutzutage in Ihrer Gesellschaft haben.

3. Was haben Sie aus der Parabel Lessings gelernt? Diskutieren Sie darüber.

16

In der Gondel

Hans Bender

Hans Bender was born in 1919 in Mühlhausen in the Kraichgau area, just south of Heidelberg, and began his writing career after World War II. In addition to publishing two novels, poems, essays, and short stories, Bender was for many years chief editor of *Akzente* (1954–1980), one of Germany's leading literary journals. He now lives in Cologne. Bender is a master of the short story, and some of his finest prose deals with war — his experiences on the Eastern front and later as a Russian POW — and the early postwar years in Germany. Set in Italy, "In der Gondel" displays the stylistic clarity, ambivalent dialogue, and gentle irony that are Bender's trademarks. Most of his short stories, including "In der Gondel," have been reprinted in his collection *Der Hund von Torcello. 32 Geschichten* (1980). Some other excellent short stories are "Der Automat," "Mit dem Postschiff," "Fondue oder Der Freitisch," and "La Paloma oder Der Liebe Nahrung."

ZUR INFORMATION: *Italienische Namen und Ausdrücke werden am Ende der Geschichte erläutert (explained).*

Vor dem Lesen

Information suchen

Überfliegen Sie die Geschichte, um herauszufinden:

1. wo die Geschichte stattfindet
2. woher der Gondoliere (Francesco) und der deutsche Tourist (Enrico = Heinrich) sich schon kennen
3. wer Marlen ist
4. wer Noëlly ist
5. was aus Noëlly geworden ist

Lesen Sie die Geschichte jetzt genau, nachdem Sie die gesuchte Information gefunden haben.

In der Gondel

Der Gondoliere schwieg und ruderte, bis wir mitten im Canal Grande waren, unter vielen anderen Gondeln, schaukelnd[1] in den Wellen[2] des Vaporettos, das zur Ca'd'Oro hinüberpflügte[3].

Vor dem Rialto erklärte er die Brücke: Sie sei an Stelle einer früheren
5 Holzbrücke von Antonio da Ponte erbaut, bestehe aus[4] einem einzigen Bogen[5], und jeder Pfeiler[6] ruhe auf sechstausend Pfählen[7].

Als ich Marlen übersetzte, wußte er, daß sie kein Italienisch verstand.

„Ich habe Sie gleich wiedererkannt, als Sie uns ansprachen", sagte
10 ich.

„Ich auch. Fünf Jahre sind es her – und dieses ist der Palazzo Bembo, ein gotischer Bau des 15. Jahrhunderts von großem ornamentalem Reichtum[8]!"

Marlen konnte sich an den Spitzbögen nicht sattsehen[9].

15 „Es war der schönste Sommer Venedigs. Hat es einen Tag geregnet damals?"

„Nein, nie hat es geregnet."

„Dieser Sommer ist kalt. Immerfort[10] Regen, der die Fremden vertreibt."

20 „Was sagt er jetzt?" fragte Marlen.

„Er spricht vom Wetter. Er ist unzufrieden mit dem Wetter."

„Sind Sie verheiratet?" fragte er.

„Ja."

„Und zur Hochzeitsreise in Venedig?"

25 „Nein, es ist nicht die Hochzeitsreise. Die war vor drei Jahren schon."

„Was sagt er jetzt?" fragte Marlen.

„Der Gondoliere meint, wir wären Hochzeitsreisende."

„Er ist kein Psychologe", sagte Marlen. „Er soll lieber erklären. Ich
30 hätte den Baedeker[11] einstecken sollen."

„Wozu?"

„Ich will wissen, wie die Paläste heißen."

„Du wirst sie doch wieder vergessen."

Er zeigte und erklärte: „Palazzo Dandolo, Palazzo Loredan, Palaz-
35 zo Farsetti, Palazzo Grimani – "

Ich glaube, er vergaß nicht einen.

„Sie heißen Enrico?"

„Ja."

Da fiel auch mir sein Name wieder ein, gerade im richtigen Moment.
40 „Und Sie heißen Francesco!"

„Mamma mia! Sie wissen es noch!"

„Ein schöner Sommer damals – "

„Palazzo Papadopoli, Palazzo della Madonetta, Palazzo Bernado, Palazzo Corner-Spinelli!"

45 „Die Namen brauchst du mir nicht zu übersetzen, die verstehe ich von allein; aber was sagt er dazwischen?"

„Er erzählt von anderen, die er früher gerudert hat."

„Interessiert dich das?"

„Ich kann ihm nicht verbieten zu erzählen."

50 „Hat er nicht gesagt, er wird singen?"

„Meine Frau wünscht, daß Sie singen, Francesco!"

„Eine strenge[12] Frau", sagte er. „Ihre Freundin lachte immerfort. Nie hatte ich ein Mädchen in der Gondel, das so viel lachte! Sie konnte über alles lachen, und die Palazzi haben sie einen Dreck interessiert[13]."

55 Er sang „O sole mio".

Die Gondolieri in den Venedig-Filmen haben strahlendere[14] Tenöre. Sie singen in ein Mikrophon, und die Ateliers[15] haben eine bessere Akustik als der Canal Grande.

„Hoffentlich hört er bald auf[16]", sagte Marlen.

60 „Du hast es dir doch gewünscht."

„Ein Caruso ist er nicht."

Francesco hatte verstanden. Er sagte: „Ihrer Freundin damals hat meine Stimme gefallen, weil sie glücklich war, weil ihr die Welt überhaupt[17] gefallen hat. Und dir, Enrico, hat sie auch gefallen."

65 „Mir gefällt deine Stimme auch heute."

„Weißt du noch, wie eifersüchtig[18] du warst?"

„Ich, eifersüchtig?"

„Nun, sie sprach besser italienisch als du. Sie sagte so witzige Dinge, die du gar nicht alle verstehen konntest. Ihre Mutter war Italienerin."

70 „Aus Messina war ihre Mutter. Ihr Vater Franzose."

„Du wolltest ins Wasser springen", sagte Francesco.

Ich erinnerte mich. Ich spielte den Eifersüchtigen, weil sie allzu verliebt zu Francesco hinaufblickte, sich allzu gern mit ihm unterhielt[19]. Sie schürte[20] das Feuer. So war ich. Ich sagte, ich ersäufe[21]

75 mich, wenn du nicht augenblicklich[22] geradeaus siehst und mich umarmst, wie man sich in Gondeln zu umarmen hat. Ich sprang auf den Sitz, und sie hielt mich fest, umarmte mich –

„Was macht er jetzt?" fragte Marlen.

Ich drehte mich um und sah, wie Francesco das Ruder ins Wasser

80 stellte, zu beweisen[23], daß die Lagune nicht tiefer als fünfzig Zentimeter war.

Nichts hatte Francesco vergessen! Alles holte er aus der Erinnerung!

„Er will uns zeigen, wie seicht[24] die Lagune ist."

85 „Warum zeigt er das?"

„Wir sollen sehen, in der Lagune kann sich nicht einmal[25] ein Nichtschwimmer ertränken."

„Willst du dich ertränken?"

„Nein", sagte ich. „Mir ist zu kalt dazu."

90 „Vor fünf Jahren wollte sich einmal einer ertränken", sagte Francesco und lachte.

„Gehört das auch zur Gondelfahrt?" fragte Marlen.

„Francesco ist besonders aufmerksam[26]."

„Und wird alle Aufmerksamkeiten auf die Rechnung setzen!"

95 „Warum bist du so böse auf ihn?"

„Er spricht mir zuviel."

Damals hatte Francesco die dreitausend Lire, die wir vor der Fahrt vereinbart[27] hatten, abgelehnt[28].

Ein Märchen aus Venedig könnte so anfangen: Es war einmal ein 100 Gondoliere, der ruderte ein Liebespaar durch den Canal Grande und die Mäanderwindungen der vielen kleinen Kanäle. Er hatte seine Gondel mit Lampions behängt, er sang „O sole mio", er ruderte zwei Stunden und wies die dreitausend Lire, die ihm der junge Mann zahlen wollte, zurück[29], weil dessen[30] Freundin so hübsch war und 105 wie ein Glockenspiel lachen konnte. Ja, zuletzt ruderte er die beiden zu einer Osteria[31], in die sonst keine Touristen hinkamen, lud sie ein, die halbe Nacht Chianti mit ihm zu trinken, zu lachen, zu tanzen –

„Warum bist du so schweigsam auf einmal[32]?" fragte Marlen.

„Ich?"

110 „Auch dein Gondoliere scheint zu schlafen."

„Meine Frau wünscht, daß du ihr sagst, wie die Palazzi rechts und links heißen."

Francesco erklärte mit gewohntem[33] Pathos: „Links sehen Sie den Campo und die Chiesa San Samuele mit dem typisch venezianisch-115 byzantinischen Glockenturm[34] aus dem 12. Jahrhundert. Der Palazzo Grassi folgt, ein besonders schöner Bau, im Innern mit berühmten Deckengemälden[35] Alessandro Longhis geschmückt[36] – "

Während ich übersetzte, sagte Francesco: „Warum bist du nicht mit ihr gekommen, einen Ring am Finger?"

120 „Und der Palast dort rechts?"

Diesmal war ich dankbar für Marlens Einwurf[37].

„Meine Frau will wissen, wie der Palazzo dort heißt."

„Es ist der Palazzo Rezzonico, ein Werk Longhenas."

Wir waren nun fast am Ende des Kanals. Es war dunkel geworden, 125 dunkler durch Regenwolken, die vom Westen heraufzogen. Die Kuppel von Santa Maria della Salute strahlten Scheinwerfer[38] an[39].

„Steigen wir am Markusplatz aus?" fragte Marlen.

„Wenn du willst –"

„Ich friere, und es sieht aus, als regne es gleich."

130 „Hier hielten wir damals lange, weißt du noch Enrico?"

„Ich weiß –"

„Alle Liebespaare halten hier an, die Kuppel von Santa Maria della Salute zu betrachten[40]. Auch Noëlly wollte, daß –"

Francesco biß sich auf die Zunge, weil ihm der Name, den wir 135 bisher vermieden[41] hatten, entfallen[42] war.

„Noëlly –"

„Wer ist Noëlly?" fragte Marlen.

„Noëlly: Es ist der Name eines Mädchens –"

„Welchen Mädchens?"

140 „Seiner Frau vielleicht", sagte ich schlagfertig[43].

„Noëlly è mia moglie[44]", sagte Francesco.

„Nein, das ist nicht wahr!"

„Es ist wahr. – Sie ist ein Jahr später wiedergekommen. Allein."

„Was sagt der gräßliche[45] Mensch?"

145 „Von seiner Frau erzählt er."

„Immer erzählt er Dinge, die uns nichts angehen[46]. – Sind wir nicht bald da?"

„Bald, Marlen."

▪▪▪

Canal Grande: main canal and traffic artery in Venice

Vaporetto: small passenger motorboat

Ca'd'Oro: "the golden house," a magnificent palace on the Canal Grande

Rialto: famous bridge over the Canal Grande, one of the most photographed settings in Europe

Ponte, Antonio da: builder of the Rialto bridge (sixteenth century)

Palazzo Dandolo ... Grimani: beautiful houses built by wealthy families along the Canal Grande

"Mamma mia!": an exclamation of surprise; it literally means "My mother!"

"O sole mio": "Oh my sun," a Neapolitan love song

Caruso, Enrico: famous Italian singer (1873–1921)

Campo: small square, usually in front of a church

Chiesa San Samuele: Church of St. Samuel

Longhi, Alessandro: Italian painter and engraver (1733–1813)

Longhena, Baldassare: Italian architect (1598–1682)

Santa Maria della Salute: famous church directly across the Canal Grande from St. Mark's Square

Markusplatz: St. Mark's Square, world-famous square at the open end of the Canal Grande

Leseverständnis

Suchen Sie im Text mindestens sieben Unterschiede zwischen dieser Gondelfahrt und der Gondelfahrt vor fünf Jahren. Beschreiben Sie diese Unterschiede in Ihren eigenen Worten.

> **BEISPIEL:** Damals war das Wetter wunderschön. Jetzt ist es kalt, und es regnet jeden Tag.

In eigenen Worten

Kommentieren Sie jede Stelle in Ihren eigenen Worten. Erklären Sie, wer mit wem spricht. Erklären Sie auch die *Bedeutung* dieser Stellen.

1. Da fiel auch mir sein Name wieder ein, gerade im richtigen Moment. „Und Sie heißen Francesco!"

2. „Eine strenge Frau", sagte er. „Ihre Freundin lachte immerfort. Nie hatte ich ein Mädchen in der Gondel, das so viel lachte! Sie konnte über alles lachen, und die Palazzi haben sie einen Dreck interessiert."

3. „Er will uns zeigen, wie seicht die Lagune ist."

   „Warum zeigt er das?"

   „Wir sollen sehen, in der Lagune kann sich nicht einmal ein Nichtschwimmer ertränken."

   „Willst du dich ertränken?"

   „Nein", sagte ich. „Mir ist zu kalt dazu."

4. „Was sagt der gräßliche Mensch?"

   „Von seiner Frau erzählt er."

   „Immer erzählt er Dinge, die uns nichts angehen."

5. Ich sagte, ich ersäufe mich, wenn du nicht augenblicklich geradeaus siehst und mich umarmst, wie man sich in Gondeln zu umarmen hat.

6. Während ich übersetzte, sagte Francesco: „Warum bist du nicht mit ihr gekommen, einen Ring am Finger?"

   „Und der Palast dort rechts?"

   Diesmal war ich dankbar für Marlens Einwurf.

7. „Francesco ist besonders aufmerksam."

   „Und wird alle Aufmerksamkeiten auf die Rechnung setzen!"

Diskussion

1. Die starke Wirkung (*effect*) dieser Geschichte liegt zum Teil darin, daß Marlen nicht versteht, worüber (und über wen) der Gondelfahrer Francesco und „Enrico" (Heinrich) sich eigentlich unterhalten. Manchmal sagt und meint Marlen etwas, was im Kontext des Gesprächs zwischen Francesco und dem Erzähler eine andere, sogar ironische Bedeutung haben kann. Suchen Sie mindestens drei solche Stellen und erklären Sie sie.

2. Vergleichen Sie die beiden Frauen. Zum Beispiel, die eine Frau ist „streng", während die andere damals „witzige Dinge" sagte. Erklären Sie, wie jede dieser beiden Frauen Venedig erlebt. Finden Sie es wichtig, daß sie aus verschiedenen Ländern stammen? Erzählen Sie, ob und warum eine dieser Frauen Ihnen besser gefällt.

3. Kommentieren Sie:

   „Mir ist zu kalt dazu" (der Erzähler zu Marlen).

   „Mir ist es hier zu kalt" (Paul in "San Salvador").

4. Beschreiben Sie die Stimmung des Erzählers auf der zweiten Gondelfahrt. Ist er glücklich verheiratet? Wäre er mit Noëlly glücklicher gewesen?

5. Finden Sie Francescos Benehmen (*behavior*) glaubhaft? Warum erinnert er den Erzähler immer wieder an die Gondelfahrt vor fünf Jahren? Er hätte doch schweigen können. Ist Noëlly wirklich Francescos Frau geworden? Ändert es etwas an der Geschichte, wenn Francesco hier lügt?

6. Erzählen Sie, was *Sie* in Venedig sehen und tun würden. Wenn Sie nichts von Venedig wissen, dann sollten Sie ein Buch darüber aus der Bibliothek holen und sich über diese Stadt informieren.

Wortschatzaufgaben

1. Mit welchen Personen im Text assoziieren Sie die folgenden Wörter und Ausdrücke? Machen Sie mit diesen Wörtern Aussagen über die Geschichte. Sie sollen nicht Wort für Wort wiederholen, was im Text steht, sondern Ihre eigenen Sätze bilden.

mit Pathos	sich an etwas sattsehen*
einstecken	streng (sein)
ablehnen	aufmerksam (sein)
vereinbaren	wiedererkennen*
eifersüchtig (sein)	betrachten
umarmen	

2. Suchen Sie sechs Substantive aus dem Text, die mit der Stadt Venedig zu tun haben. Lernen Sie diese Wörter mit Artikel und Plural.

   BEISPIELE: der Bau, die Bauten; die Lagune, -n

Aufsatzthemen

TIPS ZUM SCHREIBEN: Writing a review of a story

A review should be evaluative rather than interpretive. When writing a review, envision a particular reader or readers for whom you are writing. Since your reader(s) may not recall the story as clearly as you, begin by summarizing the setting and action as succinctly as possible. Next, comment on some feature(s) of the story you find interesting. Finally, evaluate the story as to its quality and make a recommendation to your reader(s).

1. Schreiben Sie eine Rezension (*review*) dieser Geschichte. Lesen Sie Ihre Rezension im Kurs vor.

2. Sie sind Marlen und erzählen einer Freundin in einem Brief von der Gondelfahrt.

3. Erzählen Sie von einer Fahrt (Auto, Schiff, Flugzeug, Gondel usw.), die Sie einmal machten.

Der weiße Fiat

Margarete Neumann

Margarete Neumann was born in 1917 in Pyritz, Pomerania (today part of Poland). Trained as a social worker, she also worked as a farmer and a welder in the former German Democratic Republic before becoming a freelance writer in 1952. Her first novel (*Der Weg über den Acker*) appeared in 1955, and since then she has published short stories, poetry, and additional novels. Her writings focus on everyday individuals living in a socialist society. Taken from her collection *Windflöte und andere Geschichten* (1978), "Der weiße Fiat" depicts attitudes and behavior of ordinary people who perhaps do not measure up to socialist ideals.

Vor dem Lesen

Gruppenaufgabe

NOTE: *In the former GDR, a ten-year waiting period for a new East German produced automobile was not unusual. Western automobiles, such as a Fiat, were difficult to come by and very expensive.*

Hier sind ein paar Stellen aus der Geschichte.

In der Bezirkszeitung, im Lokalteil, der für unsere Stadt eingelegt wird, stand eine Annonce.
„Verkaufe Fiat, gut erhalten, zweihundertfünfzig Mark." . . .
Gregor S. las die Annonce dreimal. Zuerst dachte er wie alle anderen an einen Druckfehler. Sie haben die Nullen vergessen. . . .
Er telefonierte mit der Anzeigenabteilung und erfuhr, daß es so richtig sei.

Nun, was glauben Sie? Wie könnte eine solche Geschichte weitergehen? Setzen Sie sich in einer Gruppe mit zwei anderen Personen zusammen. Schreiben Sie in einem Abschnitt (etwa zehn Sätze), wie die Geschichte Ihrer Meinung nach vielleicht weitergeht. Bitte nicht in die Geschichte schauen! Dann lesen alle Gruppen vor, was sie geschrieben haben.

Lesen Sie die Geschichte jetzt genau. Achten Sie darauf, ob die Geschichte so weitergeht, wie Sie gedacht haben.

Der weiße Fiat

Das ist eine merkwürdige[1] und ungewöhnliche Geschichte. Sie hat sich zugetragen[2] in unserer Stadt, die gerade klein genug ist, daß einer den anderen vom Ansehn[3] kennt, zu groß aber, damit zu den Gesichtern auch der Name sich einstellt[4] oder gar[5] die Lebensge-
5 schichte.

In der Bezirkszeitung[6], im Lokalteil, der für unsere Stadt eingelegt wird, stand eine Annonce.

„Verkaufe Fiat, gut erhalten, zweihundertfünfzig Mark."

Nach einigen Tagen erschien die Anzeige wieder und am Wochen-
10 ende wurde sie zum drittenmal abgedruckt.

Gregor S. arbeitet seit einiger Zeit als Redakteur[7] in unserer Stadt. Er ist ein freundlicher junger Mann, überall beliebt[8] wegen seiner freimütigen[9], gewinnenden Art[10], seiner aufrichtigen[11] Höflichkeit[12] und Anteilnahme[13].
15 Und er ist immer ganz dort, wo er eben ist, nur bei diesen Menschen. Es scheint dann, er habe alle anderen, die ihm gestern noch nahestanden[14], vollends[15] vergessen. Jemand, der eine fortdauernde[16] Freundschaft mit ihm wollte, müßte ihn sich ständig[17] aufs neue mit dem Lasso einfangen[18].
20 Dieser Gregor S. las die Annonce dreimal. Zuerst dachte er wie alle anderen an einen Druckfehler. Sie haben die Nullen vergessen. Beim zweiten Mal: Das ist ja eigenartig[19]. Sie können doch nicht wieder verdruckt haben.

Er telefonierte mit der Anzeigenabteilung[20] und erfuhr[21], daß es so
25 richtig sei.

Dann ist es, sagte er sich, höchstens ein Unfallwagen.

Als aber der Text noch einmal erschien, beschloß[22] er, der Angelegenheit[23] nachzugehen[24].

Nicht, daß er etwa ernstlich geglaubt hätte, er könne für solches
30 Spottgeld[25] ein Auto erwerben[26]. Oder, vielleicht, saß solche Hoffnung als winziges[27] Fünkchen[28] am Grund[29] seiner Neugierde[30], die ihn trieb, nachzuforschen[31], was es mit dieser merkwürdigen Sache auf sich habe[32].

Er notierte die Adresse und setzte sich in den Bus, um das
35 Vorstadtviertel zu erreichen.

Eine ältliche[33] Frau öffnete, nicht dick, eher[34] drall[35], trotz ihrer Jahre. Die grauen Haare hatte sie zu Rouladen[36] gerollt um den Kopf gelegt. Sie sprach rasch und bestimmt, ihre Schnurrbarthärchen[37] zitterten. An den Händen trug sie mehrere Ringe. Der Hitze halber[38]
40 war sie nur mit einer buntbedruckten Kittelschürze[39] bekleidet, die

sie ständig über den Knien zusammenhielt. „Gewiß", sagte sie, „sind
Sie gekommen, um sich den Wagen anzusehen."

Das Fünkchen auf dem Grund seiner Neugierde brannte. Die Frau
hatte Wagen gesagt.

45 Sie trat zu ihm in den Flur[40]. Es war so ein Wohnblock mit schmalen[41]
Terazzotreppen, die natürlich von den Bewohnern spiegelblank[42]
gebohnert[43] werden, so daß der Besucher den drohenden[44] Sturz[45]
kaum abzuwenden[46] vermag[47].

Er ließ der Frau den Vortritt. Sie lief behende[48] die Stufen hinab,
50 ohne sich am Geländer[49] zu halten.

Die Garage lag in der zweiten Querstraße[50] hinter den Wohn-
blöcken.

„Bitte", sagte die Frau, während sie aufschloß[51].

Gregor traute sich[52] keinen Schritt näher. Dort stand der Fiat, weiß
55 und glänzend.

„Vielleicht verstehen Sie sich darauf[53]" sagte die Frau, „er hat erst
zehntausend herunter. Sie können sich überzeugen[54]. Mein Mann hat
ihn im Winter gekauft. Vorher hatte er einen Wartburg[55]."

Gregor S. nickte.

60 „Möchten Sie nicht einmal um den Block fahren?" fragte die Frau.
Sie nahm den Zündschlüssel[56] aus ihrer Kitteltasche.

„Es ist ein schöner Wagen", sagte der junge Mann. „Aber es hat
keinen Zweck[57], ich kann ihn nicht bezahlen."

„Wieso?" fragte die Frau. „Ich habe doch genau annonciert. Er
65 kostet zweihundertfünfzig. Und die Garage, wenn Sie wollen, ver-
miete ich Ihnen zu fünfzig Mark im Monat. Das ist doch kulant[58]."

„Zweihundertfünfzig Mark? Er ist hundertmal soviel wert!"

„Wollen Sie ihn nun kaufen, oder wollen Sie nicht?" sagte die Frau
ungeduldig.

70 Sie hatte die Tür schon aufgemacht und setzte sich auf den Platz
neben dem Fahrer. „Ich habe nämlich keine Erlaubnis[59], mein Mann,
als er noch lebte, wollte es nicht."

Gregor S. holte tief Luft und stieg ein. Der Motor sprang wunderbar
an, der Wagen glitt sachte[60] auf die Straße, über die Kreuzung und
75 reihte sich ein in den Strom des Nachmittagsverkehrs auf dem Großen
Ring.

„Entschuldigen Sie", sagte Gregor, „ich verstehe noch nicht. Sie
wollen diesen Wagen wirklich für zweihundertfünfzig Mark verkaufen?"

80 „Das sage ich doch." Die Frau hielt noch immer die bunte Schürze
über ihren Knien zusammen.

Er fuhr aus der Stadt. Sie schwebten[61] vorbei an Gärten mit roten,
blauen, violetten Blüten[62].

„Wir müssen zurück", sagte die Frau. „Ich habe Suppe auf dem
85 Herd[63]."

„Schade", sagte der junge Mann, „dann muß ich also wenden."

„Sie können", sagte die Frau, „den Wagen gleich mitnehmen, wenn
er Ihnen so gut gefällt. Aber Sie müssen den Kaufvertrag[64] vorher
unterschreiben. Das ist wichtig."

90 Gregor nickte unsicher. Gleich würde sich der Pferdefuß[65] an der
Sache zeigen.

Aber er war jetzt schon bereit, sich auf allerlei[66] Unbedachtsamkeit[67] einzulassen. Der Gedanke, dieses Wunderding könnte ihm
wirklich zufallen, machte ihm Herzklopfen, fast Schwindel[68].

95 „Sie wundern sich bestimmt", sagte die Frau. „Dabei ist es ganz
einfach. Mein Mann, wissen Sie, hatte noch eine andere[69]. Fünfzehn
Jahre lang, immer dieselbe. Zuerst hat er's mir verschwiegen[70]. Aber
dann bin ich dahintergekommen[71]." Sie wandte ihm ihr teigiges[72]
graues Gesicht zu. „Als ich es wußte, ist er zweimal die Woche über
100 Nacht weggeblieben. Ich hab nichts gesagt. Es hatte doch keinen
Zweck."

„Er war Ofensetzer[73], hatte schön was beiseite gelegt. Als er in
Rente ging[74], war er schon krank. Im Krankenhaus wollte er dann sein
Testament machen, damit meins[75] gesichert ist, das Haus und das
105 Sparkassenbuch[76]. Und der Erlös[77] vom Verkauf des Autos, der sollte
für sie sein. Er hat mir alles gezeigt im Testament. Und ich hab's gleich
gesehen. Ich meine, wo die Gelegenheit ist, ihr eins auszuwischen[78].
Ich hatte so lange gewartet, fünfzehn Jahre . . . So ist das, junger
Mann, verschenken[79] kann ich den Fiat nicht. Es heißt[80]: verkaufen.
110 Aber wie teuer, das steht nicht dabei."

Sie strich die Strähne[81] zurück, die ihr in die Stirn gefallen war, sie
hatte dabei die Schürze vergessen. Ihre Knie, das bemerkte er mit
einer Art schmerzhaftem Schreck, der ihm zugleich peinlich[82] war,
sahen viel jünger aus als ihr graues, schlaffes[83] Gesicht.

115 „Sie kaufen also?" fragte die Frau.

„Natürlich", antwortete Gregor rasch. Er dachte, daß er es schnell
hinter sich bringen müßte.

■ ■

Leseverständnis

1. a. Teilen Sie die Geschichte in vier bis fünf Abschnitte, so daß jeder
Teil eine Phase der Handlung enthält.

   b. Schreiben Sie eine Überschrift (*heading*) für jeden Teil.

c. Schreiben Sie Stichworte zu jedem Teil.

BEISPIEL: Gregor/Redakteur

eine Annonce lesen

Fiat zu verkaufen

nur 250 Mark!

glauben, daß Druckfehler

usw.

2. **Partner- oder Gruppenarbeit:** Bilden Sie Vierergruppen. Erzählen Sie einander innerhalb der Gruppe je (*each*) einen Abschnitt der Geschichte. Verwenden Sie Ihre Stichworte dabei.

In eigenen Worten

1. Suchen Sie fünf bis sieben Sätze oder Stellen im Text, die Sie sprachlich schwierig finden. Schreiben Sie diese Stellen in Ihren eigenen Worten anders.

2. Lesen Sie jemandem im Kurs die Sätze oder Stellen vor, die Sie ausgesucht haben. Er/sie soll diese Stellen in seinen/ihren eigenen Worten schriftlich oder mündlich ausdrücken, ohne dabei den Text zu Hilfe zu nehmen. Vergleichen Sie Ihre Formulierungen mit denen dieser Person.

Diskussion

1. Autoren der DDR sahen eine wichtige Aufgabe der Literatur darin, positive und negative Bilder menschlichen Verhaltens in einer sozialistischen Gesellschaft zu schildern. Beurteilen (*judge*) Sie das Verhalten der Frau *vor* und *nach* dem Tod ihres Mannes. Suchen Sie Stellen, die zeigen, daß sie keine emanzipierte Frau ist. Diskutieren Sie, wie diese Frau ihr Leben die letzten fünfzehn Jahre vielleicht anders hätte führen können.

2. Beurteilen Sie Gregors Verhalten vom (a) moralischen und (b) juristischen Standpunkt aus. Denken Sie dabei auch daran, wie er am Anfang beschrieben wird, und an die Verantwortung, die er als Zeitungsredakteur in einer sozialistischen Gesellschaft trägt.

3. Besprechen Sie, wie die Ehefrau beschrieben wird und was die Autorin dadurch andeuten (*suggest*) will. Achten Sie dabei besonders darauf, was für eine Rolle die „Kittelschürze"und die „Knie" dieser Frau in der Geschichte spielen.

4. Erklären Sie den letzten Satz der Geschichte. Was muß er „schnell hinter sich bringen" und warum?

5. Was würden Sie als betrogene(r) Ehepartner(in) in einer ähnlichen Situation tun? Begründen Sie Ihre Antwort.

6. Wie hätten Sie an Gregors Stelle gehandelt? Begründen Sie Ihre Antwort.

Wortschatzaufgaben

1. Verwenden Sie jedes Adjektiv attributiv mit einem passenden Substantiv. Sie dürfen auch Substantive benutzen, die nicht hier angegeben sind.

   BEISPIELE: schmal

   Sie hat ein **schmales** Gesicht.

   ständig

   Wir haben **ständigen** Ärger mit ihm.

a. merkwürdig	(1) die Bitte
b. ungewöhnlich/eigenartig	(2) der Druck
c. beliebt	(3) die Entdeckung
d. aufrichtig	(4) die Meinung
e. fortdauernd	(5) die Nachricht
f. ständig	(6) die Situation
g. winzig	(7) die Karriere
h. ältlich	(8) die Politikerin
i. glänzend	(9) der Herr
j. peinlich	(10) das Zimmer

2. Schreiben Sie bis zu zehn Präfixverben aus dem Text heraus, die Sie vorher nicht gekannt haben, die Sie sich aber jetzt für den aktiven Gebrauch merken wollen. Schreiben Sie Sätze mit diesen Verben.

Aufsatzthemen

Tips zum Schreiben: Expressing emotion; rephrasing statements as questions

The style and tone we use in writing depends upon the type of writing we do. Descriptions, explanations, and other types of informational texts require objectivity and little or no personal opinion or emotion. With letters, diaries, compositions of opinion, and other such forms, just the opposite holds true. While qualifiers such as **Ich glaube; Ich bin der Meinung; Ich finde; Ich halte . . . für** etc. (see **Tips zum Schreiben** for story 3) identify remarks as personal opinions, to drive points home you need "flavoring" particles (see **Tips zum Schreiben** for story 10) and other words or expressions of personal involvement and emotion. For example, **gut** and **schlecht** express opinion but are otherwise neutral in tone. On the other hand, synonyms for these words, such as **ausgezeichnet** (*excellent*), **großartig** (*great*), **herrlich** (*magnificent*), **prima**, (*great, swell*) and **entsetzlich** (*awful, horrible, terrible*), **gemein** (*mean*), **lächerlich** (*ridiculous*), **schrecklich** (*awful, horrible, terrible*) pack a real punch. You can also strengthen the personal tone of your writing by occasionally rephrasing statements as rhetorical questions. Which of the following do you think conveys a stronger, more personalized tone?

Ich wußte von dem Ehebruch meines Mannes.

Hast du vielleicht gedacht, daß ich von dem Ehebruch meines Mannes nichts wußte?

1. Die Frau hat das Auto jetzt verkauft und schickt das Geld an „die andere". Schreiben Sie den Brief, den sie dem Geld beilegt.

2. Man sagt auf deutsch: „Rache ist süß." Stimmen Sie damit überein? Begründen Sie Ihren Standpunkt mit ein paar Beispielen.

3. Schreiben Sie über die folgende Behauptung: „Das Automobil ist das wahre Glück der Menschen."

Mal was andres

Kurt Kusenberg

Kurt Kusenberg was born in 1904 in Göteborg, Sweden, and spent a good deal of his early life in Lisbon before moving to Wiesbaden in 1914. He died in 1983. Over nearly four decades, Kusenberg wrote essays, critical articles in art history, radio plays, and many short stories. He was a reader for the Rowohlt publishing house and editor of *rowohlts monographien*, a series of biographies of famous intellectual and literary personalities from German and world history. Taken from his *Gesammelte Erzählungen* (1969), "Mal was andres" is one of what he called his "seltsame (*strange*) Geschichten." "Wer ist man," "Nihilit," and "Schnell gelebt" are also quite short, equally strange, and of about the same linguistic difficulty as "Mal was andres."

Vor dem Lesen

Lesen und berichten (Partner- oder Gruppenarbeit)

1. Lesen Sie Teil A dieser seltsamen Geschichte durch (etwa 10 Minuten). Notieren Sie dabei wichtige Informationen (wer die Personen sind, was für Personen sie sind und was sie tun).

2. Besprechen Sie Teil A mit anderen Studenten. Benützen Sie Ihre Notizen (etwa 5–7 Minuten).

3. Machen Sie dasselbe für die Teile B und C (etwa 35 Minuten).

Lesen Sie die Geschichte genau, nachdem Sie die Partner- oder Gruppenarbeit gemacht haben.

Mal was andres

A

Es war eine sehr steife Familie. Vielleicht lag es daran[1], daß sie sich gleichsam[2] vorschriftsmäßig[3] zusammensetzte[4]: ein Mann, eine Frau, ein Sohn, eine Tochter – ach, Unsinn[5], daran lag es nicht, sondern das Steife steckte ihnen im Blut. Sie lächelten fein, aber sie lachten nie; sie
5 benahmen sich wie bei Hofe[6] und kannten kein derbes[7] Wort. Hätte einer von ihnen gerülpst[8], so wären sicherlich die anderen ohnmächtig niedergesunken.

Abgezirkelt[9] verging ihnen der Tag. Beim Mittagessen betraten sie ganz kurz vor zwölf den Speisesaal, jeder durch eine andere Tür, und
10 stellten sich hinter ihren Stühlen auf. Zwischen dem sechsten und dem siebten Schlag der Uhr nahmen sie Platz. Der Tisch war überaus[10] vornehm gedeckt. Über der weißen Spitzendecke[11] lag, um diese zu schonen[12], eine Glasplatte, und bei jedem Gedeck[13] standen drei geschliffene[14] Gläser, obwohl nie Wein getrunken wurde, nur Wasser.
15 Die Mutter trug beim Essen einen Hut auf dem Kopf. Dem Vater traten ein wenig die Augen hervor, weil sein hoher, steifer Kragen[15] ihn würgte[16], doch daran hatte er sich gewöhnt. Jeden von ihnen drückte[17] irgend etwas, und irgend etwas war zu eng oder zu hart; sie mochten es eben nicht bequem haben.

20 Das Folgende aber begab sich[18] nicht beim Mittagessen, sondern beim Abendbrot. Draußen, vor den Fenstern, spürte man den Mai; im Speisesaal spürte man ihn nicht. Kurz vor acht Uhr betraten sie den Raum und stellten sich hinter ihre Stühle, um zwischen dem vierten und fünften Schlag Platz zu nehmen. Doch was war das? Der Sohn
25 stand nicht hinter seinem Stuhl, er war unpünktlich – er fehlte. Jetzt schlug die Uhr. Man setzte sich. Der Diener brachte die Suppenschüssel. Eisige Luft umwehte[19] den Tisch, aber niemand sprach ein Wort; die Mahlzeiten wurden schweigend eingenommen.

Sollte man es glauben? Noch immer war der Sohn nicht erschienen!
30 Der Vater und die Mutter tauschten[20] einen Blick und schüttelten den Kopf. Als die Tochter das sah, bangte ihr[21] für den Bruder. Stumm löffelten die drei ihre Suppe.

Und jetzt, wahrhaftig[22], jetzt trat er durch die Tür, der achtzehnjährige Sohn, als sei nichts vorgefallen[23]. Niemand schaute zu ihm hin,
35 keiner bemerkte seine seltsame, gewitternde[24] Miene[25]. Was bedeutete sie – Aufruhr[26] oder Spott[27]? Im nächsten Augenblick beugte sich der Sohn nieder, setzte die Handflächen auf den Boden, schnellte[28] die Beine hoch und stand kopfunten. So, in dieser würdelosen[29] Stellung, marschierte er auf den Tisch zu.

40 Wo und wann er es gelernt hatte, auf den Händen zu gehen, blieb unerfindlich. Es änderte auch nichts an dem unglaublichen Vorgang[30]. Die drei am Tisch hörten auf, ihre Suppe zu löffeln, und starrten den Jüngling an; er mußte den Verstand verloren haben! Ja, so schien es – und doch wieder nicht, denn als der junge Mann bei seinem Stuhl
45 angelangt[31] war, ließ er sich wieder auf die Füße fallen, nahm Platz und aß von der Suppe.

Eigentlich – wir sagten es schon – wurde bei Tisch nicht gesprochen, aber als der Diener abgeräumt[32] und das Hauptgericht[33] gebracht hatte, tat der Vater seinen Mund auf und fragte: „Was soll
50 das?"

Der Sohn zuckte die Achseln[34], lachte trotzig[35] und sprach: „Mal was andres!"

B

Es waren nur drei Worte, aber sie fuhren wie ein Donnerschlag auf die Übrigen nieder. Der Vater, die Mutter und die Tochter blickten
55 ganz betäubt[36], und selbst wenn es erlaubt gewesen wäre, bei Tisch zu sprechen, hätte keiner ein Wort hervorgebracht.

Mal was andres! Schlimmeres konnte nicht ausgesprochen werden in einem Hause, welches so streng[37] das Herkommen[38] einhielt[39], denn es ging ja gerade darum[40], daß nichts sich änderte, daß alles
60 genau so getan wurde, wie man es festgelegt hatte. Und dann die grobe[41], fast unflätige[42] Ausdrucksweise[43]! „Einmal etwas anderes" hieß das in einem Kreise, der sich einer sorgfältigen Sprache befliß[44].

Man aß und trank Wasser, mehr Wasser als sonst, aus verhaltener[45] Erregung[46]. Der Sohn tat, als merke er von alledem nichts.
65 Der Vater blickte auf den Tisch nieder. Wie es in ihm aussah, ließ sich denken[47] – das heißt: genau wußte man es selbstverständlich nicht, denn das Innere eines Menschen ist sehr geheim[48] und bisweilen[49] überraschend[50]. Wer zum Beispiel hätte das erwartet, was jetzt geschah?

Es begann damit, daß der Vater, obwohl er mit dem Essen fertig
70 war, die Gabel in den Mund steckte und sie mit den Zähnen festhielt. Dann nahm er eines der geschliffenen Gläser und stellte es vorsichtig auf den Gabelgriff. Die Gabel schwankte[51] ein wenig, doch das Glas blieb stehen. Sechs starre Augen verfolgten des Vaters Treiben[52]. Der nahm jetzt ein zweites Glas und versuchte, es auf das erste zu setzen.
75 Fast wäre es ihm gelungen, aber eben nur fast, und so stürzten beide Gläser auf den Tisch und zersprangen.

Verlegen[53], aber durchaus nicht betreten[54], schaute der Vater in die Runde. Er hörte die Frage hinter den stummen Lippen und gab eine Erklärung ab. „Mal was andres!" sagte er.
80 Zum erstenmal an diesem Tisch begab es sich, daß die Mutter und die Tochter einen Blick wechselten. Was er ausdrückte, war schwer zu sagen; sicherlich ein Einverständnis[55] – aber welcher Art? Vielleicht war es auch kein Einverständnis, denn was die Tochter nun beging[56], konnte unmöglich der Mutter recht sein.
85 Das junge Ding – mehr als fünfzehn Jahre zählte es nicht – hob plötzlich die Hände zum Kopf und löste die aufgebundenen Haare, daß sie über die Schultern fluteten[57]. Nicht genug damit, nahm das Mädchen ein Messer und schnitt sich vom Hals zur Brust die Bluse auf: es kam ein schöner Ausschnitt zustande[58] – schön, weil er von den
90 Brüsten etwas sehen ließ. „Mal was andres!" sprach die Tochter.

Jetzt blickten alle die Mutter an. Was würde sie sagen, was würde

sie tun! Nichts sagte sie, doch sie tat etwas. Sie griff nach der Glasplatte, die auf dem Tisch lag, und hob sie empor[59]. Hei, wie glitt und stürzte da alles herunter, Schüsseln, Teller, Gläser, wie zerschell-
95 ten[60] sie lustig am Boden! Die Mutter jedenfalls fand es lustig, und als sie laut lachte, lachten die drei mit. „Mal was andres!" rief die Mutter, von Heiterkeit[61] geschüttelt, und schlug sich auf die Schenkel[62]. „Mal was andres!" johlten[63] die anderen.

Von nun an war kein Halten mehr. Wir können nicht aufzählen, was
100 die Übermütigen[64] alles anstellten[65]; nur einiges sei berichtet. Sie sprangen über die Stühle, beschmierten die Bilder an der Wand mit Senf und rollten sich in den Teppich ein. Sie spielten Haschen[66], wobei viele Gegenstände zerbrachen, tanzten wild auf dem Tisch herum, und als der Diener das Dessert brachte, rissen sie ihm das
105 Tablett aus der Hand und warfen es durch die Fensterscheiben[67]. Die hereinströmende Mailuft machte sie vollends toll: sie schrien laut und schlugen Purzelbäume[68]. Anfangs war der Diener sehr erschrocken; dann aber stürzte er sich in das närrische[69] Treiben.

C

Gegen neun Uhr, als es zu dunkeln begann, erscholl[70] draußen
110 plötzlich Musik. Alle liefen ans Fenster und blickten hinaus. Da stand eine kleine Gruppe von Schaustellern[71], die ankündigen[72] wollten, daß am nächsten Abend eine Vorstellung stattfinde. Die Gaukler[73] waren offensichtlich eine Familie: Vater, Mutter, Sohn und Tochter, genau wie die Familie im Fenster. Welch hübscher Zufall[74]!
115 „Heda!" rief der Vater im Fenster dem Vater auf der Straße zu, als das Musikstück geendet hatte. „Wollt Ihr nicht mit uns tauschen?" Und da der Andere nicht sogleich begriff: „Ich meine, wollt Ihr dieses Haus haben samt allem[75], was darin ist, und uns dafür Eure Habe[76] überlassen? Es ist mir ernst damit – uns zieht es auf die Straße, in die
120 Ferne."

Die Schauspieler berieten sich[77] und meinten dann, man müsse den Fall aushandeln[78]. „Ja, kommt nur herauf!" rief der Vater im Fenster. Mißtrauisch betraten die Gaukler das vornehme Haus, schüchtern[79] schoben sie sich in den Speisesaal. Doch als man ihnen kräftig[80] die
125 Hand schüttelte und nachdrücklich[81] erklärte, das Anerbieten[82] sei wirklich ernst gemeint, faßten sie allgemach[83] Vertrauen[84].

Nun wurden sie rasch einig, die beiden Familien. Im Nu[85] wechsel-
ten sie die Kleider und das Dasein[86]. Ein wenig drollig sahen die feinen Leute ja in dem verwegenen[87] Aufputz[88] aus; doch waren sie glück-
130 lich. Nur der Diener weinte, denn er wäre gerne mitgezogen, aber er mußte unbedingt[89] zurückbleiben, damit der Tausch vollkommen sei und es den Hausbesitzern nicht an Bedienung mangle[90].

 „Mal was andres!" bettelte[91] er und warf sich sogar auf die Knie, doch es half ihm nichts.

135 „Wir lassen dir vier neue Gesichter zurück", sprach der Hausherr im Fortgehen. „Das ist Abwechslung genug."

 „Mal was andres!" sangen die neuen Schausteller im Chor, als sie auf der nächtlichen Straße fortzogen, und winkten[92] denen im Fenster. Der Sohn blies die Trompete ganz leidlich[93], die Tochter spielte
140 hübsch auf der Ziehharmonika[94] und der Vater zupfte[95] besessen[96] seine Gitarre. Nur die Mutter wußte mit der großen Trommel noch nicht so richtig umzugehen[97].

Leseverständnis

Machen Sie ein ausführliches (*detailed*) Erzählschema für die Geschichte.
Arbeiten Sie mit einer anderen Person im Kurs zusammen. Erzählen Sie
die Geschichte anhand Ihres Erzählschemas, aber in Ihren eigenen
Worten, nach.

In eigenen Worten

Drücken Sie die folgenden Auszüge (*excerpts*) aus der Geschichte in
Ihren Worten anders aus. Diese Aufgabe können Sie auch mit Partnern
oder in kleinen Gruppen machen.

1. Das Folgende aber begab sich . . . [bis] schweigend eingenommen. (Teil A)

2. Wo und wann er es gelernt hatte . . . [bis] aß von der Suppe. (Teil A)

3. Zum ersten Mal an diesem Tisch . . . [bis] unmöglich der Mutter recht sein. (Teil B)

4. Nun wurden Sie rasch einig . . . [bis] nicht an Bedienung mangle. (Teil C)

Diskussion

1. Diskutieren Sie, was den Sohn vielleicht dazu bewegt hat, sich auf einmal ganz anders zu benehmen.

2. Was halten Sie von dem Entschluß (*decision*) der Familie, Schauspieler zu werden?

3. Halten Sie es für möglich, daß Menschen ihr Leben plötzlich ändern? Warum? Warum nicht? Hatten Sie selbst je Lust, aus einer Routine herauszubrechen und mal was andres zu tun? Erzählen Sie davon.

4. Nennen Sie zwei oder drei Beispiele, wo bekannte oder berühmte Personen ihr Leben auf einmal geändert haben. Erzählen Sie, warum sie das getan haben.

5. Diese Geschichte enthält einige groteske und fast absurde Aspekte. Zeigen Sie das an einigen Beispielen aus dem Text.

6. *Mal was andres*! Schreiben Sie fünf Aussagen, in denen Sie mitteilen, was Sie einmal anders machen möchten. Lesen Sie Ihre Aussagen im Unterricht vor.

BEISPIEL: Ich möchte mal samstags und sonntags zur Deutschstunde gehen und mich wochentags ausschlafen.

Wortschatzaufgaben

1. Verwenden Sie jedes Verb idiomatisch mit einem passenden Wort
oder Ausdruck aus der zweiten Spalte (*column*).

   BEISPIEL: tauschen

   Die Kinder **tauschten** Blicke.

a. nehmen*	(1) eine Erklärung
b. einnehmen*	(2) Vertrauen
c. zucken	(3) einen Purzelbaum
d. schlagen*	(4) den Kopf
e. abgeben*	(5) die Augen
f. hervortreten*	(6) einen Blick
g. schütteln	(7) Platz
h. wechseln	(8) die Mahlzeit(en)
i. fassen	(9) die Achseln

2. Die folgenden Verben aus der Geschichte drücken menschliche
Tätigkeiten sehr präzis aus. Was bedeuten diese Verben auf englisch? Wählen Sie aus der Liste etwa zehn Verben, die Sie für
besonders brauchbar halten und für den aktiven Sprachgebrauch
lernen möchten. Bilden Sie Sätze mit diesen Verben.

anblicken	greifen* nach
ankündigen	johlen
anstarren	lösen
sich aufstellen	rülpsen
sich beraten*	stecken
blicken (auf) (*acc.*)	schwanken
sich (nieder) beugen	stürzen
fallen lassen*	sich stürzen
fortziehen*	tauschen
(empor) heben*	winken

Aufsatzthemen

Tips zum Schreiben: Using a broader range of vocabulary

Good writers write differently than they speak. They pay attention to style, and they also choose from a broader range of vocabulary. When writing, always try to use a few new words and expressions you have recently encountered, words that go beyond the everyday vocabulary you tend to rely upon. For the following topics, you may wish to exploit some of the colorful vocabulary from "Mal was andres" or use some of the words from the **Wortschatzaufgaben**.

1. Sie sind der Diener und schreiben einer Bekannten von dem merkwürdigen Abend dieser Familie.

2 Schreiben Sie eine kurze Geschichte, wo der Hauptcharakter „mal was andres" tut.

3. Wie sehen Sie sich und Ihr jetziges Leben? Schreiben Sie sechs bis acht Sätze. Würden Sie gern „mal was andres" tun? Schreiben Sie sechs bis acht weitere Sätze.

Geschichte ohne Moral

Alfred Polgar

Alfred Polgar was born in Vienna in 1873 and died in Zurich in 1955. A perceptive observer and critic of social mores, he wrote short stories, journalistic vignettes, essays, and some comedies. "Geschichte ohne Moral" is taken from his collection *Begegnung im Zwielicht* (1951). The gentle satire, humor, and unmasking of questionable attitudes in this story characterize much of his prose. Polgar's *œuvre* includes a vast number of short sketches and vignettes (often less than one page) that make for delightful reading.

Höranweisung

Leopold erzählt seiner Familie, daß er mit dem Bus zum Fußballmatch fährt. Der Bus stürzt *(plunges)* in einen Graben, und alle Insassen werden verletzt *(injured)*. War aber Leopold wirklich dabei? Hören Sie sich die Geschichte mit dem angegebenen Wortschatz an. Achten Sie darauf, wie die verschiedenen Figuren (und der Hund) in der Geschichte auf die Nachricht vom Busunfall reagieren.

Wortschatz im Hörtext

Damit Sie leichter einen Überblick gewinnen, sind die Worterklärungen in vier Teile und auch nach den Reaktionen der einzelnen Figuren eingeteilt.

Leopold, Fußballmatch, Busfahrt und Unfall

Sonntag, drei Uhr nachmittags ...

der **Gymnasiast, (-en) , -en**	pupil in a **Gymnasium** (*college preparatory high school*)
der **Standplatz, ⸚e**	bus stand

Es wurde Abend ...

die **Nachricht, -en**	report, news
fahrplanmäßig	as scheduled
abgegangen	departed
der **Graben, ⸚**	ditch
stürzen	to plunge
sämtlich	all, entire
Insasse, (-en), -en	passenger
verletzen	to injure

Reaktionen auf die Nachricht vom Busunfall

Die Mutter, aus der Ohnmacht erwacht...

die **Ohnmacht**	unconsciousness
erwachen	to awake
sich anklagen	to blame oneself
immerzu	continually
büßen für	to pay for, suffer for

Tante Alwine...

schreien*	to scream

Der Vater...

verfluchen	to curse
der **Götze, (-n), -n**	idol, false deity
überhaupt	in general
schütteln	to shake

Ihr Mann...

bedeutsam	meaningfully
selig	deceased, blessed

Die Großmutter...

kürzlich	recently
die **Lüge, -n**	lie
lügen*	to tell a lie
ermahnen	to admonish, warn
sündigen	to sin
bestrafen	to punish

Das Mädchen für alles...

jmdm. begegnen (*aux.* **sein**)	to run across s.o., come upon, meet s.o.

Hernach ging das Mädchen für alles...

hernach	afterwards, after this
die **Portiersleute**	building caretakers
den Fall bereden	to discuss the case/incident
die **Gnädige** (*i.e.,* **die gnädige Frau**)	(*very polite Austrian form of address*) madam

wegen der dummen Fetzen	because of the stupid rags (*i.e.*, clothes)

Die Portiersfrau meinte . . .

Emma, das eine der beiden Fräulein . . .

der **Konditor, -en**	confectioner, fancy pastry baker
sich (*dat.*) **Vorwürfe machen**	to blame or reproach oneself

Bobby, der Dobermann . . .

jmdm. einen Tritt geben*	to give s.o. a kick
die **Wut**	anger, rage

Die Wahrheit

Spätabends kam . . .

vergnügt	pleased
vorschwindeln	to make up a (false) story
einen zufriedenstellenden Verlauf nehmen*	to take a satisfying course or turn

Reaktionen auf die Wahrheit

Die Mutter umarmte . . .

in hemmungsloser Rührung	in uncontrolled emotion

Der Vater . . .

jmdm. eine Ohrfeige geben*	to box s.o. on the ears, slap

Die Großmutter . . .

beten	to pray
stumm	silently

Hörverständnis

Erzählen Sie, wie die verschiedenen Charaktere auf die Nachricht vom Busunfall reagieren. (Siehe vorher die folgende **Wortschatzaufgabe**.)
Alternativaufgabe: Machen Sie mindestens zwanzig kurze Inhaltsaus-

sagen über diese Geschichte. Je kürzer die Aussage, desto besser. Eine chronologische Reihenfolge ist hier nicht wichtig.

Wortschatzaufgabe

Dieser Text enthält einige Verben mündlicher Äußerung. Versuchen Sie, Verben aus dem Text herauszuhören, die Folgendes ausdrücken:

a. nicht die Wahrheit sagen

b. sich die Schuld geben

c. zu Gott sprechen

d. über etwas diskutieren

e. jemandem eine Warnung geben

f. heftig über etwas schimpfen

g. eine Meinung äußern

Verwenden Sie diese Verben, wenn Sie Aussagen machen (siehe **Hörverständnis**) oder über den Hörtext diskutieren.

Diskussion

1. Warum ist diese Geschichte „ohne Moral"?

2. Warum hat Leopold gelogen? (Denken Sie an die Unterschiede zwischen Leopolds Familie und den anderen Figuren in der Geschichte.)

3. Im Text erfahren wir, wie Mutter, Vater und Großmutter auf Leopolds Lüge reagieren. Wie werden die anderen Figuren wohl reagieren?

4. Glauben Sie, daß man in gewissen Situationen lügen darf? Warum? Warum nicht?

Zur Wiederholung·6

Texte 16–18

Wortschatzaufgaben (Partnerarbeit oder Hausaufgabe)

1. Ergänzen Sie die Sätze mit Verben aus der Liste.

a. Wir sollen einen Termin noch _____ .

b. Ich muß deine Bitte leider _____ .

c. Du hast vergessen, dieses Formular zu _____ .

d. Ach, wenn sie ihre Krankheit nur nicht so lange _____ hätte!

e. Wollen wir für heute unsere Plätze _____ ?

f. Er hat sich von der Richtigkeit ihrer Aussage _____ .

g. Wann der Mord geschehen ist, will die Polizei jetzt _____ .

h. Der Besuch des Bundeskanzlers wurde nicht vorher _____ .

i. Das Museum hat drei wertvolle Gemälde _____ .

ablehnen (16)	tauschen (18)
ankündigen (18)	sich überzeugen (17)
sich beraten* (18)	unterschreiben* (17)
erwerben* (17)	vereinbaren (16)
nachforschen (17)	verschweigen* (17)
stürzen (18)	

2. Was bedeuten die Adjektive in Fettdruck? Verwenden Sie diese Adjektive attributiv (vor einem Substantiv) in kleinen Sätzen. Sie dürfen auch die hier angegebenen Substantive verwenden, wenn Sie wollen. Wiederholen Sie kein Verb!

NOTE: *When using these phrases in sentences, try to use not only the nominative, but other cases as well.*

BEISPIEL: ein **eifersüchtiger** (16) Liebhaber

jealous

Sie hatte **einen eifersüchtigen Liebhaber**.

oder: Hast du einen **eifersüchtigen** Freund?

die **einzige** (16) Gelegenheit	eine **peinliche** (17) Situation
aufmerksame (16) Schüler	ein **winziges** (17) Häuschen
sein **gewohnter** (16) Weg	ein **vornehmes** (18) Haus
ein **gräßlicher** (16) Mensch	**seltsame** (18) Geräusche
ein **beliebtes** (17) Spiel	**grobe** (18) Manieren
aufrichtige (17) Freude	eine **vorsichtige** (18) Strategie
fortdauernde (17) Probleme	ein **verlegenes** (18) Lächeln
eigenartige (17) Leute	**tolle** (18) Preise
eine **merkwürdige** (17) Episode	**närrisches** (18) Treiben

3. Geben Sie Artikel und Plural für die folgenden Gegenstände an. Was sind diese Gegenstände? Was macht man damit?

BEISPIEL: Trommel

die Trommel, -n

Eine Trommel ist ein Musikinstrument. Man schlägt sie mit der Hand oder mit einem Stock.

oder: Eine Trommel ist ein Musikinstrument, das man mit der Hand oder mit einem Stock schlägt.

oder: Mit einer Trommel macht man Musik. Man schlägt sie mit der Hand oder mit einem Stock.

Ruder (16)	Ziehharmonika (18)
Anzeige (17)	Kaufvertrag (17)
Zündschlüssel (17)	Gedeck (18)
Scheinwerfer (16)	Schürze (17)

4. Ergänzen Sie die Ausdrücke mit passenden abstrakten Substantiven aus der Liste. Übersetzen Sie die Ausdrücke ins Englische.

a. die _____ auf etwas lenken	(1) Anteilnahme (17)
b. zu jemandem _____ fassen	(2) Aufmerksamkeit (16)
c. etwas nur aus _____ tun	(3) Neugier(de) (17)
d. reiner _____ sein	(4) Erlaubnis (17)
e. den _____ verlieren	(5) Vertrauen (18)
f. seine/ihre _____ aussprechen	(6) Gelegenheit (17)
g. jemandem die _____ geben	(7) Verstand (18)
h. eine _____ verpassen	(8) Zufall (18)
i. meine _____ wecken	(9) Höflichkeit (17)

5. Diese Geschichten sind etwas zu lang zum Nacherzählen. Schreiben Sie daher auf Ihre Erzählkarten bloß fünfzehn Wörter oder Ausdrücke, die Ihrer Meinung nach die jeweilige Geschichte besonders charakterisieren. Ihr(e) Partner(in) soll mit Ihren Wörtern Aussagen über die Geschichten machen.

Diskussionsthemen/Aufsatzthemen

1. Alle Geschichten in diesem Teil des Buches (auch der Hörtext) handeln von Beziehungen (*relationships*) zwischen Menschen in Familien. Besprechen Sie solche Beziehungen in einer der Geschichten.

2. Welche Geschichte hat für Sie die interessanteste Thematik oder Problematik? Warum?

3. Erfinden Sie einen anderen Handlungsablauf (*plot ending*) für eine der Geschichten.

19

Eine größere Anschaffung

Wolfgang Hildesheimer

Wolfgang Hildesheimer was born in Hamburg in 1916 and attended secondary school in England before emigrating to Palestine with his parents in 1933. After working as a translator at the Nuremberg trials, he settled in southern Bavaria and eventually turned to writing. He now lives in the Swiss village of Poschiavo in the Grisons (**Graubünden**). His literary *œuvre* encompasses novels, dramas, radio plays, short stories, translations (from English), and literary criticism. He has received numerous literary awards. "Eine größere Anschaffung" is from his first published collection of short stories, *Lieblose Legenden* (1952). Though bizarre and bordering on the absurd, it nevertheless possesses an irrefutable, albeit nonsensical, logic of its own. For those who enjoy this story, "Der hellgraue Frühjahrsmantel" from the same collection is a must.

Vor dem Lesen

Schnelles Durchlesen

Sie sollen den ganzen Text zuerst ohne Glossen schnell durchlesen. Lesen Sie bitte so schnell wie möglich, aber nicht länger als zehn Minuten! Wenn Sie ein Wort, einen Satzteil oder sogar einen ganzen Satz nicht verstehen, lesen Sie einfach weiter! Wenn Sie zu Ende gelesen haben, decken Sie den Text zu und ergänzen Sie die folgenden Sätze. Wenn Sie Schwierigkeiten haben, dann sehen Sie sich noch einmal die Illustration auf Seite 192 an.

Eines Abends saß der Erzähler . . .

Ein Mann gewöhnlichen Aussehens wollte . . .

Der Erzähler verstand wenig . . . und wollte wissen, . . .

Der Mann zeigte ihm . . .

Schon in derselben Nacht . . .

In die Garage . . .

Bald darauf kam der Vetter des Erzählers . . .

Der Vetter war ein Mensch, der . . .

Der Vetter hatte ein Geschenk mitgebracht, nämlich . . .

Der Vetter beschloß (*decided*), . . .

Als er in die Garage kam, . . .

Der Vetter kam zurück und fragte den Erzähler, . . .

Weil der Vetter sich beim Erzähler nicht mehr wohl fühlte, . . .

Ein paar Tage später las der Erzähler in der Zeitung, daß . . .

Das nächste Mal wollte der Mann gewöhnlichen Aussehens . . .

Aber der Erzähler . . .

Vergleichen Sie Ihre Sätze jetzt mit denen anderer Personen im Kurs. Lesen Sie die Geschichte genau, nachdem Sie die Aufgabe nach dem ersten Lesen gemacht haben.

Eine größere Anschaffung[1]

Eines Abends saß ich im Dorfwirtshaus vor (genauer gesagt, hinter) einem Glas Bier, als ein Mann gewöhnlichen Aussehens[2] sich neben mich setzte und mich mit vertraulicher[3] Stimme fragte, ob ich eine Lokomotive kaufen wolle. Nun ist es zwar ziemlich leicht, mir etwas
5 zu verkaufen, denn ich kann schlecht nein sagen, aber bei einer größeren Anschaffung dieser Art schien mir doch Vorsicht am Platze[4]. Obgleich ich wenig von Lokomotiven verstehe, erkundigte ich mich nach[5] Typ und Bauart, um bei dem Mann den Anschein zu erwecken[6], als habe er es hier mit einem Experten zu tun, der nicht gewillt sei, die
10 Katz im Sack zu kaufen[7], wie man so schön sagt. Er gab bereitwillig[8] Auskunft[9] und zeigte mir Ansichten[10], die die Lokomotive von vorn und von den Seiten darstellten[11]. Sie sah gut aus, und ich bestellte sie, nachdem wir uns vorher über den Preis geeinigt[12] hatten, unter Rücksichtnahme auf[13] die Tatsache[14], daß es sich um einen second-
15 hand-Artikel handelte[15].

Schon in derselben Nacht wurde sie gebracht. Vielleicht hätte ich daraus entnehmen[16] sollen, daß der Lieferung[17] eine anrüchige[18] Tat zugrunde lag[19], aber ich kam nun einmal[20] nicht auf die Idee. Ins Haus konnte ich die Lokomotive nicht nehmen, es wäre zusammengebro-
20 chen[21], und so mußte sie in die Garage gebracht werden, ohnehin[22] der angemessene[23] Platz für Fahrzeuge[24]. Natürlich ging sie nur halb hinein. Hoch genug war die Garage, denn ich hatte früher einmal meinen Fesselballon[25] darin untergebracht[26], aber er war geplatzt[27]. Für die Gartengeräte[28] war immer noch Platz.

25   Bald darauf[29] besuchte mich mein Vetter. Er ist ein Mensch, der,
     jeglicher[30] Spekulation und Gefühlsäußerung[31] abhold[32], nur die
     nackten Tatsachen gelten läßt[33]. Nichts erstaunt[34] ihn, er weiß alles,
     bevor man es ihm erzählt, weiß es besser und kann alles erklären.
     Kurz, ein unausstehlicher[35] Mensch. Nach der Begrüßung fing ich an:
30   „Diese herrlichen Herbstdüfte[36] . . ." – „Welkendes[37] Kartoffelkraut",
     sagte er. Fürs erste[38] steckte ich es auf[39] und schenkte mir von dem

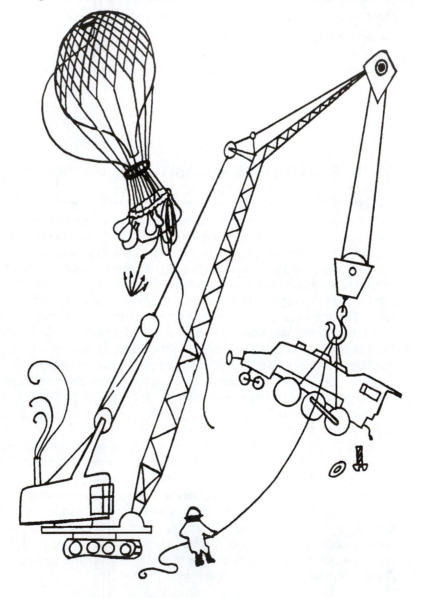

Kognak ein[40], den er mitgebracht hatte. Er schmeckte nach Seife[41], und ich gab dieser Empfindung[42] Ausdruck. Er sagte, der Kognak habe, wie ich auf dem Etikett[43] ersehen könne, auf den Weltausstel-
35 lungen[44] in Lüttich und Barcelona große Preise erhalten[45], sei daher[46] gut. Nachdem wir schweigend mehrere Kognaks getrunken hatten, beschloß[47] er, bei mir zu übernachten und ging den Wagen einstellen. Einige Minuten darauf kam er zurück und sagte mit leiser, leicht zitternder Stimme, daß in meiner Garage eine große Schnellzugs-
40 lokomotive stünde. „Ich weiß", sagte ich ruhig und nippte[48] von meinem Kognak, „ich habe sie mir vor kurzem[49] angeschafft." Auf seine zaghafte[50] Frage, ob ich öfters damit fahre, sagte ich nein, nicht oft, nur neulich[51] nachts hätte ich eine benachbarte Bäuerin, die ein freudiges Ereignis[52] erwartete, in die Stadt, ins Krankenhaus gefahren.
45 Sie hätte noch in derselben Nacht Zwillingen[53] das Leben geschenkt, aber das habe wohl mit der nächtlichen Lokomotivfahrt nichts zu tun. Übrigens[54] war das alles erlogen, aber bei solchen Gelegenheiten[55] kann ich oft diesen Versuchungen[56] nicht widerstehen[57]. Ob er es geglaubt hat, weiß ich nicht, er nahm es schweigend zur Kenntnis[58],
50 und es war offensichtlich[59], daß er sich bei mir nicht mehr wohl fühlte. Er wurde einsilbig[60], trank noch ein Glas Kognak und verabschiedete sich[61]. Ich habe ihn nicht mehr gesehen.

Als kurz darauf die Meldung[62] durch die Tageszeitungen ging, daß den französischen Staatsbahnen eine Lokomotive abhanden gekom-
55 men[63] sei (sie sei eines Nachts vom Erdboden – genauer gesagt vom Rangierbahnhof[64] – verschwunden gewesen) wurde mir natürlich klar, daß ich das Opfer[65] einer unlauteren[66] Transaktion geworden war. Deshalb begegnete ich auch dem Verkäufer, als ich ihn kurz darauf im Dorfgasthaus sah, mit zurückhaltender Kühle. Bei dieser
60 Gelegenheit wollte er mir einen Kran verkaufen, aber ich wollte mich in ein Geschäft mit ihm nicht mehr einlassen[67], und außerdem[68], was soll ich mit einem Kran?

Leseverständnis

Bestimmen Sie, ob die folgenden Aussagen (1) richtig, (2) falsch oder (3) nicht im Text vorhanden sind. Berichtigen Sie die falschen Aussagen.

BEISPIEL: Der Vetter mochte Kartoffelkraut nicht.

FALSCH: Der Vetter meinte, der Herbst rieche nach welkendem Kartoffelkraut.

> *oder:* Er sagte, die Herbstdüfte kämen von dem welkenden Kartoffelkraut.

1. Die Nachbarin des Erzählers gebar zwei Kinder.

2. Der Erzähler ließ die Lokomotive neben seinem Fesselballon in der Garage unterbringen.

3. Der Vetter des Erzählers war ganz einfach ein Mensch ohne Phantasie.

4. Der Verkäufer der Lokomotive hatte sie vom Rangierbahnhof gestohlen.

5. Der vom Vetter mitgebrachte Kognak hatte mehrere Preise gewonnen.

6. Der Vetter hatte die Absicht, beim Erzähler zu übernachten.

7. Der Erzähler war Eisenbahnexperte, aber niemand sollte es wissen.

8. Da die Lokomotive schon gebraucht war, wollte der Erzähler keinen zu hohen Preis dafür bezahlen.

9. Der Erzähler kaufte den Kran deswegen nicht, weil der Verkäufer zuviel Geld dafür wollte.

In eigenen Worten

Es gehört zum humorvollen Ton dieser Geschichte, daß der Erzähler sich manchmal recht schwierig, gehoben (*elevated*) und abstrakt ausdrückt. Diese Diskrepanz zwischen dem Geschehen (das, *was* er erzählt) und der gehobenen Sprache des Erzählers (*wie* er erzählt) ist ein wichtiger Aspekt seines Stils und seines Humors. Vereinfachen Sie und kürzen Sie in Ihren eigenen Worten die folgenden „gehobenen" Stellen soweit wie möglich.

BEISPIEL: Sie sah gut aus, und ich bestellte sie, nachdem wir uns vorher über den Preis geeinigt hatten, unter Rücksichtnahme auf die Tatsache, daß es sich um einen second-hand-Artikel handelte.

Sie sah gut aus. Wir machten einen Preis aus, und ich kaufte sie, obwohl sie gebraucht war.

NOTE: *For extensive paraphrasing practice, you may wish to retell (with a partner) or rewrite the entire story line for line in your own words.*

1. Obgleich ich wenig von Lokomotiven verstehe, erkundigte ich mich nach Typ und Bauart, um bei dem Mann den Anschein zu erwecken, als habe er es hier mit einem Experten zu tun, der nicht gewillt sei, die Katz im Sack zu kaufen . . .

2. Er gab bereitwillig Auskunft und zeigte mir Ansichten, die die Lokomotive . . . darstellten.

3. Vielleicht hätte ich daraus entnehmen sollen, daß der Lieferung eine anrüchige Tat zugrunde lag, aber ich kam nun einmal nicht auf die Idee.

4. Er ist ein Mensch, der, jeglicher Spekulation und Gefühlsäußerung abhold, nur die nackten Tatsachen gelten läßt.

5. Er schmeckte nach Seife, und ich gab dieser Empfindung Ausdruck.

6. Sie hätte noch in derselben Nacht Zwillingen das Leben geschenkt . . .

7. Ob er es geglaubt hat, weiß ich nicht, er nahm es schweigend zur Kenntnis, und es war offensichtlich, daß er sich bei mir nicht mehr wohl fühlte.

8. Als kurz darauf die Meldung durch die Tageszeitungen ging, daß den französischen Staatsbahnen eine Lokomotive abhanden gekommen sei . . . wurde mir natürlich klar, daß ich das Opfer einer unlauteren Transaktion geworden war.

9. Bei dieser Gelegenheit wollte er mir einen Kran verkaufen, aber ich wollte mich in ein Geschäft mit ihm nicht mehr einlassen . . .

Diskussion

1. Die Ereignisse (*events*) in dieser Geschichte sind sehr ungewöhnlich. In was für einer Sprache und mit was für einer Logik erzählt der Mann davon? Diskutieren Sie, was der Autor damit zum Ausdruck bringen will.

2. Führen (*give*) Sie mögliche Gründe an, warum er sich einen Fesselballon angeschafft hatte. Je lustiger der Grund, desto besser!

3. Stellen Sie als Gruppe eine Liste von den zehn wichtigsten Dingen zusammen, die wir uns im Laufe unseres Lebens anschaffen. Welche sind unnötig? Welche braucht man unbedingt? Ordnen Sie diese Dinge nach Wichtigkeit für Ihr Leben.

4. Es gibt viele sehr reiche Menschen auf der Welt (Rocksänger, Filmschauspieler, Basketballspieler, Fabrikbesitzer, Kinder reicher Familien usw.), die sich oft „größere Anschaffungen" machen. Nennen Sie ein paar Beispiele. Was halten Sie davon?

5. Versuchen Sie, eine(n) Partner(in) oder andere Studenten zur Anschaffung einer Schnellzugslokomotive, eines Krans, eines Fesselballons oder eines anderen ungewöhnlichen und großen Gegenstands (*object*) zu überreden. Ihr(e) Partner(in) soll versuchen, jedes Ihrer Argumente durch ein Gegenargument zu entkräften (*refute*).

Wortschatzaufgaben

1. Unterstreichen Sie in der Geschichte alle adverbialen Zeitausdrücke (z. B. **eines Abends, kurz darauf**). Ersetzen Sie dann jeden dieser Ausdrücke im Text durch eine synonyme Wendung.

   BEISPIEL: Eines Abends saß ich . . .

   An einem Abend saß ich . . .

2. In der Geschichte gibt es einige idiomatische Wendungen, die aus einem Substantiv (mit oder ohne Präposition) und einem bestimmten Verb bestehen. Suchen Sie fünf bis sieben Wendungen solcher Art im Text. Schreiben Sie Sätze damit.

   BEISPIEL: ein freudiges Ereignis erwarten

   Unsere Lehrerin erwartet **ein freudiges Ereignis**.

Aufsatzthemen

TIPS ZUM SCHREIBEN: Structuring and sequencing narratives with time expressions

As you can see from the story (and from **Wortschatzaufgabe** 1), Wolfgang Hildesheimer makes frequent use of adverbial and prepositional time expressions. Although such expressions normally follow the TMP rule (Time – Manner – Place), you can also put them, as Hildesheimer frequently does, at the beginning of a sentence to emphasize the sequence of events in your narrative. Try to use some of the following expressions in your writing assignment for this chapter, and place some of them at the beginning of the sentence.

Starting:	anfangs (*in the beginning, initially*)
	damals (*back then*)
	eines Morgens/Tages/Abends (*one morning/day/evening*)
	einmal (*once, one time*)
	einst (*once, once upon a time*)
	neulich/vor kurzem (*recently*)
Sequencing:	auf einmal/plötzlich (*suddenly, all at once*)
	bald darauf (*soon thereafter*)
	kurz darauf (*shortly thereafter*)
	da/dann (*then*)
	danach (*after that*)
	inzwischen/unterdessen (*in the meantime*)
	später (*later*)
Concluding:	seitdem/seither (*ever since*)
	am Ende (*finally, in/at the end*)
	endlich (*finally, at long last*)
	zum Schluß (*in the end, in conclusion*)

1. Sie sind der Vetter und schreiben nach dem Besuch beim Erzähler einen Brief an (a) den Erzähler, *oder* (b) an die Freundin des Erzählers *oder* (c) an die Eltern des Erzählers. Vergessen Sie nicht, was für ein Mensch der Vetter ist.

2. Schreiben Sie von einer besonderen „größeren Anschaffung" in Ihrem Leben oder im Leben Ihrer Familie. Wie kam man zu der Entscheidung, diese Anschaffung zu machen? Wie machte man die Anschaffung? Was waren die Folgen davon?

3. Schreiben Sie eine kurze Anekdote mit dem Titel „Eine größere Anschaffung".

20

Ein Mensch mit Namen Ziegler

Hermann Hesse

Hermann Hesse was born in 1877 in Calw in southwest Germany and died in Switzerland in 1962. He was a neoromanticist whose novels blend fantasy, fairy tale, dream, and music with visionary experiences and Eastern mysticism. Even though he received the Nobel Prize for Literature in 1946, his novels might have disappeared into permanent obscurity but for their rediscovery by American hippies of the 1960s, who found in Hesse's utopian visions a life philosophy akin to their own. Since then his works have retained their popularity in both America and Europe. Taken from the collection *Fabulierbuch* (1911), "Ein Mensch mit Namen Ziegler" depicts the intrusion of the unexplainable (romanticism) into the comfortable and neatly regulated world of a modern man who reveres the almighty power of science (rational thought and technology) to the exclusion of any meaningful spiritual values.

Vor dem Lesen

Mitlesen–Mitteilen

Bilden Sie drei Gruppen. Jede Gruppe liest einen Teil der Erzählung und stellt ein Erzählschema zusammen. Dann berichtet jede Gruppe über ihren Teil des Textes (etwa eine Unterrichtsstunde).

Lesen Sie die Geschichte genau, nachdem Sie die Gruppenaufgabe gemacht haben.

Ein Mensch mit Namen Ziegler

A

Einst wohnte in der Brauergasse[1] ein junger Herr mit Namen Ziegler. Er gehörte zu denen, die uns jeden Tag und immer wieder auf der Straße begegnen und deren Gesicht wir uns nie recht merken können, weil sie alle miteinander dasselbe Gesicht haben: ein Kollektiv-
5 gesicht.

Ziegler war alles und tat alles, was solche Leute immer sind und tun. Er war nicht unbegabt[2], aber auch nicht begabt, er liebte Geld und Vergnügen, zog sich gern hübsch an und war ebenso feige[3] wie die meisten Menschen: sein Leben und Tun wurde weniger durch Triebe[4]

10 und Bestrebungen[5] regiert als durch Verbote, durch die Furcht vor
Strafen[6]. Dabei hatte er manche honette Züge[7] und war überhaupt
alles in allem ein erfreulich normaler Mensch, dem seine eigene
Person sehr lieb und wichtig war. Er hielt sich, wie jeder Mensch, für
eine Persönlichkeit, während er nur ein Exemplar[8] war, und sah in sich,
15 in seinem Schicksal[9] den Mittelpunkt der Welt, wie jeder Mensch es
tut. Zweifel lagen ihm fern, und wenn Tatsachen seiner Weltanschauung widersprachen, schloß er mißbilligend[10] die Augen.

Als moderner Mensch hatte er außer vor dem Geld noch vor einer
zweiten Macht unbegrenzte Hochachtung: vor der Wissenschaft[11]. Er
20 hätte nicht zu sagen gewußt, was eigentlich Wissenschaft sei, er
dachte dabei an etwas wie Statistik und auch ein wenig an Bakterio-
logie, und es war ihm wohl bekannt, wieviel Geld und Ehre der Staat
für die Wissenschaft übrig habe. Besonders respektierte er die Krebsforschung[12], denn sein Vater war an Krebs gestorben, und Ziegler
25 nahm an[13], die inzwischen so hoch entwickelte Wissenschaft werde
nicht zulassen[14], daß ihm einst dasselbe geschähe.

Äußerlich zeichnete sich Ziegler durch das Bestreben[15] aus[16], sich
etwas über seine Mittel zu kleiden, stets[17] im Einklang[18] mit der Mode
des Jahres. Denn die Moden des Quartals und des Monats, welche
30 seine Mittel allzu sehr überstiegen hätten, verachtete er als dumme
Afferei[19]. Er hielt viel auf[20] Charakter und trug keine Scheu, unter
seinesgleichen und an sichern Orten über Vorgesetzte[21] und Regie-
rungen zu schimpfen. Ich verweile wohl zu lange bei dieser Schilderung[22]. Aber Ziegler war wirklich ein reizender[23] junger Mensch, und
35 wir haben viel an ihm verloren. Denn er fand ein frühes und seltsames
Ende, allen seinen Plänen und berechtigten[24] Hoffnungen zuwider[25].

Bald nachdem er in unsre Stadt gekommen war, beschloß er einst,
sich einen vergnügten Sonntag zu machen. Er hatte noch keinen
rechten Anschluß gefunden[26] und war aus Unentschiedenheit noch
40 keinem Verein beigetreten[27]. Vielleicht war dies sein Unglück[28]. Es ist
nicht gut, daß der Mensch allein sei.

So war er darauf angewiesen[29], sich um die Sehenswürdigkeiten
der Stadt zu kümmern[30], die er denn gewissenhaft[31] erfragte. Und
nach reiflicher Überlegung entschied er sich für das historische
45 Museum und den zoologischen Garten. Das Museum war an Sonn-
tagvormittagen unentgeltlich[32], der Zoologische nachmittags zu ermäßigten[33] Preisen zu besichtigen.

B

In seinem neuen Straßenanzug mit Tuchknöpfen[34], den er sehr
liebte, ging Ziegler am Sonntag ins historische Museum. Er nahm
50 seinen dünnen, eleganten Spazierstock mit, einen vierkantigen[35],

rotlackierten Stock, der ihm Haltung[36] und Glanz verlieh, der ihm aber
zu seinem tiefsten Mißvergnügen vor dem Eintritt in die Säle[37] vom
Türsteher abgenommen wurde.

In den hohen Räumen war vielerlei zu sehen, und der fromme[38]
55 Besucher pries[39] im Herzen die allmächtige Wissenschaft, die auch hier
ihre verdienstvolle[40] Zuverlässigkeit[41] erwies[42], wie Ziegler aus den
sorgfältigen Aufschriften an den Schaukästen schloß[43]. Alter Kram[44],
wie rostige Torschlüssel, zerbrochene grünspanige[45] Halsketten und
dergleichen, gewann durch diese Aufschriften ein erstaunliches Inter-
60 esse. Es war wunderbar, um was alles diese Wissenschaft sich küm-
merte, wie sie alles beherrschte[46], alles zu bezeichnen[47] wußte – o
nein, gewiß würde sie schon bald den Krebs abschaffen[48] und
vielleicht das Sterben überhaupt.

Im zweiten Saale fand er einen Glasschrank, dessen Scheibe[49] so
65 vorzüglich[50] spiegelte, daß er in einer stillen Minute seinen Anzug,
Frisur und Kragen, Hosenfalte und Krawattensitz kontrollieren[51] konnte. Froh aufatmend[52] schritt er weiter und würdigte[53] einige Erzeugnisse[54] alter Holzschnitzer[55] seiner Aufmerksamkeit. Tüchtige[56] Kerle[57],
wenn auch reichlich naiv, dachte er wohlwollend. Und auch eine alte
70 Standuhr[58] mit elfenbeinernen[59], beim Stundenschlag Menuett tan-
zenden Figürchen betrachtete und billigte[60] er geduldig. Dann begann die Sache ihn etwas zu langweilen, er gähnte[61] und zog häufig
seine Taschenuhr, die er wohl zeigen dürfte, sie war schwer golden
und ein Erbstück[62] von seinem Vater.

75 Es blieb ihm, wie er bedauernd sah, noch viel Zeit bis zum
Mittagessen übrig, und so trat er in einen andern Raum, der seine
Neugierde wieder zu fesseln[63] vermochte. Er enthielt Gegenstände[64]
des mittelalterlichen Aberglaubens[65], Zauberbücher[66], Amulette,
Hexenstaat[67] und in einer Ecke eine ganze alchimistische Werkstatt
80 mit Esse[68], Mörsern[69], bauchigen[70] Gläsern, dürren[71] Schweins-
blasen[72], Blasbälgen[73] und so weiter. Diese Ecke war durch ein
wollenes Seil[74] abgetrennt, eine Tafel verbot das Berühren der Gegenstände. Man liest ja aber solche Tafeln nie sehr genau, und Ziegler war
ganz allein im Raum.

85 So streckte er unbedenklich[75] den Arm über das Seil hinweg und
betastete[76] einige der komischen Sachen. Von diesem Mittelalter und
seinem drolligen Aberglauben hatte er schon gehört und gelesen; es
war ihm unbegreiflich, wie Leute sich damals mit so kindischem Zeug[77]
befassen[78] konnten, und daß man den ganzen Hexenschwindel und
90 all das Zeug nicht einfach verbot. Hingegen[79] die Alchimie mochte
immerhin entschuldigt werden können, da aus ihr die so nützliche
Chemie hervorgegangen war. Mein Gott, wenn man so daran dachte,
daß diese Goldmachertiegel[80] und all der dumme Zauberkram

vielleicht doch notwendig gewesen waren, weil es sonst heute kein
95 Aspirin und keine Gasbomben gäbe!

Achtlos nahm er ein kleines dunkles Kügelchen, etwas wie eine
Arzneipille, in die Hand, ein vertrocknetes Ding ohne Gewicht[81],
drehte es zwischen den Fingern und wollte es eben wieder
hinlegen, als er Schritte hinter sich hörte. Er wandte sich um, ein
100 Besucher war eingetreten. Es genierte[82] Ziegler, daß er das Kügel-

chen in der Hand hatte, denn er hatte die Verbotstafel natürlich doch gelesen. Darum[83] schloß er die Hand, steckte sie in die Tasche und ging hinaus.

105   Erst auf der Straße fiel ihm die Pille wieder ein. Er zog sie heraus und dachte sie wegzuwerfen, vorher aber führte er sie an die Nase und roch daran. Das Ding hatte einen schwachen, harzartigen[84] Geruch, der ihm Spaß machte, so daß er das Kügelchen wieder einsteckte.

110   Er ging nun ins Restaurant, bestellte sich Essen, schnüffelte in einigen Zeitungen, fingerte an seiner Krawatte und warf den Gästen teils hochmütige[85] Blicke zu, je nachdem[86] sie gekleidet waren. Als aber das Essen eine Weile auf sich warten ließ, zog Herr Ziegler seine aus Versehen[87] gestohlene Alchimistenpille hervor und roch an ihr. Dann kratzte[88] er sie mit dem Zeigefingernagel, und endlich folgte er
115 naiv einem kindlichen Gelüste und führte das Ding zum Mund; es löste sich im Mund rasch auf, ohne unangenehm zu schmecken, so daß er es mit einem Schluck Bier hinabspülte[89]. Gleich darauf kam auch sein Essen.

C
    Um zwei Uhr sprang der junge Mann vom Straßenbahnwagen,
120 betrat den Vorhof des zoologischen Gartens und nahm eine Sonntagskarte.

    Freundlich lächelnd ging er ins Affenhaus und faßte vor dem großen Käfig[90] der Schimpansen Stand[91]. Der große Affe blinzelte ihn an[92], nickte ihm gutmütig[93] zu[94] und sprach mit tiefer Stimme die
125 Worte: „Wie geht's, Bruderherz?"

    Angewidert[95] und wunderlich erschrocken wandte sich der Besucher schnell hinweg und hörte im Fortgehen den Affen hinter sich her schimpfen: „Auch noch stolz ist der Kerl! Plattfuß, dummer!"

    Rasch trat Ziegler zu den Meerkatzen[96] hinüber. Die tanzten
130 ausgelassen[97] und schrien: „Gib Zucker her, Kamerad!" und als er keinen Zucker hatte, wurden sie bös, ahmten ihn nach[98], nannten ihn Hungerleider[99] und bleckten die Zähne[100] gegen ihn. Das ertrug[101] er nicht; bestürzt[102] und verwirrt floh er hinaus und lenkte[103] seine Schritte zu den Hirschen[104] und Rehen[105], von denen er ein hübsche-
135 res Betragen erwartete.

    Ein großer herrlicher Elch stand nahe beim Gitter[106] und blickte den Besucher an. Da erschrak Ziegler bis ins Herz. Denn seit er die alte Zauberpille geschluckt hatte, verstand er die Sprache der Tiere. Und der Elch sprach mit seinen Augen, zwei großen braunen Augen. Sein
140 stiller Blick redete Hoheit, Ergebung[107] und Trauer, und gegen den Besucher drückte er eine überlegen[108] ernste Verachtung aus, eine

furchtbare Verachtung. Für diesen stillen, majestätischen Blick, so las Ziegler, war er samt[109] Hut und Stock, Uhr und Sonntagsanzug nichts als ein Geschmeiß[110], ein lächerliches[111] und widerliches[112]

145 Vieh[113].

Vom Elch entfloh Ziegler zum Steinbock[114], von da zu den Gemsen[115], zum Lama, zum Gnu, zu den Wildsäuen und Bären. Insultiert wurde er von diesen allen nicht, aber er wurde von allen verachtet. Er hörte ihnen zu und erfuhr aus ihren Gesprächen, wie sie über die Menschen

150 dachten. Es war schrecklich, wie sie über sie dachten. Namentlich wunderten sie sich darüber, daß ausgerechnet diese häßlichen, stinkenden, würdelosen[116] Zweibeiner in ihren geckenhaften[117] Verkleidungen[118] frei umherlaufen durften.

Er hörte einen Puma mit seinem Jungen reden, ein Gespräch voll

155 Würde und sachlicher[119] Weisheit, wie man es unter Menschen selten hört. Er hörte einen schönen Panther sich kurz und gemessen[120] in aristokratischen Ausdrücken über das Pack der Sonntagsbesucher äußern[121]. Er sah dem blonden Löwen ins Auge und erfuhr, wie weit und wunderbar die wilde Welt ist, wo es keine Käfige und keine

160 Menschen gibt. Er sah einen Turmfalken trüb und stolz in erstarrter[122] Schwermut[123] auf dem toten Ast[124] sitzen und sah die Häher[125] ihre Gefangenschaft mit Anstand[126], Achselzucken[127] und Humor ertragen.

Benommen[128] und aus allen seinen Denkgewohnheiten gerissen,

165 wandte sich Ziegler in seiner Verzweiflung den Menschen wieder zu. Er suchte ein Auge, das seine Not[129] und Angst verstünde, er lauschte[130] auf Gespräche, um irgend etwas Tröstliches[131], Verständliches, Wohltuendes zu hören, er beachtete die Gebärden[132] der vielen Gäste, um auch bei ihnen irgendwo Würde, Natur, Adel, stille Über-

170 legenheit zu finden.

Aber er wurde enttäuscht[133]. Er hörte die Stimmen und Worte, sah die Bewegungen, Gebärden und Blicke, und da er jetzt alles wie durch ein Tierauge sah, fand er nichts als eine entartete[134], sich verstellende[135], lügende, unschöne Gesellschaft tierähnlicher

175 Wesen, die von allen Tierarten ein geckenhaftes Gemisch zu sein schienen.

Verzweifelt irrte Ziegler umher, sich seiner selbst unbändig[136] schämend. Das vierkantige Stöcklein hatte er längst ins Gebüsch geworfen, die Handschuhe hinterdrein. Aber als er jetzt seinen Hut

180 von sich warf, die Stiefel[137] auszog, die Krawatte abriß, und schluchzend[138] sich an das Gitter des Elchstalls drückte, ward er unter großem Aufsehen[139] festgenommen und in ein Irrenhaus gebracht.

Leseverständnis

Sammeln Sie allein oder in Gruppen Information zu jedem der folgenden Themen aus der Geschichte. Teilen Sie anderen Personen oder Gruppen diese Information mit.

> der Charakter Zieglers
>
> die moderne Wissenschaft
>
> das Mittelalter
>
> die Welt der Tiere

In eigenen Worten

Drücken Sie die folgenden Wendungen und Stellen aus dem Text anders aus. (Zeilen in Klammern)

1. Er gehörte zu denen . . . (2)

2. Zweifel lagen ihm fern, und wenn Tatsachen seiner Weltanschauung widersprachen, schloß er mißbilligend die Augen. (16–17)

3. . . . , die inzwischen so hoch entwickelte Wissenschaft werde nicht zulassen, daß ihm einst dasselbe geschähe. (25–26)

4. Denn die Moden des Quartals und des Monats, welche seine Mittel allzu sehr überstiegen hätten, verachtete er als dumme Afferei. (29–31)

5. Er hatte noch keinen rechten Anschluß gefunden . . . (38–39)

6. So war er darauf angewiesen, sich um die Sehenswürdigkeiten der Stadt zu kümmern, die er denn gewissenhaft erfragte. (42–43)

7. Das Museum . . . war unentgeltlich, der Zoologische . . . zu ermäßigten Preisen zu besichtigen. (45–47)

8. . . . er . . . würdigte einige Erzeugnisse alter Holzschnitzer seiner Aufmerksamkeit. (67–68)

9. . . . , und so trat er in einen andern Raum, der seine Neugierde wieder zu fesseln vermochte. (76–77)

10. Als aber das Essen eine Weile auf sich warten ließ . . . (111–112)

11. . . . [er] faßte vor dem großen Käfig der Schimpansen Stand. (122–123)

Diskussion

1. Beschreiben Sie Ziegler als Beispiel des modernen Menschen. Wie lebt er? Was für Dinge schätzt er am meisten? Welche Dinge verachtet er? Welche Dinge spielen in seinem Leben keine Rolle?

2. Diskutieren Sie die symbolische Bedeutung von Kleidung in dieser Erzählung.

3. Besprechen Sie das Für und Wider der modernen wissenschaftlichen Forschung in unserem Zeitalter (*era*). Achten Sie dabei auf die Stelle im Text: „weil es sonst heute kein Aspirin und keine Gasbomben gäbe."

4. Inwiefern kann man diese Erzählung als Märchen bezeichnen? Denken Sie dabei auch an das „Märchen vom kleinen Herrn Moritz" (Text 9).

5. Sind Sie ein „Original" oder ein „Exemplar"? Begründen Sie Ihre Antwort.

6. Wir leben heutzutage in einem technischen Zeitalter großer wissenschaftlicher Entdeckungen und Erfindungen. Diskutieren Sie, inwiefern es in einer solchen Welt für das Übernatürliche oder das Wunderbare noch Platz gibt. Glauben Sie an übernatürliche Phänomene? Lehnen Sie solche Phänomene grundsätzlich (*on principle*) ab?

7. Vergleichen Sie die Beschreibung der Tiere in dieser Geschichte mit der Situation des Panthers im folgenden Gedicht. Was will der Autor des Gedichtes durch den Panther zum Ausdruck bringen?

Der Panther

Im Jardin des Plantes, Paris

Sein Blick ist vom Vorübergehn der Stäbe[1]
so müd geworden, daß er nichts mehr hält.
Ihm ist, als ob es tausend Stäbe gäbe
und hinter tausend Stäben keine Welt.

Der weiche[2] Gang[3] geschmeidig[4] starker Schritte,
der sich im allerkleinsten Kreise dreht,
ist wie ein Tanz von Kraft um eine Mitte,
in der betäubt[5] ein großer Wille steht.

---

[1] der **Stab**, ⁻e bar (of the cage) [2] **weich** soft, gentle [3] der **Gang** gait [4] **geschmeidig** supple, lithe [5] **betäubt** numbed, anesthetized

Nur manchmal schiebt der Vorhang der Pupille
sich lautlos auf⁶ – . Dann geht ein Bild hinein,
geht durch der Glieder⁷ angespannte⁸ Stille –
und hört im Herzen auf zu sein.

Rainer Maria Rilke (1875–1926)

---

⁶ **sich aufschieben*** to push oneself open ⁷ das **Glied, -er** limb ⁸ **angespannt** taut, tense

Wortschatzaufgaben

1. Geben Sie Artikel für diese Wörter. Welche dieser Dinge spielen in Ihrem Leben eine wichtige Rolle? Erklären Sie warum.

   BEISPIEL: Verbot, -e

   das Verbot

   Verbote spielen in meinem Leben eine wichtige Rolle. Es gibt viel, was ich nicht tun darf.

Furcht	Charakter
Verbot, -e	Glanz
Schicksal, -e	Verzweiflung
Weltanschauung, -en	Gesellschaft, -en
Macht, ⁻e	Vorgesetzte (*pl.; adj. noun*)
Wissenschaft, -en	Verein, -e
Mode, -n	Humor

2. Lernen Sie die Namen (mit Artikel und Plural) aller Tiere in dieser Geschichte. Schreiben Sie *einen* Satz über jedes dieser Tiere.

   BEISPIELE: Schimpansen klettern gern in Bäumen.

   Der Elch lebt in nördlichen Ländern.

Aufsatzthemen

TIPS ZUM SCHREIBEN: Using the tips you have learned

Try to recall what you consider the five most important or useful writing tips from previous chapters. List these tips at the top of your paper. Make a point of using all of them when writing on one of the following topics.

1. Fassen Sie die Geschichte in höchstens zweiundzwanzig Sätzen zusammen.

2. Schreiben Sie über die Bedeutung der Geschichte. Was will Hesse durch den Menschen Ziegler und das ungewöhnliche Geschehen zum Ausdruck bringen?

3. Schreiben Sie über Aufgaben und Gefahren der Wissenschaft in unserer Zeit. Erläutern (*illustrate*) Sie Ihre Argumente mit Beispielen.

21

Du fährst zu oft nach Heidelberg

Heinrich Böll

Heinrich Böll was born in 1917 in Cologne (Köln) and began writing shortly after World War II. By the time he died in 1985, his novels, radio plays, and many stories had established him as one of the major German writers of the twentieth century. He received the Nobel Prize for Literature in 1972. While Böll's early works depict the absurdity of war and the hardships of the immediate postwar years, for nearly four decades he portrayed the materialism, bureaucracy, corruption, and historical amnesia he detected in postwar West German society. In the late sixties and early seventies he also became increasingly critical of the government and the news media, both of which he regarded as manipulative and repressive.

"Du fährst zu oft nach Heidelberg" first appeared in the *Frankfurter Allgemeine Zeitung* in 1977. It is set against the background of the **Radikalenerlaß** (decree pertaining to radicals), a measure agreed upon by the federal government and the states in 1972 in reaction to subversive activities of radical groups. This decree established criteria for deciding whether applicants for civil service jobs, including teaching positions, were loyal to the constitution. Evidence of sympathies for subversive political organizations could disqualify an applicant. Although most German students come from the middle class, many of those applying for teaching positions at the time of this story had on one occasion or another at least sympathized with radical student causes. Some had even played an active role in student protests of the late sixties. Thus students potentially risked ruining their own careers before they even began by participating in political groups opposed to the **Radikalenerlaß**. By the mid 1970's, the student radical movement, having become increasingly extremist even to the point of advocating force and the overthrow of society, had lost most of its student support. In Heidelberg, however, there remained a loyal core of radical activists.

Vor dem Lesen

Inhalt der Geschichte

Diese Geschichte handelt von einem jungen Mann – wir erfahren seinen Namen nicht! –, der mit dem Studium gerade fertig geworden ist und auf eine Lehrstelle hofft. Sonntag abend sitzt er auf seiner Bettkante und schaut „im Rückblick" auf den gerade verbrachten Tag zurück. (**NOTE:**

Much of the **Rückblick** *is told in the past perfect tense.*) Am nächsten Morgen muß der junge Mann zu einem Gespräch bei Herrn Kronsorgeler erscheinen, einem wichtigen Beamten im Kulturamt, der die Entscheidung trifft, wer eine Lehrstelle erhält. Der junge Mann hat gute Prüfungen geschrieben, und Herr Kronsorgeler, der ihn schon kennt, ist ihm freundlich gesinnt (*inclined toward him*). Es gibt nur ein einziges Problem: er fährt zu oft nach Heidelberg.

Zum Überfliegen ist die Geschichte zu lang. Achten Sie also beim Lesen auf Folgendes:

1. Was „er" als erstes am Sonntag morgen gemacht hatte
2. Wo er nachher gefrühstückt hatte
3. Wen er später besucht hatte
4. Wohin er nach diesem Besuch gefahren war
5. Was er als allerletztes tat, bevor er Sonntag abend ins Bett ging
6. Wie das Gespräch mit Herrn Kronsorgeler am nächsten Morgen verlief

Du fährst zu oft nach Heidelberg

Für Klaus Staeck*, der weiß, daß die Geschichte von Anfang bis Ende erfunden ist und doch zutrifft[1].

Abends, als er im Schlafanzug auf der Bettkante saß, auf die Zwölf-Uhr-Nachrichten wartete und noch eine Zigarette rauchte, versuchte er im Rückblick den Punkt zu finden, an dem ihm dieser schöne Sonntag weggerutscht[2] war. Der Morgen war sonnig gewesen, frisch,
5 maikühl noch im Juni, und doch war die Wärme, die gegen Mittag kommen würde, schon spürbar[3]: Licht und Temperatur erinnerten an vergangene Trainingstage, an denen er zwischen sechs und acht, vor der Arbeit, trainiert hatte.

Eineinhalb Stunden lang war er radgefahren am Morgen, auf
10 Nebenwegen zwischen den Vororten, zwischen Schrebergärten[4] und Industriegelände, an grünen Feldern, Lauben[5], Gärten, am großen Friedhof[6] vorbei bis zu den Waldrändern[7] hin, die schon weit jenseits der Stadtgrenze lagen; auf asphaltierten Strecken hatte er Tempo gegeben[8], Beschleunigung[9], Geschwindigkeit[10] getestet, Spurts

---

*Klaus Staeck is a graphic artist noted for his brutally satirical posters of politicians and political topics. He was a friend of Böll's. Together they published *Briefe zur Verteidigung der Republik* in 1977, in which they argued against ideological censorship. Klaus Staeck lives in Heidelberg.

15 eingelegt und gefunden, daß er immer noch gut in Form war und
vielleicht doch wieder einen Start bei den Amateuren riskieren
konnte; in den Beinen die Freude übers bestandene Examen und
der Vorsatz[11], wieder regelmäßig zu trainieren. Beruf, Abendgymnasium[12], Geldverdienen, Studium – er hatte wenig dran tun
20 können[13] in den vergangenen drei Jahren; er würde nur einen neuen
Schlitten[14] brauchen; kein Problem, wenn er morgen mit Kronsorgeler
zurechtkam[15], und es bestand kein Zweifel, daß er mit Kronsorgeler
zurechtkommen würde.

Nach dem Training Gymnastik auf dem Teppichboden[16] in seiner
25 Bude[17], Dusche, frische Wäsche, und dann war er mit dem Auto zum
Frühstück zu den Eltern hinausgefahren: Kaffee und Toast, Butter,
frische Eier und Honig auf der Terrasse, die Vater ans Häuschen
angebaut hatte; die hübsche Jalousie[18] – ein Geschenk von Karl, und
im wärmer werdenden Morgen der beruhigende, stereotype Spruch
30 der Eltern: „Nun hast du's ja fast geschafft; nun hast du's ja bald
geschafft." Die Mutter hatte „bald", der Vater „fast" gesagt, und immer
wieder der wohlige Rückgriff[19] auf die Angst der vergangenen Jahre,
die sie einander nicht vorgeworfen[20], die sie miteinander geteilt
hatten: über den Amateurbezirksmeister[21] und Elektriker zum gestern
35 bestandenen Examen, überstandene[22] Angst, die anfing, Veteranen-
stolz zu werden; und immer wieder wollten sie von ihm wissen, was
dies oder jenes auf spanisch hieß: Mohrrübe[23] und Auto, Himmelskönigin, Biene und Fleiß, Frühstück, Abendbrot und Abendrot, und
wie glücklich sie waren, als er auch zum Essen blieb und sie zur
40 Examensfeier am Dienstag in seine Bude einlud: Vater fuhr weg, um
zum Nachtisch Eis zu holen, und er nahm auch noch den Kaffee,
obwohl er eine Stunde später bei Carolas Eltern wieder würde Kaffee
trinken müssen; sogar einen Kirsch[24] nahm er und plauderte mit ihnen
über seinen Bruder Karl, die Schwägerin[25] Hilda, Elke und Klaus, die
45 beiden Kinder, von denen sie einmütig[26] glaubten, sie würden ver-
wöhnt[27] – mit all dem Hosen- und Fransen- und Rekorderkram[28], und
immer wieder dazwischen die wohligen Seufzer[29]: „Nun hast du's ja
bald, nun hast du's ja fast geschafft." Diese „fast", diese „bald" hatten
ihn unruhig gemacht. Er hatte es geschafft! Blieb nur noch die
50 Unterredung[30] mit Kronsorgeler, der ihm von Anfang an freundlich
gesinnt[31] gewesen war. Er hatte doch an der Volkshochschule[32] mit
seinen Spanisch-, am spanischen Abendgymnasium mit seinen
Deutschkursen, Erfolg gehabt.

Später half er dem Vater beim Autowaschen, der Mutter beim
55 Unkrautjäten[33], und als er sich verabschiedete, holte sie noch Mohrrüben, Blattspinat und einen Beutel[34] Kirschen in Frischhaltepak-
kungen aus ihrem Tiefkühler, packte es ihm in eine Kühltasche und

zwang[35] ihn, zu warten, bis sie für Carolas Mutter Tulpen aus dem Garten geholt hatte; inzwischen prüfte der Vater die Bereifung[36], ließ
60 sich den laufenden Motor vorführen[37], horchte ihn mißtrauisch ab[38], trat dann näher ans heruntergekurbelte[39] Fenster und fragte: „Fährst du immer noch so oft nach Heidelberg – und über die Autobahn?" Das sollte so klingen, als gelte[40] die Frage der Leistungsfähigkeit[41] seines alten, ziemlich klapprigen[42] Autos, das zweimal-, manchmal
65 dreimal in der Woche diese insgesamt achtzig Kilometer schaffen mußte.

„Heidelberg? Ja, da fahr' ich noch zwei-, dreimal die Woche hin – es wird noch eine Weile dauern, bis ich mir einen Mercedes leisten[43] kann."
70 „Ach, ja, Mercedes", sagte der Vater, „da ist doch dieser Mensch von der Regierung, Kultur, glaube ich, der hat mir gestern wieder seinen Mercedes zur Inspektion gebracht. Will nur von mir bedient werden. Wie heißt er doch noch?"

„Kronsorgeler?"
75 „Ja, der. Ein sehr netter Mensch – ich würde ihn sogar ohne Ironie vornehm nennen."

Dann kam die Mutter mit dem Blumenstrauß und sagte: „Grüß Carola von uns, und die Herrschaften[44] natürlich. Wir sehen uns ja am Dienstag." Der Vater trat, kurz bevor er startete, noch einmal
80 näher und sagte: „Fahr nicht zu oft nach Heidelberg – mit dieser Karre[45]!"

Carola war noch nicht da, als er zu Schulte-Bebrungs kam. Sie hatte angerufen und ließ ausrichten[46], daß sie mit ihren Berichten noch nicht fertig war, sich aber beeilen würde; man sollte mit dem Kaffee
85 schon anfangen.

Die Terrasse war größer, die Jalousie, wenn auch verblaßt[47], großzügiger[48], eleganter das Ganze, und sogar in der kaum merklichen Verkommenheit[49] der Gartenmöbel, dem Gras, das zwischen den Fugen[50] der roten Fliesen[51] wuchs, war etwas, das ihn ebenso reizte[52]
90 wie manches Gerede bei Studentendemonstrationen; solches[53] und Kleidung, das waren ärgerliche Gegenstände zwischen Carola und ihm, die ihm immer vorwarf, zu korrekt, zu bürgerlich[54] gekleidet zu sein. Er sprach mit Carolas Mutter über Gemüsegärten, mit ihrem Vater über Radsport, fand den Kaffee schlechter als zu Hause und
95 versuchte, seine Nervosität nicht zu Gereiztheit werden zu lassen. Es waren doch wirklich nette, progressive Leute, die ihn völlig vorurteilslos, sogar offiziell, per Verlobungsanzeige akzeptiert hatten; inzwischen mochte er sie regelrecht[55], auch Carolas Mutter, deren häufiges „entzückend[56]" ihm anfangs auf die Nerven gegangen war.

100   Schließlich bat ihn Dr. Schulte-Bebrung – ein bißchen verlegen[57], wie ihm schien – in die Garage und führte ihm sein neu erworbenes Fahrrad vor, mit dem er morgens regelmäßig ein „paar Runden" drehte[58], um den Park, den Alten Friedhof herum; ein Prachtschlitten[59] von einem Rad; er lobte[60] es begeistert[61], ganz ohne Neid[62], bestieg

105   es zu einer Probefahrt rund um den Garten, erklärte Schulte-Bebrung die Beinmuskelarbeit (er erinnerte sich, daß die alten Herren im Verein immer Krämpfe bekommen hatten!), und als er wieder abgestiegen war und das Rad in der Garage an die Wand lehnte, fragte Schulte-Bebrung ihn: „Was denkst du, wie lange würde ich mit diesem

110   Prachtschlitten, wie du ihn nennst, brauchen, um von hier nach – sagen wir Heidelberg zu fahren?" Es klang wie zufällig[63], harmlos, zumal Schulte-Bebrung fortfuhr: „Ich habe nämlich in Heidelberg studiert, hab' auch damals ein Rad gehabt, und von dort bis hier habe ich damals – noch bei jugendlichen Kräften – zweieinhalb Stunden

115   gebraucht." Er lächelte wirklich ohne Hintergedanken, sprach von Ampeln[64], Stauungen[65], dem Autoverkehr, den es damals so nicht gegeben habe; mit dem Auto, das habe er schon ausprobiert, brauche er ins Büro fünfunddreißig, mit dem Rad nur dreißig Minuten. „Und wie lange brauchst du mit dem Auto nach Heidelberg?" „Eine

120   halbe Stunde."

    Daß er das Auto erwähnte, nahm der Nennung Heidelbergs ein bißchen das Zufällige, aber dann kam gerade Carola, und sie war nett wie immer, hübsch wie immer, ein bißchen zerzaust[66], und man sah ihr an, daß sie tatsächlich[67] todmüde war, und er wußte eben nicht,

125   als er jetzt auf der Bettkante saß, eine zweite Zigarette noch unangezündet in der Hand, er wußte eben nicht, ob seine Nervosität schon Gereiztheit gewesen, von ihm auf sie übergesprungen war oder ob sie nervös und gereizt gewesen war – und es von ihr auf ihn übergesprungen war. Sie küßte ihn natürlich, flüsterte ihm aber zu[68],

130   daß sie heute nicht mit ihm gehen würde. Dann sprachen sie über Kronsorgeler, der ihn so sehr gelobt hatte, sprachen über Planstellen[69], die Grenzen des Regierungsbezirks, über Radfahren, Tennis, Spanisch, und ob er eine Eins oder nur eine Zwei bekommen würde. Sie selbst hatte nur eine knappe[70] Drei bekommen. Als er eingeladen

135   wurde, zum Abendessen zu bleiben, schützte er Müdigkeit und Arbeit vor[71], und niemand hatte ihn besonders gedrängt[72], doch zu bleiben; rasch wurde es auf der Terrasse wieder kühl; er half, Stühle und Geschirr[73] ins Haus tragen, und als Carola ihn zum Auto brachte, hatte sie ihn überraschend heftig[74] geküßt, ihn umarmt, sich an ihn

140   gelehnt und gesagt: „Du weißt, daß ich dich sehr, sehr gern habe, und ich weiß, daß du ein prima Kerl bist, du hast nur einen kleinen Fehler: Du fährst zu oft nach Heidelberg."

Sie war rasch ins Haus gelaufen, hatte gewinkt, gelächelt, Kuß-
hände geworfen, und er konnte noch im Rückspiegel sehen, wie sie
145 immer noch da stand und heftig winkte.

Es konnte doch nicht Eifersucht sein. Sie wußte doch, daß er dort
zu Diego und Teresa fuhr, ihnen beim Übersetzen von Anträgen[75] half,
beim Ausfüllen von Formularen und Fragebögen[76]; daß er Gesuche[77]
aufsetzte, ins reine tippte[78]; für die Ausländerpolizei, das Sozialamt,
150 die Gewerkschaft[79], die Universität, das Arbeitsamt; daß es um Schul-
und Kindergartenplätze ging, Stipendien, Zuschüsse[80], Kleider, Erho-
lungsheime[81]; sie wußte doch, was er in Heidelberg machte, war ein
paar Mal mitgefahren, hatte eifrig[82] getippt und eine erstaunliche
Kenntnis von Amtsdeutsch bewiesen; ein paarmal hatte sie sogar
155 Teresa mit ins Kino und ins Café genommen und von ihrem Vater Geld
für einen Chilenen[83]-Fonds bekommen.

Er war statt nach Hause nach Heidelberg gefahren, hatte Diego und
Teresa nicht angetroffen, auch Raoul nicht, Diegos Freund; war auf der
Rückfahrt in eine Autoschlange geraten[84], gegen neun bei seinem
160 Bruder Karl vorbeigefahren, der ihm Bier aus dem Eisschrank holte,
während Hilde ihm Spiegeleier briet; sie sahen gemeinsam im Fernsehen eine Reportage über die Tour de Suisse, bei der Eddy Merckx
keine gute Figur machte, und als er wegging, hatte Hilde ihm einen
Papiersack voll abgelegter[85] Kinderkleider gegeben für „diesen
165 spirrigen[86] netten Chilenen und seine Frau“.

Nun kamen endlich die Nachrichten, die er mit halbem Ohr nur
hörte: Er dachte an die Mohrrüben, den Spinat und die Kirschen, die
er noch ins Tiefkühlfach packen mußte; er zündete die zweite
Zigarette doch an: Irgendwo – war es Irland? – waren Wahlen[87]
170 gewesen: Erdrutsch[88]; irgendeiner – war es wirklich der Bundes-
präsident? – hatte irgendwas sehr Positives über Krawatten gesagt;
irgendeiner ließ irgendwas dementieren[89]; die Kurse[90] stiegen; Idi
Amin* blieb verschwunden.

Er rauchte die zweite Zigarette nicht zu Ende, drückte sie in einem
175 halb leergegessenen Yoghurtbecher aus; er war wirklich todmüde und
schlief bald ein, obwohl das Wort Heidelberg in seinem Kopf rumorte[91].

Er frühstückte frugal: nur Brot und Milch, räumte auf, duschte und
zog sich sorgfältig an; als er die Krawatte umband, dachte er an den
Bundespräsidenten – oder war's der Bundeskanzler gewesen? Eine
180 Viertelstunde vor der Zeit saß er auf der Bank vor Kronsorgelers

---

*Idi Amin Dada was a brutal dictator and self-appointed president of Uganda
from 1971 to 1979.

Vorzimmer, neben ihm saß ein Dicker, der modisch und salopp gekleidet war; er kannte ihn von den Pädagogikvorlesungen her, seinen Namen wußte er nicht. Der Dicke flüsterte ihm zu: „Ich bin Kommunist, du auch?"

185 „Nein", sagte er, „nein, wirklich nicht – nimm's mir nicht übel[92]."

Der Dicke blieb nicht lange bei Kronsorgeler, machte, als er herauskam eine Geste, die wohl „aus" bedeuten sollte. Dann wurde er von der Sekretärin hineingebeten; sie war nett, nicht mehr ganz so jung, hatte ihn immer freundlich behandelt – es überraschte ihn, daß

190 sie ihm einen aufmunternden[93] Stubs[94] gab, er hatte sie für zu spröde[95] für so etwas gehalten. Kronsorgeler empfing ihn freundlich; er war nett, konservativ, aber nett; objektiv; nicht alt, höchstens Anfang vierzig. Radsportanhänger, hatte ihn sehr gefördert[96], und sie sprachen erst über die Tour de Suisse; ob Merckx geblufft habe, um bei

195 der Tour de France unterschätzt[97] zu werden, oder ob er wirklich abgesunken sei; Kronsorgeler meinte, Merckx habe geblufft; er nicht, er meinte, Merckx sei wohl wirklich fast am Ende, gewisse Erschöpfungsmerkmale[98] könne man nicht bluffen. Dann über die Prüfung; daß sie lange überlegt hätten, ob sie ihm doch eine Eins geben

200 könnten; es sei an der Philosophie gescheitert[99]; aber sonst: die vorzügliche[100] Arbeit an der VHS[101], am Abendgymnasium; keinerlei Teilnahme an Demonstrationen, nur gäbe es – Kronsorgeler lächelte wirklich liebenswürdig – einen einzigen, einen kleinen Fehler.

„Ja, ich weiß", sagte er, „ich fahre zu oft nach Heidelberg."

205 Kronsorgeler wurde fast rot, jedenfalls war seine Verlegenheit deutlich; er war ein zartfühlender, zurückhaltender Mensch, fast schüchtern[102], Direktheiten lagen ihm nicht[103].

„Woher wissen Sie?"

„Ich höre es von allen Seiten. Wohin ich auch komme, mit wem ich

210 auch spreche. Mein Vater, Carola, deren Vater, ich höre nur immer: Heidelberg. Deutlich höre ich's, und ich frage mich: Wenn ich die Zeitansage anrufe oder die Bahnhofs-Auskunft, ob ich nicht hören werde: Heidelberg."

Einen Augenblick lang sah es so aus, als ob Kronsorgeler aufstehen

215 und ihm beruhigend die Hände auf die Schulter legen würde, erhoben hatte er sie schon, senkte die Hände wieder, legte sie flach auf seinen Schreibtisch und sagte: „Ich kann Ihnen nicht sagen, wie peinlich mir das ist. Ich habe Ihren Weg, einen schweren Weg, mit Sympathie verfolgt – aber es liegt da ein Bericht über diesen Chilenen vor, der

220 nicht sehr günstig ist. Ich darf diesen Bericht nicht ignorieren, ich darf nicht. Ich habe nicht nur Vorschriften[104], auch Anweisungen, ich habe nicht nur Richtlinien[105], ich bekomme auch telefonische Ratschläge[106]. Ihr Freund – ich nehme an, er ist Ihr Freund?"

„Ja.“

225 „Sie haben jetzt einige Wochen lang viel freie Zeit. Was werden Sie tun?“

„Ich werde viel trainieren – wieder radfahren, und ich werde oft nach Heidelberg fahren.“

„Mit dem Rad?“

230 „Nein, mit dem Auto.“

Kronsorgeler seufzte. Es war offensichtlich, daß er litt[107], echt litt. Als er ihm die Hand gab, flüsterte er: „Fahren Sie nicht nach Heidelberg, mehr kann ich nicht sagen.“ Dann lächelte er und sagte: „Denken Sie an Eddy Merckx.“

235 Schon als er die Tür hinter sich schloß und durchs Vorzimmer ging, dachte er an Alternativen: Übersetzer, Dolmetscher[108], Reiseleiter, Spanischkorrespondent bei einer Maklerfirma[109]. Um Profi zu werden, war er zu alt, und Elektriker gab's inzwischen genug. Er hatte vergessen, sich von der Sekretärin zu verabschieden, ging noch einmal

240 zurück und winkte ihr zu.

Bekanntmachung

Betr.: Radikalenerlaß

Die Bevölkerung wird noch einmal darauf hingewiesen, daß die ehem. Mitgliedschaft in NSDAP, SA, SD, SS und im NS- Rechtswahrerbund einer Beschäftigung im öffentlichen Dienst nicht entgegensteht.

Der Landesbeauftragte für das Gesinnungswesen.

Leseverständnis

1. Sammeln Sie möglichst viele Information über den jungen Mann in
   der Geschichte.

   Beruf

   Studienweg

   Sportleistung

   Bekanntschaften

   Arbeit

   Teilen Sie anderen Personen im Kurs diese Information mit.

2. Notieren Sie wichtige Informationen über andere Figuren in der
   Geschichte. Wo sind diese Informationen im Text zu finden? Teilen
   Sie anderen Personen auch diese Informationen mit.

   Vater und Mutter

   Verlobte

   Eltern der Verlobten

   Karl und Hilde

   Diego, Teresa und Raoul

   Kronsorgeler

In eigenen Worten

Kreuzen Sie fünf Stellen im Text an, wo Sie sprachlich oder inhaltlich
etwas nicht verstehen. Lesen Sie diese Stellen vor. Andere Personen im
Kurs sollen versuchen, diese Stellen zu erklären, indem sie sie anders
ausdrücken.

Diskussion

1. Aus welcher Perspektive wird diese Geschichte erzählt? Warum
   erfahren wir den Namen des jungen Mannes nicht?

2. Warum halten andere Leute seine regelmäßige Fahrt nach Heidelberg für ein Problem?

3. Warum fährt er so oft zu den Chilenen? Was tut er für sie?

4. Welche Stellen im Text machen es deutlich, daß er kein Radikaler
   ist?

5. Aus was für einem sozialen Milieu kommt die Familie des jungen Mannes? Aus was für einer Familie kommt seine Verlobte? Warum ist das in dieser Geschichte wichtig?

6. Vor welchen Alternativen steht er am Ende? Was würden Sie an seiner Stelle tun?

7. Welche Bedeutung sehen Sie darin, daß er am Ende noch einmal zurückgeht, um sich von der Sekretärin zu verabschieden?

8. Welche Handlungsmöglichkeiten hat Kornsorgeler? Finden Sie ihn sympathisch? Warum? Warum nicht?

9. Welche Bedeutung haben die Motive Eddy Merckx und das Radfahren? Was meint Kronsorgeler damit, wenn er sagt: „Denken Sie an Eddy Merckx?"

Wortschatzaufgaben

1. Sammeln Sie aus der Geschichte für jede der folgenden Kategorien etwa fünf bis sieben Wörter oder Ausdrücke, die Sie sich für den aktiven Sprachgebrauch merken wollen. Lernen Sie die Substantive mit Artikel und Plural.

Studium

das Abendgymnasium, -ien

. . . usw.

Radfahren

Tempo geben

. . . usw.

Amt und Verwaltung

Formulare ausfüllen

. . . usw.

(Vor)stadt und Landschaft

der Schrebergarten

. . . usw.

Auto/Autofahren

die Ampel, -n

. . . usw.

2. Verwenden Sie die folgenden Ausdrücke in Sätzen.

Tempo geben*

eine gute Figur machen

jmdm. etwas übelnehmen*

(etwas) ausrichten lassen*

etwas schaffen

sich (*dat.*) etwas leisten

etwas vorschützen

jmdm. auf die Nerven gehen*

Aufsatzthemen

TIPS ZUM SCHREIBEN: Researching in English; writing in German

If you continue with German, at some point you may have to research a topic using either German or English source materials and report in German. The key is not to translate difficult ideas, but to restate the ideas as simply as possible in German. For example, if you select the third topic below, first decide which information you would like to include in your composition. Then, using vocabulary you already know, state these facts and ideas as a series of *simple* declarative German sentences. Finally, organize your sentences into a logical sequence. At this point you can now modify some of your simple sentences by using connectors such as adverbs and conjunctions to link ideas, establish sequences, and provide explanatory commentary. It should be possible to write a succinct report on McCarthyism and its consequences in ten to fifteen sentences.

1. Sie sind Kronsorgeler. Wollen Sie nun dem jungen Mann eine Stelle geben oder nicht? Begründen Sie Ihre Antwort.

2. Schreiben Sie über politische Kritik in Bölls „Du fährst zu oft nach Heidelberg".

3. Schreiben Sie einen Bericht über Joseph McCarthy (1909–1957) und seine Politik gegen „unamerikanische Umtriebe" (*un-American activities*).

Hörtext 7

Sieben Gedichte

J. W. v. Goethe • H. Heine • J. v. Eichendorff
C. F. Meyer • H. v. Hofmannsthal • G. Heym

NOTE: *Listening to poetry is different than listening to prose. Characteristics such as rhyme, meter, stanzas can help you better follow the poem. Initially, to get an idea of what each poem is about, read through the* **Wortschatz***. Then listen to the poem the first time without referring to the glosses. Ultimately, you want to be able to understand the poem entirely without consulting the vocabulary. At some point, your instructor may wish to distribute printed copies of these poems for discussion.*

Erlkönig

Johann Wolfgang von Goethe

Johann Wolfgang von Goethe (1749–1832), the author of *Faust* (part 1, 1806; part 2, 1831), was one of the greatest German writers and poets. He wrote in nearly all genres and on many subjects, including morphology and optics. "Erlkönig" is one of his best known ballads.

Wortschatz

der **Erlkönig**	king of the elves

Strophe (stanza) 1

der **Knabe, (-n), -n**	boy, lad
fassen	to hold, embrace

Strophe 2

bergen*	to hide, conceal
bang(e)	afraid, scared
die **Krone, -n**	crown
der **Schweif, -e**	train (of a garment)
der **Nebelstreif, -e**	streak or wisp of fog

Strophe 3

gar	very
gülden: golden	
das **Gewand, ̈er**	garment, gown

Strophe 4

dürr	withered
säuseln	to rustle, whisper

Strophe 5

warten	*here*: to wait on
führen	to lead, be at the head of
den nächtlichen Reih(e)n (= Reigen)	the nocturnal dance
wiegen	to rock, sway
singen dich ein	sing you to sleep

Strophe 6

düster	dark, gloomy; dire, ominous
die **Weide, -n**	willow

Strophe 7

reizen	to arouse, stir up
die **Gestalt, -en**	form, shape, figure
die **Gewalt**	force
anfassen	to grab hold of
Leids: Leid	harm

Strophe 8

es grau(s)t mir	I am afraid, I shudder
geschwind	quick(ly), swift(ly)
ächzen	to moan
erreichen	to reach
der **Hof, ⸚e**	manor, courtyard
die **Mühe, -n**	effort, labor
die **Not, ⸚e**	danger, peril, difficulty

Hörverständnis

1. In den Strophen zwei, vier, sechs und sieben sprechen das Kind und der Vater. Schreiben Sie die Worte des Kindes. Schreiben Sie die Antworten des Vaters.

   Strophe 2   Vater:

   Kind:

   Vater:

Strophe 4   Kind:

                Vater:

Strophe 6   Kind:

                Vater:

Strophe 7   Kind:

2. Was verspricht der Erlkönig dem Kind in den Strophen drei und fünf? Was sagt er ihm in der siebten Strophe?

Diskussion

1. Was für eine Denkweise hat der Vater?
2. Welchen Aspekt des Lebens verkörpert der Erlkönig?
3. Was will Goethe durch die kontrastierenden Perspektiven des Knaben und des Vaters zum Ausdruck bringen?
4. Fast jeder Vers ist ein kleiner Satz. Das heißt, es gibt fast keine Sätze, die über mehrere Verse weitergehen. Welche Wirkung ergibt sich daraus?

Belsazar[1]

Heinrich Heine

Heinrich Heine (1797–1856) was one of the greatest German lyric poets, yet he spent the last twenty-two years of his life living and working in Paris. He died of a debilitating illness that confined him to his bed, his "**Matratzengruft**" ("*mattress tomb*"), for the last several years of his life.

Wortschatz

stumm	mute, still
flackern	to flicker

---

[1] Belsazar (Belschazzar) was the son of Nebuchadnezzar and the last king of Babylon. The Bible (Daniel 5.1) tells how a writing appeared on the wall at Belsazar's feast, which Daniel interpreted as a prophesy of doom. The next day Babylon fell to the Persians and King Cyrus.

lärmen	to be noisy, make a racket
der **Troß**	groups of followers, hangers-on
der **Knecht, -e**	*here*: warrior, knight
der **Becher, -n**	goblet
funkeln	to sparkle, flash
klirren	to clink, rattle
jauchzen	to shout and rejoice
störrig	headstrong, obstinate
leuchten	to shine, gleam
die **Glut**	heat, glow
keck	bold, brazen
fortreißen*	to carry away (by passion)
der **Mut**	courage
lästern	to slander
sich brüsten	to boast, brag
die **Schar**	band, bunch, party
brüllen	to roar
der **Beifall**	applause, approval
das **Gerät**	*here*: jewels and other finery
frevler: frevelhafter	sacrilegious
heilig	sacred, holy
der **Rand, ⁻er**	edge, brim
bis auf den Grund	to the bottom (*i.e.*, until empty)
schäumend	foaming
künden	to announce, proclaim
auf ewig	forever, eternally
der **Hohn**	scorn, disdain
graus	dreadful, horrible
verklingen*	to fade away (sounds)
dem König ward's bang	the king became afraid
der **Busen**	breast, chest
gellend	piercing, shrill
zumal	*here*: suddenly
leichenstill	deathly still; die **Leiche** corpse
stier	fixed, staring
mit schlotternden Knien	with shaking/trembling knees
totenblaß	deathly pale
durchgraut	filled with horror
gab keinen Laut	didn't make a sound
der **Magier, -**	soothsayer
ward: wurde	was (*passive voice*)
umbringen*	to kill, slay

Hörverständnis

1. Fassen Sie „Belsazar" in Ihren eigenen Worten und in wenigen Sätzen zusammen.

2. Schreiben Sie die Reimpaare auf, die Sie hören.

Diskussion

1. Machen Sie eine Liste der Verben und Partizipien des Präsens, die eine visuelle oder akustische Wirkung haben.

visuell	**akustisch**
schimmernd	jauchzen
usw.	usw.

2. Was für eine Stimmung (*mood*) herrscht in dieser Ballade? Durch welche Adjektive und Adverbien erhöht Heine diese Stimmung?

3. Was haben die Endreime gemeinsam (*in common*)? Was kommt durch diese Reime zum Ausdruck?

4. Die Geschichte von Belsazar kommt aus der Bibel (siehe Fußnote Seite 227), aber Heine erzählt eine etwas andere Geschichte. Warum?

Der frohe Wandersmann *und* Das zerbrochene Ringlein

Joseph von Eichendorff

Joseph von Eichendorff (1788–1857) wrote several novels and novellas, but he is best known for his poems, some of which were set to music by the German composer Robert Schumann.

Wortschatz: „Der frohe Wandersmann"

Strophe 1

die **Gunst**	favor
erweisen*	to show (toward s.o.), demonstrate
weisen*	to show

Strophe 2

träge	lazy, indolent
erquicken	to refresh
die **Kinderwiege, -n**	children's cradle
die **Sorge, -n**	worry
die **Last, -en**	burden
die **Not**	need

Strophe 3

die **Lerche, -n**	lark
schwirren	to fly about
vor Lust	for joy
die **Kehle, -n**	throat

Strophe 4

jmdn. walten lassen*	to give s.o. free reign
erhalten*	to preserve
aufs best(e)	in the best possible way
mein Sach: meine Sache	my affairs, my life
bestellen	to prepare, put in order

Hörverständnis

1. Schreiben Sie dieses Gedicht vom Hören nach.
2. Welches Reimschema hat dieses Gedicht? (z.B. **abba** oder **abab**)

Diskussion

1. Wie sieht der Sprecher des Gedichts das Leben eines Wandersmanns? Welche Elemente hat ein solches Leben?
2. Von welcher anderen Lebensweise spricht der Wandersmann?
3. Wie bringt der Wandersmann den Kontrast zwischen diesen beiden Lebensweisen sprachlich besonders stark zum Ausdruck? (Vergleichen Sie vor allem die letzte Zeile in der ersten und in der zweiten Strophe.)
4. Was halten Sie von der Lebensphilosophie des Wandersmanns? Für welche der beiden Lebensweisen würden Sie sich entscheiden?

Wortschatz: „Das zerbrochene Ringlein"

der **Grund, ⁻e**	*here*: dale, valley
der **Spielmann, ⁻er**	minstrel
die **Weise, -n**	melody, tune
wohl	quite possibly
die **Schlacht, -en**	battle
auf einmal	*here*: once and for all

Hörverständnis

1. Warum ist das Ringlein zerbrochen?
2. Was möchte der Sprecher jetzt tun, da das Ringlein zerbrochen ist?

Diskussion

1. Welche Bedeutung hat das Mühlenrad für den Sprecher dieses Gedichts?
2. Welche Ähnlichkeiten (Sprache, Themen, Kontraste, Satzmelodie usw.) finden Sie in diesem Gedicht und in „Der frohe Wandersmann"?

Der römische Brunnen

Conrad Ferdinand Meyer

Conrad Ferdinand Meyer (1825–1898) was a Swiss poet who wrote historical novellas as well as poetry. In "Der römische Brunnen," as in a number of other poems, Meyer expresses an idea through an object.

Wortschatz

der **Strahl, -en**	stream, jet (of water)
die **Marmorschale, -n**	marble basin
sich verschleiern	to pull a veil over oneself
der **Grund**	bottom
wallen	to flow

Hörverständnis

1. Schreiben Sie dieses Gedicht vom Hören nach.
2. Zeichnen Sie ein Bild von dem Brunnen, den Meyer beschreibt.

Diskussion

1. Aus wie vielen Sätzen besteht dieses Gedicht? Warum?
2. In diesem Gedicht geht die Sprache vom Konkreten (Bild) zum Abstrakten (Bedeutung) über. Erläutern Sie diesen Übergang mit Beispielen.
3. Welche Idee drückt Meyer durch diesen Brunnen und die Form dieses Brunnens aus?

Die Beiden

Hugo von Hofmannsthal

Hugo von Hofmannsthal (1874–1929) was an Austrian dramatist and poet. He also wrote the librettos for a number of operas by Richard Strauss. Hofmannsthal believed that the first encounter between two strangers is decisive for their relationship. Keep this idea in mind as you listen to "Die Beiden."

Wortschatz

Strophe 1

der **Becher**, -	cup, goblet
der **Gang**	gait

Strophe 2

nachlässig	careless, lax
die **Gebärde**, -n	gesture; demeanor
erzwingen*	to force, gain by force
zittern	to tremble, shake

Strophe 3

jedoch	however
beben	to tremble
rollen	(*a rather unusual use of the word, since liquids normally flow*)

Hörverständnis

1. Schreiben Sie das Gedicht vom Hören nach.
2. Erzählen Sie in drei Sätzen, was in diesem Gedicht konkret „geschieht".

Diskussion

1. Welchen Eindruck macht „sie" in der ersten Strophe? Wie jung oder alt ist „sie" wohl? Welche Wörter in der Strophe beschreiben, wie sie sich fühlt? Was könnte der Becher (voll dunklen Weins) in ihrer Hand symbolisch bedeuten?
2. Welchen Eindruck macht „er" in der zweiten Strophe? Was könnte das zitternde Pferd symbolisch bedeuten?
3. Was ist das „es" (nicht **der Becher!**) in der dritten Strophe, das ihnen zu schwer ist? Welche Wörter im Gedicht geben einen Hinweis darauf?
4. Gewöhnlich „fließt" Wein. In der letzten Zeile aber „rollte" dunkler Wein am Boden. Was könnte das bedeuten?

Der Gott der Stadt

Georg Heym

Georg Heym (1887–1912) was an exceptionally talented German expressionist poet and novelist. His powerfully apocalyptic and demonic images of the city in the modern age give expression to the fears of his generation. He drowned while ice skating with a friend on the Havel River.

Wortschatz

Strophe 1

lagern	to camp
die **Stirn, -en**	forehead
verirr(e)n: sich verirren	to get lost

Strophe 2

der **Bauch**, ⸚e	belly
(der) **Baal**	Baal (Canaanite god of fertility, false god or idol, lord of war) (**dem Baal** *is a dative of possession*)
um ihn her	all around him
ungeheuer	huge, monstrous
der **Kirchenglocken** **ungeheure Zahl:** **die ungeheure Zahl der Kirchenglocken**	
aufwogen	to billow up, surge
der **Turm**, ⸚e	tower
aus schwarzer Türme Meer: **Aus dem Meer schwarzer Türme**	

Strophe 3

der **Korybant**, (**-en**), **-en**	Corybante (*priest and attendant to the ancient Asian goddess Cybele; they performed orgiastic cultic dances in her honor*)
dröhnen	to roar, create a din in one's ears
der **Schlot**	chimney stack
der **Schlote Rauch:** der **Rauch der Schlote**	
aufziehen*	rise up, draw up
der **Duft**, ⸚e	aroma
der **Weihrauch**	incense
blauen	to turn blue

Strophe 4

schwälen *or* **schwelen**	to smolder
betäuben	to numb, deaden
der **Geier**, -	vulture
das **Haupthaar**	hair on one's head
der **Zorn**	anger, rage
sträuben; sich sträuben	to bristle up, stand on end

Strophe 5

jagen	to race, rush, chase
der **Glutqualm**	scorching fumes and smoke
brausen	to storm, roar
tagen	to dawn, break (*i.e.*, the break of day)

Hörverständnis

1. Schreiben Sie das Gedicht vom Hören nach.

2. Vergleichen Sie das, was Sie geschrieben haben, mit einem gedruckten Exemplar des Gedichts.

Diskussion

1. Läßt sich die Beschreibung dieses Gottes als Naturphänomen erklären, oder ist sie eher als eine Vision zu verstehen?

2. Mit welchen Wörtern und Bildern (*images*) beschreibt Heym diesen Gott der Stadt?

3. Mit welchen Wörtern und Bildern beschreibt er die Städte in ihrem Verhältnis (*relationship*) zu diesem Gott?

4. Was wollte Heym über Städte sagen? Finden Sie das heute noch relevant?

5. Was halten Sie von diesem Gedicht? Gefällt es Ihnen? Warum? Warum nicht?

Zur Wiederholung · 7

Texte 19–21

Wortschatzaufgaben (Partnerarbeit oder Hausaufgabe)

1. Drücken Sie die Sätze mit den angegebenen Reflexivverben anders aus.

BEISPIEL: Sie fragte, wo er war.

Sie **erkundigte sich** nach ihm.

a. Er wollte mit dem Agenten und dessen Plänen nichts zu tun haben.

b. Bevor man einen Kaufvertrag unterzeichnet, müssen Käufer und Verkäufer beide den Preis akzeptieren.

c. Einige Gäste sagten „auf Wiedersehen" und verließen die abendliche Feier.

d. Die Polizei wollte wissen, ob jemand den Namen des Verrückten wußte.

e. Sie beschäftigt sich mit Tierforschung.

f. Diese Eintrittskarten sind mir zu teuer.

sich befassen (da)mit (20)

sich erkundigen (da)nach (19)

sich einigen (dar)über (19)

sich (*dat.*) (etwas) leisten (21)

sich verabschieden von (19, 21)

sich einlassen* mit jmdm. (19)

2. **Ergänzen Sie die Sätze mit Hilfe der angegebenen Verben.**

BEISPIEL: Es gab viel Verkehr, und deswegen . . .

Es gab viel Verkehr, und deswegen **gerieten wir in eine Stauung.**

  a. Die Süßigkeiten sehen so lecker aus, daß wir . . .

  b. Ich kann nichts dafür, du sollst . . .

  c. Wenn sie ihre Meinung sagt, . . .

  d. Sie verlor ihre Arbeitsstelle, weil . . .

  e. Bergsteiger können ja . . .

geraten* in (*acc.*) (21)

widerstehen* (*dat.*) (19)

widersprechen* (*dat.*) (20)

jmdm. etwas übelnehmen* (21)

jmdm. etwas vorwerfen* (21)

mit jmdm. zurechtkommen* (21)

3. **Welches Substantiv gehört mit welchem Verb zusammen? Bilden Sie Sätze mit den Kombinationen.**

BEISPIEL: verachten / das Angebot (*offer*)

Ein gutes **Angebot** sollte man nicht **verachten.**

a. abschaffen (20)	(1) das Museum
b. ausprobieren (21)	(2) der Einbrecher
c. besichtigen (20)	(3) die Gäste
d. beweisen* (21)	(4) die Gefahr
e. ertragen* (20)	(5) die Methode
f. festnehmen* (20)	(6) die Todesstrafe (*capital punishment*)
g. unterbringen* (19)	(7) die Schmerzen (*pl.*)
h. unterschätzen (21)	(8) die Schuld

4. **In den drei Geschichten kommen sehr viele Substantive vor; alle kann man sich kaum merken. Suchen Sie aus jeder Geschichte jeweils drei Substantive für konkrete Gegenstände und drei Substantive für abstrakte Begriffe. Lernen Sie diese Wörter mit Artikel und Plural für den aktiven Sprachgebrauch. Lesen Sie anderen**

Personen Ihre Wörter vor. Mit Ihren Wörtern sollen andere Personen
Aussagen machen.

5. Wie viele der folgenden Adjektive können Sie mit einem passenden
   Substantiv (im Singular oder im Plural) verbinden? Vergessen Sie die
   Endungen nicht! Diese Aufgabe läßt sich besonders gut mit einem
   Partner/einer Partnerin machen.

   BEISPIELE: begabt

   ein **begabtes** (20) Kind

   vertraulich

   mit **vertraulicher** (19) Stimme

bürgerlich (21)	mißtrauisch (21)
begabt (20)	regelmäßig (21)
einsilbig (19)	reizend (20)
frugal (21)	unausstehlich (19)
günstig (21)	vertraulich (19)
heftig (21)	vorzüglich (21)
klapp(e)rig (21)	widerlich (20)
liebenswürdig (21)	zufällig (21)

6. Machen Sie Wortschatzkarten für die drei Geschichten. Die Geschichten sind aber zu lang zum Nacherzählen. Schreiben Sie daher
   auf die jeweilige Karte Vokabeln für eine Zusammenfassung.

Diskussionsthemen/Aufsatzthemen

1. Welche Themen in diesen drei Geschichten sind heutzutage in Ihrem
   Land oder in Ihrem Leben wichtig? Warum?

2. Albert Schweitzer (1875–1965) hat einmal geschrieben: „Ethisch ist
   der Mensch nur, wenn ihm das Leben, auch das des Tieres, heilig ist."
   Was halten Sie von diesem Zitat?

3. Welche Geschichte im ganzen Buch hat Ihnen am besten gefallen?
   Warum?

Glosses

The glosses are printed so that they can be easily photocopied, cut, and pasted on cards. The cards can then be placed next to the texts for quick reference.

The glosses are keyed numerically to numbered words in the stories. The English equivalents and German synonyms are for the words within the context in which they appear. In many cases the contextualized meanings are also the primary meanings found in dictionaries. In different contexts, however, many of these words may have other meanings not listed here in the glosses.

All strong and irregular verbs are indicated by an asterisk (*). Dative and accusative objects are indicated by **jmdm.** and **jmdn.** respectively. Nouns are listed with the appropriate definite article and the plural form unless it is rare or non-existent. Irregular genitive singular forms are indicated before the plural.

The following abbreviations are used:

acc.	accusative
adj.	adjective
adv.	adverb
arch.	archaic
coll.	colloquial
comp.	comparative
conj.	conjunction
d.h.	das heißt (that is)
dat.	dative
gen.	genitive
i.e.	Latin, *id est,* that is
jmdm.	jemandem (dative)
jmdn.	jemanden (accusative)
o.s.	oneself
pl.	plural
poss.	possessive
pron.	pronoun
s.o.	someone
s.th.	something

Glosses for Individual Stories[1]

1 Mittagspause

[1]**blättern**   to page, leaf
[2]**jmdn. vorstellen**   to introduce s.o.; **jmdn. bekannt machen**
[3]**herüberschauen**   to look over toward
[4]**sich** (*dat.*) **vorstellen**   to imagine
[5]**hassen**   to hate
[6]**reichen**   to suffice; **genug sein**
[7]**bedauern**   to regret
[8]**Lungenzüge machen**   to inhale; **Zigarettenrauch einatmen**
[9]**das Spielzeug, -e**   toy
[10]**ausweichend**   evasive
[11]**besetzt**   occupied
[12]**ungefährlich**   not dangerous; **harmlos**
[13]**mittlerweile**   meanwhile; **inzwischen**
[14]**sich entscheiden***   to decide (*between options*)
[15]**regelmäßig**   regularly; **gewöhnlich**
[16]**anstrengend**   strenuous; **ermüdend**
[17]**beobachten**   to observe; **eine Zeitlang anschauen**
[18]**spüren**   to sense, feel; **fühlen**
[19]**die Hauptsache, -n**   main thing
[20]**pünktlich**   punctual; **rechtzeitig**
[21]**sich verlieben**   to fall in love
[22]**die Bedienung**   waiter, service
[23]**die Theke, -n**   counter
[24]**langweilig**   boring; **uninterressant**

[10]**der Rausch**   rapture, ecstasy, intoxication
[11]**vergehen***   to fade away, vanish, disappear; **dahinschwinden***
[12]**erregend**   arousing, stimulating
[13]**der Zuschauer, -**   viewer
[14]**die Glut**   glow
[15]**der Augenaufschlag**   opening eyes, upward glance
[16]**sich** (*dat.*) **einen Weg bahnen**   to push one's way
[17]**wirken**   to have the effect, seem
[18]**etwas dick auftragen***   to lay s.th. on thick; **übertreiben***
[19]**brummen**   to mutter, mumble
[20]**beleidigen**   to offend; **kränken**
[21]**betrachten**   to observe, look at; **anschauen**
[22]**die Wehmut**   melancholy; **leichte Trauer**
[23]**apart**   unusual, striking; **ungewöhnlich**
[24]**schlank**   slender; **dünn, schmal**
[25]**drahtig**   wiry
[26]**es kommt darauf an**   it (all) depends
[27]**die Enttäuschung, -en**   disappointment
[28]**festgenagelt**   firmly fastened
[29]**der Blick, -e**   glance, look
[30]**die Qual, -en**   torment; **großer Schmerz**
[31]**tappen**   to go *or* walk with uncertainty *or* blindly; **unsicher gehen***

2 Imitation

[1]**leiten**   to guide, lead; **führen**
[2]**besitzergreifend**   possessive
[3]**atmen**   to breathe
[4]**glänzend**   gleaming, radiant; **strahlend**
[5]**beteuern**   to emphatically declare, swear; **jmdm. versichern**
[6]**umschließen***   to enclose, clasp
[7]**dicht**   close, tight; **eng**
[8]**aneinanderdrängen**   to press together
[9]**die Betäubung**   numbness

3 Die Erfindungsmaschine

[1]**berühmt**   famous; **vielen Menschen bekannt**
[2]**die Kugel, -n**   sphere
[3]**das Haarwuchsmittel, -**   hair-growing tonic
[4]**höchste Zeit**   high time, about time
[5]**doch**   (*common intensifier with imperatives*)

---

[1] Glosses for the listening selections are located in the specific **Hörtext** sections.

[6]**irgendein-** some . . . or other
[7]**neuartig** new kind of, new-fashioned
[8]**vorschlagen*** to suggest
[9]**unterbrechen*** to interrupt; **jmdm. in die Rede fallen***
[10]**jmdm. etwas abnehmen*** to relieve s.o. of s.th.
[11]**großartig** splendid, great; **wunderbar**
[12]**höchstbestens** (uncommon) **sehr gut!**
[13]**genial** very creative, ingenious
[14]**damit** (adv.) with that, therewith
[15]**die Werkstatt, ⁻en** workshop
[16]**vorführen** to demonstrate, show; **zeigen, wie etwas funktioniert**
[17]**der Bogen, -** or ⁻: ein Blatt Papier
[18]**einspannen** here: to insert a piece of typing paper
[19]**neugierig** curious
[20]**albern** silly; **dumm, lächerlich**
[21]**hochmütig** haughty; **zu stolz**
[22]**verärgert** angered; **voller Ärger, böse**
[23]**feststellen** to ascertain, determine
[24]**nachdenken*** to ponder; **überlegen**
[25]**der Trottel, -** simpleton, nincompoop; **der Schwachkopf, ⁻e**
[26]**frech** insolent, cheeky
[27]**ordentlich** really; **sehr, wirklich**
[28]**kauen** to chew
[29]**gemeinsam** jointly, together
[30]**daraus folgt** from this it follows
[31]**ausgesprochen** pronounced; **sehr, besonders**
[32]**ausspucken** to spit out
[33]**der Spazierstock, ⁻** walking cane
[34]**die Brille, -n: die Augengläser**
[35]**der Scheibenwischer, -** windshield wiper
[36]**die Kiste, -n** box, crate
[37]**die Gardine, -n** curtain, drape; **der Vorhang, ⁻e**
[38]**wehen** to blow, blow in the breeze
[39]**auf Knopfdruck** when a button is pressed; **wenn man den Knopf drückt**
[40]**zuknöpfen** to button up
[41]**der Pantoffel, -n** slipper
[42]**die Heizung, -en** heating
[43]**unverwüstlich** indestructible; **nicht kaputt zu machen**
[44]**das Rauchzeichen, -** smoke signal
[45]**sich stoßen* (an)** to hit, bump (against)
[46]**der Kragen, -** collar
[47]**(sich) hochklappen** to flip up
[48]**der Wanderstiefel, -** hiking boot
[49]**die Wanderdüne, -n** shifting sand dune

4 Familie in Kürze

[1]**locken** to attract, entice
[2]**der Geruch, ⁻e** smell, odor
[3]**aufheben*** to keep, save
[4]**der Sprudel** carbonated water
[5]**die Bügelfalte, -n** crease in one's trousers
[6]**der Fleck(en), -** spot
[7]**der Kragen, -** collar
[8]**der Abteilungsleiter, -** department manager
[9]**sauber** clean; **rein**
[10]**pflegen** to take care of; **versorgen, betreuen**
[11]**bedächtig** careful, deliberate
[12]**prallgeblasen** blown taut
[13]**überlegen** to think over, ponder; **über etwas nachdenken***
[14]**beschwatzen** (coll.) to persuade, talk into; **überreden**
[15]**verleiten** to tempt, seduce, lead astray; **verführen**
[16]**lärmend** noisy; **laut**
[17]**eindringlich** forceful, urgent
[18]**die Lebensanschauung, -en** outlook on life
[19]**untermalen** to provide reinforcing explanation or accompaniment
[20]**jmdm. aus dem Sinn gehen*** to leave one's mind
[21]**überweisen*** to transfer (money), remit
[22]**reichen** to be enough, suffice; **genug sein**
[23]**das Weingut, ⁻er** wine estate
[24]**sparsam** thrifty
[25]**die Schallplatte, -n** phonograph record
[26]**kleben** to paste, glue, stick
[27]**beständig** constant, enduring, lasting; **dauerhaft**
[28]**Ölblumen** an oil painting of flowers
[29]**die Brücke, -n** here: (Persian) throw rug
[30]**abstauben** to wipe off dust
[31]**ersetzen** to replace
[32]**Rei** (brand name for a cleaning agent)
[33]**ziehen*** to pull, draw
[34]**schimpfen** to curse, scold; **fluchen**
[35]**schallen** to (re)sound
[36]**es war so mächtig gekonnt** he could do it with such might
[37]**brüllen** to roar, bellow; **laut schreien***
[38]**gießen* (Blumen)** to water flowers
[39]**jmdm. etwas absehen*** to learn s.th. by watching s.o. do it
[40]**vormachen** to demonstrate by doing it

5 San Salvador

[1] die **Füllfeder, -n**   fountain pen
[2] die **Wellenlinie, -n**   wavy line
[3] der **Bogen** - *or* ⸚   **ein Blatt Papier**
[4] **falten**   to fold
[5] **sorgfältig**   carefully; **genau**
[6] **innehalten***   to pause, stop (doing s.th.)
[7] **schrauben**   to screw, twist
[8] **betrachten**   to observe
[9] die **Papeterie, -n** *(French)*   stationery store; das **Schreibwarengeschäft, -e**
[10] **erneut**   anew; **wieder**
[11] **großzügig**   *here:* in large letters
[12] **räumen**   to clear away, clean up
[13] **überfliegen***   to skim, glance over
[14] das **Inserat, -e**   advertisement, ad insert (*in newspaper*)
[15] **irgend etwas**   something or other
[16] **zerreißen***   to tear up, tear to pieces or shreds
[17] der **Zettel, -**   note, slip of paper
[18] die **Vorstellung, -en**   show, performance
[19] die **Probe, -n**   rehearsal
[20] **zu all dem**   accompanying all this (there was)
[21] **abdrehen**   to turn off
[22] die **Mitteilung, -en**   message; die **Nachricht, -en**
[23] **erschrecken***   to be frightened, be startled; **plötzlich Angst bekommen***
[24] **dennoch**   nevertheless, yet; **trotzdem**
[25] der **Kasten,** ⸚   chest, case
[26] der **„Löwe"** (*der Name eines Gasthauses*)
[27] **verzweifeln**   to despair; **alle Hoffnung aufgeben***
[28] **sich mit etwas abfinden***   to come to accept *or* resign o.s. to s.th.
[29] **streichen***   *here:* to push hair out of one's face *or* eyes
[30] die **Schläfe, -n**   temple
[31] **aufknöpfen**   to unbutton
[32] **überlegen**   to reflect on, ponder
[33] die **Gebrauchsanweisung, -en**   operating instruction(s)
[34] **vergleichen***   to compare

6 Neapel sehen

[1] die **Bretterwand,** ⸚**e**   board fence; der **Holzzaun,** ⸚**e**
[2] **entfernen**   to remove, take away; **wegnehmen***

[3] der **Blickkreis**   field of vision
[4] **hassen**   to hate
[5] **beschleunigen**   to accelerate, speed up; **etwas schneller gehen lassen***
[6] die **Hetze nach**   chase for, pursuit of
[7] der **Akkord, -e**   wage (*based on piece work rather than number of hours worked*); die **Akkordprämie, -n**   bonus (*based on piece work*)
[8] der **Wohlstand**   prosperity; **hoher Lebensstandard**
[9] **es zu etwas bringen***   to have some success, make s.th. of o.s.
[10] **zucken**   to convulse, twitch
[11] **erwähnen**   to mention; **von etwas sprechen***
[12] **sich schonen**   to take it easy, take care of o.s.
[13] **verlogen**   deceitful, not truthful
[14] die **Rücksicht**   consideration, regard
[15] der **Greis, -e**   old man
[16] die **Hinterseite, -n**   drawback; die **Kehrseite, -n**
[17] der **Abschluß,** ⸚**(ss)e**   *here:* edge, border; das **Ende, -n**
[18] **beizen**   to stain wood
[19] **in Blust** (*dialect*)   in blossom; **in Blüte**
[20] die **Geduld**   patience
[21] **das kommt schon wieder**   you'll get better all right
[22] **es ist ein Elend**   it's so miserable
[23] **langweilig**   boring
[24] **damit**   so that; **um ... zu**
[25] **erschrecken***   to be startled; to be frightened
[26] **lösen**   to loosen; to detach
[27] die **Lücke, -n**   gap
[28] **sich beklagen**   to complain; **lamentieren, sich beschweren**
[29] **ablenken**   to distract, divert one's attention
[30] **zärtlich**   tender; affectionate
[31] der **Schlot, -e**   smokestack; der **Fabrikschornstein, -e**
[32] **jmdm. befehlen***   to order to *or* command s.o.
[33] **gesamt**   entire; **ganz**
[34] das **Fabrikareal, -e**   factory area
[35] **entspannen**   to relax
[36] der **(Gesichts)zug,** ⸚**e**   facial feature

7 66 Fragen

[1] der **Atem**   breath
[2] der **Purzelbaum,** ⸚**e**   somersault
[3] das **Nagetier, -e**   rodent

[4]**es geht um etwas** it is about s.th.; **es handelt sich um etwas**

[5]**die Impfung, -en** inoculation, vaccination

[6]**das Gedicht, -e** poem

[7]**auswendig** by heart, by memory

[8]**unanständig** indecent, obscene

[9]**abstammen von** to be descended from

[10]**aufhören** to stop, cease; **nicht mehr tun***

[11]**der Luftbefeuchter, -** humidifier

[12]**das Geschlecht, -er** sex, gender

[13]**die Bandenergie** band energy

[14]**sich** *(dat.)* **vorstellen** to imagine, envisage

[15]**die Behandlung, -en** treatment

[16]**die Ansichtskarte, -n** picture postcard

[17]**hassen** to hate

[18]**der Metzger, -** butcher

[19]**einen Blindgänger markieren** to mark a dud

[20]**das Stechen** stabbing *or* stinging pains

[21]**die Nierengegend** kidney area

[22]**die Einkünfte** *(pl.)* income, earnings; **das Einkommen**

[23]**die Steuer, -n** tax

[24]**angeben*** to declare, state; **erklären**

[25]**sich wehren** to resist, defend o.s.; **sich verteidigen**

[26]**die Hinterziehung** (income tax) evasion

[27]**die Pest** plague

[28]**der Moschus** musk

[29]**die Aktie, -n** stock, share

[30]**die Obligation, -en** investment bond

[31]**sich fürchten vor** *(dat.)* to be afraid of; **Angst haben vor**

[32]**jmdm. zuwider sein*** to be repugnant to s.o.; **jmdn. anwidern**

[33]**anfassen** to take hold of, touch; **in die Hand nehmen***

[34]**die Hühnerhaut (Gänsehaut)** goose bumps

[35]**die Schnur, ¨e** *or* **-en** string, cord, twine

[36]**nachholen** to do s.th. previously omitted, do later

[37]**wo denken Sie hin?** in what direction are you/your thoughts headed? what do you intend to do?

8 Rotkäppchen '65

[1]**der Korb, ¨e** basket

[2]**zurechtmachen** to prepare; **fertigmachen, vorbereiten**

[3]**dringend** urgent

[4]**die Verabredung, -en** appointment

[5]**gar nicht** not at all; **überhaupt nicht**

[6]**knurren** to grumble

[7]**sausen** to whiz, zoom

[8]**rasen** to speed, race

[9]**die Tafel, -n** sign; **das Schild, -er**

[10]**der Rand, ¨er** edge

[11]**der Schatten, -** shadow

[12]**winken** to wave

[13]**gerade** exactly

[14]**beglücken** to thrill, make happy

[15]**ungelegen** inopportune

[16]**jmdm. einfallen*** to occur, to s.o., come to mind

[17]**die Rohkost** uncooked vegetarian food

[18]**abnehmen*** to reduce, lose weight

[19]**das Zeug** stuff; **die Sachen**

[20]**fort** away; **weg**

[21]**die Versuchung, -en** temptation

[22]**glänzend** shiny, glittering

[23]**damit** *(conj.)* so that, in order to

[24]**die Kontaktgläser** *(uncommon)* = **Kontaktlinsen** *(pl.)*

[25]**die Erfindung, -en** invention

[26]**das Gebiß, -(ss)e** dentures

[27]**der Winkel, -** corner

[28]**die Normaluhr, -en** public clock (found *in squares and on street corners*)

[29]**grollen** to grumble

[30]**sich herumtreiben*** to gad about; **herumbummeln**

[31]**überhaupt nicht** not at all; **gar nicht**

[32]**keine einzige Begegnung** didn't meet anybody at all?

[33]**ein kräftiger Schluck** a big gulp *or* swallow

[34]**i wo = ach was!** oh, come on!

[35]**beinahe** almost, nearly; **fast**

[36]**die Geschwindigkeit, -en** speed, velocity

9 Das Märchen vom kleinen Herrn Moritz, der eine Glatze kriegte

[1]**die Glatze, -n** bald head

[2]**kriegen** *(coll.)* to get; **bekommen***, **erhalten***

[3]**dazu** besides; **auch, außerdem**

[4]**der Regenschirmstock, ¨e** umbrella cane

[5]**allmählich**   gradually; **nach und nach**
[6]**schimpfen**   to express anger, curse;
  fluchen
[7]**glatt**   slippery
[8]**ausrutschen**   to slip, lose one's traction
  or footing
[9]**der Verkaufsladen, -**   stand, booth
[10]**die Müllabfuhr, -en**   garbage pickup
[11]**alle** *(coll.)*   at an end, over
[12]**bellen**   to bark
[13]**vor Wut**   with rage; **stark verärgert**
[14]**zittern**   to tremble, shake
[15]**mit den Zähnen klappern**   to chatter
  one's teeth
[16]**das Maiglöckchen, -**   lily of the valley;
  die Nelke, -n carnation; **der
  Löwenzahn** dandelion(s); **die
  Margerite, -n** daisy
[17]**dabei**   yet (at the same time)
[18]**längst**   long since; **schon lange**
[19]**so was** *(coll.)* = **so etwas**   such a thing
[20]**doch!**   *(contradicts negative statement)*
  yes, there is!
[21]**das Schaufenster, -**   display window
[22]**bunt; vielfarbig**
[23]**vielerlei Art**   (of) many different
  varieties
[24]**sich bücken**   to stoop, bend over
[25]**langen (nach)**   to reach (for); **greifen***
  nach
[26]**nachwachsen***   to grow back (in)
[27]**es kribbelte**   there was a tingling
  feeling
[28]**streicheln**   to caress, stroke softly;
  liebkosen
[29]**sich wundern**   to be amazed; **erstaunt
  sein***
[30]**erwischen**   to catch, catch a hold of
[31]**auf einmal**   all of a sudden; **plötzlich**
[32]**tätig**   active, employed
[33]**sich drängeln**   to push, jostle; **sich
  vorschieben***
[34]**zeigen Sie doch**   come on, show
[35]**der Personalausweis, -e** personal
  identification
[36]**verzweifelt**   in despair
[37]**je mehr ... um so mehr**   the more ... the
  more
[38]**verschwinden***   to disappear
[39]**vor Verlegenheit**   with embarrassment
[40]**das Futter, -**   lining
[41]**zusammenschrumpfen**   to shrivel up,
  shrink
[42]**siehe da**   lo and behold!
[43]**abgegriffen**   worn (out) from being
  handled
[44]**die Gummihülle, -n**   rubber holder

[45]**streichen***   to rub gently, stroke;
  streicheln
[46]**kahl**   bald; **ohne Haare**
[47]**na**   well, what did I tell you
[48]**wohl**   *(expresses probability)* I daresay,
  indeed
[49]**wie?**   right? do you?
[50]**einstecken**   to put away; **in die Tasche
  stecken**

10 Ohne Vorurteile

[1]**das Vorurteil, -e**   prejudice
[2]**tüchtig**   capable; **fähig**
[3]**strebsam**   ambitious, aspiring
[4]**im Grunde genommen**   basically
[5]**besetzen**   to fill a position
[6]**darum**   therefore; **deshalb, deswegen**
[7]**ehrlich**   honest
[8]**bekümmert**   troubled, sad
[9]**jmdn. jmdm. vorziehen***   to give
  preference to s.o. *(acc.)* over s.o. *(dat.)*
[10]**demnächst**   before long, in the near
  future ; **bald**
[11]**rechnen mit**   to count on, figure on
[12]**verantwortungsvoll**   responsible,
  involving responsibility
[13]**das Karenzjahr, -e** *(Austrian)* year of
  granted leave
[14]**die Aushilfskraft, ¨e**   temporary help
[15]**einsehen***   to see, realize; **zu einer
  Erkenntnis kommen***
[16]**voraussehen***   to foresee
[17]**schwanger**   pregnant; **ein Kind
  erwartend**
[18]**der Zwilling, -e**   twin
[19]**versorgen**   to take care of; **pflegen**
[20]**etlich**   a number of; **einige**
[21]**sich bewerben* um**   to apply for
[22]**der Bedarf**   need; **das Bedürfnis**
[23]**der Nachwuchs**   progeny; **Kinder**
[24]**drohen**   to be impending, threaten
[25]**bedürfen*** *(gen.)*   to require, need
[26]**der Einsatz**   commitment
[27]**Zores** *(Yiddish)*   commotion, hassle; **der
  Ärger; das Durcheinander**
[28]**hüten**   to look after; **aufpassen auf**
[29]**mit halbem Hirn**   with half one's
  thoughts
[30]**insgesamt**   altogether; **alle zusammen**
[31]**der Pflegeurlaub**   childcare leave
[32]**entscheiden***   to determine, decide;
  beurteilen
[33]**jedenfalls**   in any event; **auf jeden
  Fall**
[34]**die Arbeitsleistung, -en**   work output

[35]**gering** small, little, meager; **klein, wenig**
[36]**verweigern** to refuse
[37]**stören** to disturb, bother
[38]**schaffen** to do, accomplish; **fertigbringen***

11 Keine Menschenfresser, bitte

[1]**der Untermieter, -** sub-tenant
[2]**zu diesem Behuf** (officialese) for this purpose; **zu diesem Zweck**
[3]**vornehm** elegant, exclusive; **elegant, fein**
[4]**das Gassenkabinett, -e** (Austrian) small street-level apartment
[5]**ab sofort beziehbar** ready for immediate occupancy
[6]**bedrückt** dejected, depressed; **deprimiert**
[7]**möchte** might
[8]**dunkelhäutig** dark-skinned
[9]**peinlich** awkward, embarrassing; **unangenehm**
[10]**der Mädchenhändler, -** dealer or trader of young women
[11]**häufig** often, frequently; **oft**
[12]**erfahren*** to learn, find out
[13]**der Mohnstrudel** poppyseed strudel
[14]**halt** (colloquial flavoring particle) well; you know
[15]**der Zins, -e** (Austrian) rent
[16]**schnarchen** to snore
[17]**belagert** besieged (The Turks besieged Vienna several times in the 17th and early 18th centuries.)
[18]**würdig** dignified; worthy
[19]**zugleich** at the same time; **zur gleichen Zeit**
[20]**das Besenkammerl (die Besenkammer, -n)** broom closet (The l at the end is a regional diminutive suffix for -lein.)
[21]**der Spalt, -e** crack
[22]**verfremdet** (more common: **befremdet**) taken aback, puzzled
[23]**die Adlernase, -n** nose hooked like an eagle's beak
[24]**erstatten (eine Antwort)** to give an answer
[25]**abermals** again; **wieder**
[26]**ins Schloß krachen** to slam shut (door)
[27]**lauter** nothing but; **nichts als**
[28]**der Tschusch, -en, -en** (a derogatory name for Southeastern Europeans and people from the Middle East)
[29]**seufzend** sighing
[30]**bescheiden** modest, unassuming; **nicht eingebildet**
[31]**gewitzigt** made wise by experience
[32]**das Guckloch, ¨er** peephole
[33]**pechschwarz** pitch-black
[34]**die Vermittlung** (housing) office or agency
[35]**gehörig** fitting(ly), duly
[36]**sich beschweren** to lodge a complaint; **sich beklagen**
[37]**strahlend** beaming
[38]**kauen** to chew
[39]**sich** (dat.) **vorstellen** to imagine
[40]**zusagen** to say yes, promise; **versprechen***
[41]**geb.: geboren**
[42]**bärenzuckersüß** liquorice-sweet
[43]**die Kehle, -n** throat
[44]**blitzen** to flash
[45]**tadellos** flawless; **fehlerfrei**

12 Ali Stern

[1]**sich umschauen** to look around; **sich umsehen***
[2]**jmdm. bekannt vorkommen*** to seem familiar to s.o.
[3]**rasen** to speed, tear
[4]**die Irrgänge** (pl.) maze, labyrinth
[5]**stickig** stifling, suffocating
[6]**leuchten** to shine, beam
[7]**der Rand, ¨er** edge, border; here: circles under the eyes
[8]**verspielt** playful
[9]**heiter** cheerful, happy
[10]**verantwortungsvoll** responsible, involving responsibility
[11]**der (Arbeits)kittel, -** (work) smock, frock
[12]**der Schraubstock, ¨** bench vice
[13]**der Stecker, -** electrical plug
[14]**der Knopf, ¨e** button
[15]**das Menschengewühl** mob of people; **die Menschenmenge**
[16]**enttäuscht** disappointed
[17]**nicht so lange her** not so long ago
[18]**die Vorschrift, -en** rule, regulation
[19]**bestehen*** to exist; **sein***
[20]**nachgeben*** to give in, yield
[21]**schüchtern** timid, bashful; **scheu**
[22]**die Ansicht, -en** view, opinion
[23]**Das muß man ihm lassen.** You have to give/concede him that.

[24]**sich aufregen (über)** to get upset (about); **sich sehr beunruhigen**

[25]**berühren** to touch, move

[26]**die Bestimmung, -en** rule, regulation

[27]**sich richten nach** to conform to, do as others do or say

[28]**der Fall, ̈e** case

[29]**klappen** to work out well, go well; **gutgehen***

[30]**die Aufenthaltserlaubnis, -se** residence permit

[31]**es satt haben*** to be fed up

[32]**bei Adam und Eva anfangen*** *i.e.*, to start all over at the beginning

[33]**eben** just, simply

[34]**die Schulleitung** school directors

[35]**nah(e)liegen*** to be obvious *or* manifest; **leicht einzusehen sein***

[36]**zuteilen** to assign to, distribute to

[37]**aufmerksam** attentive; **aufpassend**

[38]**die Veranstaltung, -en** organized event

[39]**naß** damp, wet

[40]**zugleich** at the same time, simultaneously

[41]**stets** always; **immer**

[42]**das Heimweh** homesickness

[43]**dahinterkommen*** to find out, get to the bottom of s.th.; **herausfinden***

[44]**im Gegensatz zu** in contrast to

[45]**sein/ihr Herz ausschütten** to pour one's heart out

[46]**begabt** talented, gifted

[47]**in bezug auf** with regard to, as far as . . . is concerned

[48]**die Anpassung** adjustment, adapting

[49]**das Bügeleisen, -** *(clothes)* iron

[50]**die Begeisterung** enthusiasm; der **Enthusiasmus**

[51]**auftauchen** to come up, arise; **vorkommen***

[52]**die Bezeichnung, -en** designation, term; der **Name**

[53]**die Naturerscheinung, -en** natural phenomenon

[54]**jmdm. etwas beibringen*** to teach s.o. s.th.; **lehren, zeigen, wie man etwas tut**

[55]**umtaufen** to rename; **umbenennen***

[56]**die Mappe, -n** file folder

[57]**zusammenzucken** to wince, be startled

[58]**na ja** oh well, you know

[59]**Stachus** (the **Karlsplatz** *in the center of Munich*)

[60]**nachholen** to do s.th. one didn't do before, make up (for s.th.)

[61]**das Gift, -e** poison

[62]**versichert** insured

[63]**stimmen** to be ok, be (all) right

[64]**zusammenschrumpfen** to shrivel up, shrink

[65]**schmal** slender, narrow

[66]**sorgsam** cautious, careful; **vorsichtig**

[67]**der Betrieb, -e** business, firm; das **Geschäft, -e**, die **Firma, -men**

[68]**verdanken** to owe (*a debt of gratitude*); **jmdm. Dank schulden**

[69]**flüstern** to whisper

[70]**nachdenklich** pensive, lost in thought

[71]**innehalten*** to pause; **plötzlich aufhören**

[72]**die Begegnung, -en** encounter, meeting

[73]**das Fließband, ̈er** conveyor belt, assembly line

[74]**von Abgasen abgesehen** not taking into account auto exhaust fumes

[75]**zugegeben** admittedly

[76]**die Kraft, ̈e** energy, strength

[77]**der Knochen, -** bone

[78]**euch zuliebe** for your sake; **für euch, eu(e)retwegen**

[79]**die Wandlung, -en** change, transformation

[80]**durchmachen** to experience, undergo; **erleben**

[81]**die Rohrzange, -n** channel-lock wrench, pipe wrench

[82]**ehemalig** former; **früher**

13 Die Küchenuhr

[1]**von weitem** from afar; **von weit weg**

[2]**auf jmdn. zukommen*** to come toward s.o.

[3]**auffallen*** to be noticeable, be conspicuous

[4]**wie er ging, daran sah man** they could tell by how he walked

[5]**die Bank, ̈e** bench

[6]**der Reihe nach** one after the other

[7]**übrigbleiben*** to be left over, remain

[8]**vor sich hin** in front of oneself

[9]**abtupfen** to wipe *or* dab off

[10]**der Lack** enamel paint; die **Farbe**

[11]**das Blech** tin

[12]**feststehen*** to be certain, be for sure

[13]**auch wenn** (*or* **wenn auch**) even if, even though

[14]**vorsichtig** careful

[15]**der Rand, ̈er** edge, border

[16]**leise** soft; low-voiced
[17]**freudig** joyous, happy; **froh**
[18]**doch** but, however
[19]**aufgeregt** excited
[20]**fortfahren*** to continue (to do s.th.)
[21]**ja** indeed; of course
[22]**überhaupt nicht** not at all; **gar nicht**
[23]**denken Sie mal!** just think!
[24]**ausgerechnet** precisely, of all times
[25]der **Druck** pressure
[26]**schütteln** to shake
[27]**überlegen** (adj.) with a superior air
[28]**sich irren** to err, be mistaken
[29]der **Witz, -e** joke
[30]**gerade** (adv.) just, at that very moment
[31]**jmdm. zunicken** to nod to s.o.
[32]**und dabei ...** and moreover
[33]**gekachelt** tiled
[34]**jmdm. zusehen*** to watch s.o., look at
   s.o.
[35]**dabei** while doing so
[36]**scheuern** to scrape, rub
[37]**satt** full, satiated
[38]**selbstverständlich** taken for granted,
   as it should be
[39]**aufhören** to cease, stop (doing)
[40]**doch** after all; of course
[41]der **Atemzug, ⸚e** breath (of air)
[42]**verlegen** embarrassed
[43]**anlächeln** to smile at
[44]**auch mit weg** gone like the others (i.e.,
   dead)
[45]**sich** (dat.) **vorstellen** to imagine
[46]**immerzu** continually; **dauernd**

14 Wenn die Haifische Menschen wären

[1]der **Haifisch, -e** shark
[2]die **Wirtin, -nen** hostess; die
   Gastgeberin, -nen
[3]**gewaltig** huge, mighty
[4]der **Kasten, ⸚** case, chest
[5]**allerhand** all kinds of; **allerlei**
[6]die **Nahrung** food, nourishment; **Speise
   und Trank**
[7]das **Tierzeug** animals, animal life
[8]**(dafür) sorgen** to see to it that, to take
   care (that)
[9]**überhaupt** generally; **im großen und
   ganzen**
[10]**Maßnahmen treffen** to take measures
[11]die **Flosse, -n** fin

[12]**verletzen** to injure, damage;
   beschädigen, verwunden
[13]**sogleich: sofort**
[14]der **Verband, ⸚e** bandage
[15]**trübsinnig** gloomy, sad; **traurig**
[16]**ab und zu** now and then; **dann und
   wann**
[17]der **Rachen, -** jaws (of beasts)
[18]die **Ausbildung** training; die **Schulung**
[19]**sich aufopfern** to sacrifice o.s.
[20]**vor allem** above all; **vor allen Dingen**
[21]die **Zukunft** future
[22]**jmdm. (etwas) beibringen*** to teach
   s.o. s.th.; **jmdn. (etwas) lehren**
[23]der **Gehorsam** obedience
[24]**niedrig** base; low(ly), inferior
[25]die **Neigung, -en** inclination,
   proclivity
[26]**sich vor etwas hüten** (dat.) to be on
   guard against s.th., watch out for
   s.th.
[27]**melden** to report; **berichten,
   mitteilen**
[28]**verraten*** to reveal, to betray
[29]**fremd** foreign
[30]**erobern** to conquer; **besiegen**
[31]**riesig** gigantic; **sehr groß, gewaltig**
[32]**bestehen*: existieren**
[33]**verkünden** to proclaim;
   bekanntgeben*
[34]**stumm** silent, mute
[35]**daher** for this or that reason;
   deswegen, deshalb
[36]der **Orden, -** decoration, medal
[37]der **Seetang** seaweed
[38]**anheften** to pin on, affix
[39]der **Held, -en, -en** hero
[40]**verleihen*** to confer, award
[41]die **Kunst, ⸚e** art
[42]**prächtig** splendid; **sehr schön,
   herrlich**
[43]der **Lustgarten, ⸚:** **hübscher Garten zum
   Spazierengehen**
[44]**es sich ... tummeln läßt** they can frolic
[45]**darstellen** to depict, portray
[46]**heldenmütig** heroic
[47]**begeistert: voller Enthusiasmus**
[48]der **Klang, ⸚e** sound, ring; der **Ton, ⸚e**
[49]die **Kapelle, -n** band; **Gruppe von
   Musikern**
[50]der **Bauch, ⸚e** belly
[51]**übrigens** incidentally; **nebenbei
   bemerkt**
[52]**aufhören** to cease, stop
[53]das **Amt, ⸚er** office, official position
[54]der **Brocken, -** morsel; **kleines
   abgebrochenes Stück**

15 Die Parabel von den drei Ringen

[1]**grauen: vielen**
[2]**in: im**
[3]**unschätzbar** invaluable; **sehr wertvoll**
[4]**hundert schöne Farben spielte** sparkled in one hundred colors
[5]**geheim** secret
[6]**die Kraft, -e** power
[7]**wer** whoever
[8]**die Zuversicht** confidence, faith; **das Vertrauen**
[9]**was Wunder: kein Wunder**
[10]**die Verfügung treffen*** to make arrangements, give instructions; **befehlen***
[11]**erhalten*** to keep, preserve
[12]**festsetzen** to stipulate, arrange
[13]**vermachen** to bequeath
[14]**stets** always, continually; **immer**
[15]**ohne Anseh(e)n** (*gen.*) without regard to
[16]**in Kraft** (*gen.*) by virtue of
[17]**das Haupt, ¨er** head
[18]**der Fürst, -en, en** prince, sovereign
[19]**gehorsam** obedient
[20]**sich nicht entbrechen konnte** (*uncommon*) could not refrain from, could not help but; **nicht umhin konnte**
[21]**ergießend** flowing, outpouring
[22]**einem jeden: jedem**
[23]**fromm** well-intentioned, good
[24]**allein** however; **aber**
[25]**in Verlegenheit kommen*** to get into an awkward situation
[26]**sich auf jmdn./etwas verlassen*** to rely upon s.o./s.th.
[27]**kränken** to offend, hurt one's feelings
[28]**in geheim: insgeheim** secretly
[29]**der Künstler, -** artist
[30]**das Muster, -** model, specimen
[31]**heißen*** to direct, order
[32]**vollkommen** completely; **völlig, ganz**
[33]**jmdm. gelingen*** to succeed in doing
[34]**insbesondere** in particular
[35]**der Segen, -** blessing
[36]**betroffen** taken aback
[37]**Wird's?** Is it coming to an end?
[38]**untersuchen** to investigate, examine, look into
[39]**zanken** to quarrel, squabble
[40]**klagen** to bring legal action, to complain, bemoan
[41]**umsonst** in vain, to no avail

[42]**sich** (*dat.*) **nicht getrauen** to not feel confident or able to do
[43]**die Absicht, -en** intention
[44]**bis auf** down to and including
[45]**von Seiten ihrer Gründe** on the basis of their sources
[46]**überliefern** to hand down, pass on
[47]**auf Treu und Glauben** on faith
[48]**in Zweifel ziehen*** *or* **stellen** to have one's doubts about, to draw into question; **bezweifeln**
[49]**Doch der Seinen? Doch deren Blut wir sind?** [The faith] of one's own people? Of those whose blood we are?
[50]**die Probe, -n** proof; **der Beweis, -e**
[51]**täuschen** to deceive, delude
[52]**als wo: außer wo** except where
[53]**heilsam** beneficial (to)
[54]**umgekehrt** in reverse, the other way around
[55]**verlangen** to demand, require; **fordern**
[56]**der Vorfahr, -en, -en** forefather, ancestor
[57]**jmdn. Lügen strafen** to give the lie to s.o.
[58]**Das nämliche gilt von** The same holds true for
[59]**bei dem Lebendigen!: bei dem lebendigen Gott!**
[60]**sich verklagen** to sue each other
[61]**unmittelbar** direct(ly)
[62]**das Vorrecht, -e** privilege
[63]**minder** less; **weniger**
[64]**beteuern** to assert, aver, swear
[65]**argwohnen (argwöhnen)** to suspect, distrust; **verdächtigen**
[66]**bezeihen*** (*gen.*) (*arch.*) to accuse of
[67]**wolle: würde**
[68]**der Verräter, -** traitor, betrayer
[69]**sich rächen** to take revenge
[70]**der Richter, -** judge
[71]**zur Stellen schaffen** to produce, deliver on the spot
[72]**weisen* von** to dismiss, send away; **wegschicken**
[73]**das Rätsel, -** riddle, puzzle
[74]**harren** to wait; **warten**
[75]**Macht, sag an!** Come on, tell me!
[76]**wirken nur zurück?** only have an effect on the owner? (*i.e.*, you find only yourself pleasing?)
[77]**betrügen** to deceive; **der Betrüger, -** imposter, deceiver
[78]**vermutlich** presumably; **wahrscheinlich**

[79]bergen* to hide, conceal

[80]fortfahren* to continue (doing s.th.); weitertun*

[81]der Rat advice

[82]der Spruch, ¨e sentence, judgment; das Urteil, -e

[83]dulden wollen: hat dulden wollen did [not] want to tolerate

[84]nicht drücken mögen: nicht hat drücken mögen did not want to suppress

[85]begünstigen to favor, be partial to

[86]Wohlan! Now then!

[87]Es eifre ... nach Let each strive to behave according to his own uncorrupted love free of prejudices.

[88]Es strebe von euch jeder um die Wette Let each of you vie

[89]an den Tag zu legen to show or display (for all to see)

[90]die Sanftmut gentleness, meekness

[91]die Verträglichkeit conciliatory, or accommodating nature, temperament; compatibility

[92]die Ergebenheit devotion, loyalty

[93]sich äußern to manifest itself, become apparent; sich zeigen

[94]bescheiden modest, humble

[95]auf jmdn. zustürzen to rush to/toward s.o.

[96]fahren lassen* to let go of

[97]der Staub dust

[98]um sein* to be over, past; vorbei sein*

16 In der Gondel

[1]schaukeln to rock, swing

[2]die Welle, -n wave

[3]pflügen to plow

[4]bestehen* aus to consist of

[5]der Bogen, - or ¨ arch

[6]der Pfeiler, - pillar

[7]der Pfahl, ¨e post, piling

[8]der Reichtum, ¨er abundance, richness, wealth

[9]sich sattsehen* an (dat.) to get one's fill; genug sehen* von

[10]immerfort continually; ununterbrochen

[11]der Baedeker (German guidebook)

[12]streng stern, severe, strict

[13]jmdn. einen Dreck interessieren (coll.) to not interest s.o. a damn

[14]strahlend radiant

[15]das Atelier, -s art studio

[16]aufhören to cease; etwas nicht mehr tun*

[17]überhaupt generally; im großen und ganzen

[18]eifersüchtig jealous

[19]sich mit jmdm. unterhalten* to converse with s.o.; mit jmdm. ein Gespräch führen

[20]schüren to stoke, stir up

[21]sich or jmdn. ersäufen to drown o.s. or s.o.

[22]augenblicklich: sofort, jetzt

[23]beweisen* to prove, demonstrate

[24]seicht shallow; untief

[25]nicht einmal not even

[26]aufmerksam attentive; wach, höflich

[27]vereinbaren to agree on; abmachen

[28]ablehnen to decline; nicht annehmen*

[29]zurückweisen*: ablehnen

[30]dessen: his (i.e., the young man's)

[31]Osteria (Italian) (die) Gaststätte, -n

[32]auf einmal all at once; plötzlich

[33]gewohnt customary, accustomed; üblich

[34]der Glockenturm, ¨e bell tower

[35]das Deckengemälde, - ceiling fresco

[36]schmücken: dekorieren

[37]der Einwurf, ¨e interjection (of a remark)

[38]der Scheinwerfer, - floodlight

[39]anstrahlen to shine light on, illuminate

[40]betrachten to observe; anschauen

[41]vermeiden* to avoid

[42]jmdm. entfallen* here: to slip out

[43]schlagfertig quick with a repartee

[44]moglie (Italian) (die) Ehefrau, -en

[45]gräßlich horrible; schrecklich

[46]jmdn. nichts angehen* to not concern s.o., not be s.o.'s business

17 Der weiße Fiat

[1]merkwürdig remarkable

[2]sich zutragen* to take place; geschehen*

[3]vom Anseh(e)n by sight

[4]sich einstellen here: to come to mind

[5]gar: sogar

[6]der Bezirk, -e district

[7]der Redakteur, -e editor

[8]beliebt popular

[9]freimütig frank, candid

[10]die Art, -en way, manner

[11]aufrichtig honest, sincere, upright

[12]die Höflichkeit, -en courtesy, politeness

[13]die **Anteilnahme** interest, concern

[14]**jmdm. nahestehen*** to be close to s.o.

[15]**vollends** completely; **völlig, vollkommen**

[16]**fortdauernd** lasting, enduring

[17]**ständig** constant

[18]**einfangen*** to capture

[19]**eigenartig** peculiar, strange

[20]die **Abteilung, -en** department, division

[21]**erfahren*** to come to find out, discover, learn

[22]**beschließen*** to resolve (to do); **sich entschließen***

[23]die **Angelegenheit, -en** affair, matter

[24]**etwas nachgehen*** *(dat.)* to pursue *(a matter)*, inquire into

[25]das **Spottgeld, -er** trifling sum

[26]**erwerben*** to acquire, obtain

[27]**winzig** tiny; **sehr klein**

[28]das **Fünkchen, -** little spark

[29]der **Grund, ̈e** base, bottom

[30]die **Neugierde** curiosity

[31]**nachforschen** to trace, investigate

[32]**was es auf sich habe** what it was all about

[33]**ältlich** oldish, appearing old

[34]**eher** but rather

[35]**drall** buxom, robust

[36]die **Roulade, -n** *here:* hair curl made by a roller

[37]die **Schnurrbarthärchen** *(pl.)* the little mustache hairs

[38]**halber** *(with preceding gen.)* because of; **wegen**

[39]die **Kittelschürze, -n** smock, apron

[40]der **Flur, -e** hallway; der **Gang, ̈e**

[41]**schmal** narrow; **eng**

[42]**spiegelblank** mirror-clear

[43]**bohnern** to wax, polish

[44]**drohend** threatening

[45]der **Sturz, ̈e** fall

[46]**abwenden*** *(also weak)* to prevent, avert

[47]**vermögen* (zu tun)** to be able (to do)

[48]**behend** nimble, adroit

[49]das **Geländer, -** railing, banister

[50]die **Querstraße, -n** crossroad

[51]**aufschließen*** to unlock, open up

[52]**sich trauen** to dare, venture

[53]**sich auf (etwas) verstehen*** *(acc.)* to be skilled at (something), be knowledgeable about s.th.

[54]**sich überzeugen** to see for o.s.

[55]der **Wartburg** *(car manufactured in former East Germany)*

[56]der **Zündschlüssel, -** ignition key

[57]**keinen Zweck haben** to be of no use, be pointless; **keinen Sinn haben**

[58]**kulant** accommodating, obliging

[59]die **Erlaubnis** permission, *here:* **Fahrerlaubnis** driver's license

[60]**sachte** cautiously, gently

[61]**schweben** to float *(in the air)*, hover

[62]die **Blüte, -n** blossom

[63]der **Herd, -e** stove

[64]der **Vertrag, ̈e** contract

[65]der **Pferdefuß, ̈e** *here:* the catch, the drawback

[66]**allerlei** all kinds of

[67]die **Unbedachtsamkeit** lack of caution, carelessness

[68]**jmdm. Schwindel machen** to make s.o. giddy, cause s.o. dizziness

[69]**eine andere** another (woman)

[70]**verschweigen*** to keep secret (by not talking about s.th.), not mention

[71]**dahinterkommen*** to find out, discover; **herausfinden***

[72]**teigig** doughy, puffy

[73]der **Ofensetzer, -** stove fitter

[74]**in Rente gehen*** to retire; **in Pension gehen***

[75]**meins** mine (*i.e.,* my share)

[76]das **Sparkassenbuch, ̈er** savings book

[77]der **Erlös, -e** (net) proceeds

[78]**jmdm. eins auswischen** to pull a nasty one on s.o., deal s.o. a blow

[79]**verschenken** to give away

[80]**es heißt** it says (in the testament)

[81]die **Strähne, -n** lock *or* strand of hair

[82]**peinlich** embarrassing

[83]**schlaff** slack, flabby

18 Mal was andres

[1]**lag es daran** it was because

[2]**gleichsam** as it were, as if

[3]**vorschriftsmäßig** as prescribed

[4]**sich zusammensetzen aus** to be composed, consist of

[5]der **Unsinn** nonsense

[6]**bei Hofe** at court

[7]**derb** coarse, uncouth; **grob**

[8]**rülpsen** to belch

[9]**abgezirkelt** precise, exact

[10]**überaus** extremely, excessively

[11]die **Spitzendecke, -n** lace tablecloth

[12]**schonen** to protect, preserve

[13]das **Gedeck, -e** table setting

[14]**geschliffen** polished; elegantly formed

[15]der **Kragen, -** collar

[16]**würgen** to choke

[17]**drücken** *here:* to pinch, press
[18]**(es) begab sich** *(arch.)* it happened
[19]**umwehen** to blow around, fan
[20]**tauschen** to trade, exchange
[21]**um (***less common:* **für) jmdn. bangen** to be anxious about s.o.; **Angst haben um jmdn.**
[22]**wahrhaftig** truly, indeed
[23]**vorfallen*** to occur, happen; **geschehen***
[24]**gewitternd** tempestuous, stormy
[25]**die Miene, -n** mien, facial expression; **der Gesichtsausdruck, ∵e**
[26]**der Aufruhr, -e** tumult, uproar, riot
[27]**der Spott** ridicule, scorn
[28]**schnellen** *here:* to flip up, shoot up
[29]**würdelos** undignified
[30]**der Vorgang, ∵e** occurrence, incident
[31]**anlangen** to arrive, reach
[32]**abräumen** to clear off *or* away
[33]**das Hauptgericht, -e** main course of a meal
[34]**die Achseln zucken** to shrug one's shoulders
[35]**trotzig** defiant
[36]**betäubt** stunned, bewildered
[37]**streng** strict
[38]**das Herkommen** custom, tradition
[39]**einhalten*** to observe, adhere to
[40]**es ging darum** the whole point was, it was a matter of
[41]**grob** uncouth, coarse; **derb**
[42]**unflätig** dirty, lewd
[43]**die Ausdrucksweise, -n** way of talking, manner of expression
[44]**sich einer Sache befleißen*** *usually:* **befleißigen** *(gen.)* to take great pains with (doing) s.th.
[45]**verhalten** reserved, restrained
[46]**die Erregung** excitement, emotion, agitation
[47]**ließ sich denken** they could imagine
[48]**geheim** secret, secretive
[49]**bisweilen** occasionally, now and then; **ab und zu**
[50]**überraschend** surprising, startling
[51]**schwanken** to totter, sway
[52]**das Treiben** actions, goings-on
[53]**verlegen** embarrassed
[54]**betreten** disconcerted, surprised
[55]**das Einverständnis** agreement, understanding, consent
[56]**begehen*** to commit *(an error, sin, etc.)*
[57]**fluten** to cascade, flow
[58]**zustande kommen*** to come about; **enstehen***
[59]**emporheben*** to lift, raise; **hochheben***

[60]**zerschellen** to shatter
[61]**die Heiterkeit** merriment
[62]**der Schenkel, -** thigh
[63]**johlen** to howl
[64]**übermütig** high-spirited
[65]**anstellen** *here:* to do naughty *or* silly things
[66]**(das) Haschen** game of tag
[67]**die Fensterscheibe, -n** windowpane
[68]**einen Purzelbaum schlagen*** to do a somersault
[69]**närrisch** foolish, silly, eccentric
[70]**erschallen*** *(also weak)* to resound, ring
[71]**der Schausteller, -** performer
[72]**ankündigen** to advertise; announce
[73]**der Gaukler, -** juggler, illusionist, magician
[74]**der Zufall, ∵e** coincidence, accident
[75]**samt allem** together with everything
[76]**die Habe** *(usually with poss. pron.)* belongings
[77]**sich beraten*** to consult one another
[78]**aushandeln** to negotiate, bargain for
[79]**schüchtern** shy, timid
[80]**kräftig** vigorous
[81]**nachdrücklich** emphatic
[82]**das Anerbieten, -** proposal
[83]**allgemach** *(arch.)* gradually; **allmählich**
[84]**Vertrauen fassen** to (begin to) trust
[85]**im Nu** in no time at all, in the twinkling of an eye
[86]**das Dasein** being, existence
[87]**verwegen** bold, daring
[88]**der Aufputz** finery, flashy dress
[89]**unbedingt** absolutely, without fail
[90]**jmdm. an etwas mangeln** *(dat.)* to lack *or* be missing s.th.
[91]**betteln** to beg
[92]**winken** to wave
[93]**leidlich** passable, tolerable
[94]**die Ziehharmonika, -s** *or* **-ken** accordion
[95]**zupfen** to pluck
[96]**besessen** possessed
[97]**mit etwas umzugehen wissen*** to know how to use *or* handle s.th.

19 Eine größere Anschaffung

[1]**die Anschaffung, -en** purchase; **der Kauf, ∵e**
[2]**gewöhnlichen Aussehens** of ordinary appearance

[3]**vertraulich** confidential, low *(voice)*
[4]**am Platz(e)** in order, called for
[5]**sich nach etwas erkundigen** to inquire about s.th.; **nach etwas fragen**
[6]**den Anschein erwecken** to create the impression
[7]**die Katz(e) im Sack kaufen** to buy a pig in a poke; **etwas kaufen, ohne es vorher gesehen zu haben**
[8]**bereitwillig** willing
[9]**die Auskunft, ̈e:** die **Information, -en**
[10]**die Ansicht, -en** view; das **Bild, -er**
[11]**darstellen** to depict, portray
[12]**sich über etwas einigen** to agree on s.th.
[13]**unter Rücksichtnahme auf** with due regard to, in due consideration of
[14]**die Tatsache, -n** fact, das **Faktum;** *(pl.)* **Fakta** *or* **Fakten**
[15]**es handelt sich um** it is a question *or* matter of
[16]**aus etwas entnehmen*** to deduce *or* infer from s.th.
[17]**die Lieferung, -en** delivery
[18]**anrüchig** shady, disreputable
[19]**einer Sache zugrunde liegen*** *(dat.)* to be at the bottom of s.th., underlie s.th.
[20]**nun einmal** just
[21]**zusammenbrechen*** to collapse; **zusammenfallen***
[22]**ohnehin** anyway, as it is; **sowieso**
[23]**angemessen** appropriate; **passend**
[24]**das Fahrzeug, -e** vehicle; **eine Maschine zum Fahren**
[25]**der Fesselballon, -s** *or* **-e** tethered hot-air balloon
[26]**unterbringen*** to lodge, put up, store
[27]**platzen** to burst, pop; **bersten***
[28]**das Gerät, -e** tool, apparatus; das **Werkzeug, -e,** der **Apparat, -e**
[29]**bald darauf; kurz danach**
[30]**jeglich -: jed-**
[31]**die Äußerung, -en** expression, utterance, remark; die **Aussage, -n**
[32]**einer Sache abhold sein** *(dat.)* to be averse to s.th.; **stark gegen eine Sache sein**
[33]**gelten lassen*** to let pass, not dispute
[34]**erstaunen** to astonish, amaze
[35]**unausstehlich** insufferable, intolerable; **unerträglich**
[36]**der Duft, ̈e** fragrance; **angenehmer Geruch**
[37]**welkend** wilting, withering; **verblühend**
[38]**fürs erste** for the present
[39]**steckte ich es auf** *(coll.)* I gave it up
[40]**einschenken** to pour *(a beverage)*

[41]**die Seife, -n** soap
[42]**die Empfindung, -en** feeling; das **Gefühl, -e**
[43]**das Etikett, -e** *or* **-s** label
[44]**die Weltausstellung, -en** world's fair
[45]**erhalten*** to receive; **bekommen***
[46]**daher** for this *or* that reason; **deshalb, deswegen**
[47]**beschließen*** to decide (to do); **sich entschließen***
[48]**nippen** to sip
[49]**vor kurzem** recently; **kürzlich, vor kurzer Zeit**
[50]**zaghaft** timid, hesitant; **zögernd**
[51]**neulich: vor kurzem, kürzlich**
[52]**ein freudiges Ereignis** a joyful event (d.h., die **Geburt eines Kindes**)
[53]**der Zwilling, -e** twin
[54]**übrigens** incidentally
[55]**die Gelegenheit, -en** opportunity, occasion
[56]**die Versuchung, -en** temptation
[57]**widerstehen*** *(dat.)* to resist
[58]**zur Kenntnis nehmen*** to take note *or* cognizance of
[59]**offensichtlich** obvious, apparent; **offenbar**
[60]**einsilbig** taciturn, monosyllabic; **wortkarg**
[61]**sich verabschieden** to take leave, say goodbye
[62]**die Meldung, -en** report; die **Nachricht, -en**
[63]**abhanden kommen*** to get lost, be mislaid
[64]**der Rangierbahnhof, ̈e** shunting yard
[65]**das Opfer, -** victim
[66]**unlauter** dishonest, shady; **unehrlich**
[67]**sich mit jmdm. in etwas einlassen*** to have dealings in s.th. with s.o., get involved with s.o.; **mit jmdm. etwas zu tun haben**
[68]**außerdem** besides, moreover

20 Ein Mensch mit Namen Ziegler

[1]**die Gasse, -n** lane, (narrow) street, alley
[2]**unbegabt: ohne Talent**
[3]**feige** cowardly
[4]**der Trieb, -e** drive, urge
[5]**die Bestrebung, -en** endeavor
[6]**die Strafe, -n** punishment
[7]**der Zug, ̈e** trait

[8]das **Exemplar, -e**   copy
[9]das **Schicksal, -e**   destiny, fate
[10]**mißbilligen**   to disapprove
[11]die **Wissenschaft, -en**   science
[12]die **Krebsforschung**   cancer research
[13]**annehmen***   to assume
[14]**zulassen***   to permit, allow
[15]das **Bestreben**   striving
[16]**sich auszeichnen**   to distinguish o.s.
[17]**stets**   constantly, continuously; **immer, jederzeit**
[18]**im Einklang**   in harmony
[19]die **Afferei, -en**   mimicry
[20]**viel auf etwas halten***   to regard s.th. highly
[21]der **Vorgesetzte, -en, -en**   superior
[22]die **Schilderung, -en**   description, portrayal; die **Beschreibung, -en**
[23]**reizend**   charming
[24]**berechtigt**   justified
[25]**zuwider** (*dat.*)   contrary to
[26]**Anschluß finden***   to make some acquaintances, find contact
[27]**einem Verein beitreten***   to join a club
[28]das **Unglück**   misfortune
[29]**darauf angewiesen sein**   to have to rely on
[30]**sich um etwas kümmern**   to concern o.s. with s.th.
[31]**gewissenhaft**   conscientious
[32]**unentgeltlich**   gratis; **kostenlos**
[33]**ermäßigen**   to lower, reduce (*prices*)
[34]der **Tuchknopf, ⸚e**   cloth button
[35]**kantig**   edged
[36]die **Haltung, -en**   posture, bearing
[37]der **Saal,** (*pl.*) **Säle**   hall, large room
[38]**fromm**   pious, well-behaved
[39]**preisen***   to praise; **loben**
[40]**verdienstvoll**   meritorious
[41]die **Zuverlässigkeit**   reliability
[42]**erweisen***   to prove
[43]**schließen***   *here:* to deduce
[44]der **Kram**   junk, trash
[45]**grünspanig**   covered with copper acetate
[46]**beherrschen**   to have command of, be master of
[47]**bezeichnen**   to label, mark
[48]**abschaffen**   to abolish; **beseitigen**
[49]die **Scheibe, -n**   pane of glass
[50]**vorzüglich**   excellent, first-rate; very well
[51]**kontrollieren**   to check, adjust
[52]**aufatmen**   to breathe a sigh of relief
[53]**würdigen**   to deem worthy (of)
[54]das **Erzeugnis, -se**   product
[55]der **Holzschnitzer, -**   woodcarver

[56]**tüchtig**   able, capable
[57]der **Kerl, -e**   fellow
[58]die **Standuhr, -en**   grandfather clock
[59]**elfenbeinern**   ivory
[60]**billigen**   to approve of, countenance
[61]**gähnen**   to yawn
[62]das **Erbstück, -e**   heirloom
[63]**fesseln**   to hold, capture (*curiosity*)
[64]der **Gegenstand, ⸚e**   object
[65]der **Aberglaube, (-ns)**   superstition
[66]das **Zauberbuch, ⸚er**   book of magic
[67]der **Hexenstaat**   witchcraft trappings
[68]die **Esse, -n**   forge
[69]der **Mörser, -**   mortar
[70]**bauchig**   bulgy, bellied
[71]**dürr**   withered
[72]die **Schweinsblase, -n**   pig's bladder
[73]der **Blas(e)balg, ⸚e**   bellows
[74]das **Seil, -e**   rope
[75]**unbedenklich**   unhesitating
[76]**betasten**   to finger, feel
[77]das **Zeug**   stuff
[78]**sich mit etwas befassen**   to concern o.s. with, deal with
[79]**hingegen**   on the other hand
[80]der **Goldmachertiegel, -**   smelting pot for making gold
[81]das **Gewicht, -e**   weight
[82]**genieren** (*French*)   embarrass
[83]**darum**   for that reason; **deswegen, deshalb**
[84]**harzartig**   resinous
[85]**hochmütig**   haughty, arrogant
[86]**je nachdem (wie)**   depending on (how)
[87]**aus Versehen**   inadvertently, by mistake
[88]**kratzen**   to scratch
[89]**hinabspülen**   to wash down
[90]der **Käfig, -e**   cage
[91]**Stand fassen**   to stop, take up a position
[92]**jmdn. anblinzeln**   to wink at s.o.
[93]**gutmütig**   good-natured
[94]**jmdm. zunicken**   to nod to s.o.
[95]**angewidert**   disgusted, nauseated
[96]die **Meerkatze, -n**   long-tailed monkey
[97]**ausgelassen**   boisterous
[98]**jmdn. nachahmen**   to imitate s.o.
[99]der **Hungerleider, -**   needy wretch
[100]die **Zähne blecken**   to bare one's teeth
[101]**ertragen***   to bear, stand
[102]**bestürzt**   dismayed, aghast
[103]**lenken**   to steer, direct
[104]der **Hirsch, -e**   stag, deer
[105]das **Reh, -e**   deer
[106]das **Gitter, -**   bars (*of a cage*)
[107]die **Ergebung:** die **Resignation**

[108]**überlegen**   superior
[109]**samt** *(dat.)*   together with
[110]**das Geschmeiß**   vermin
[111]**lächerlich**   ridiculous
[112]**widerlich**   loathsome, repulsive
[113]**das Vieh**   beast, dumb animal
[114]**der Steinbock, ¨e**   Alpine ibex
[115]**die Gemse, -n**   chamois, Alpine goat
[116]**würdelos**   undignified
[117]**geckenhaft**   dandyish, foolish
[118]**die Verkleidung, -en**   disguise
[119]**sachlich**   factual; **objektiv**
[120]**gemessen**   precise, in measured words
[121]**sich äußern**   to express o.s.
[122]**erstarrt**   paralyzed, stiff, rigid
[123]**die Schwermut**   melancholy
[124]**der Ast, ¨e**   branch
[125]**der Häher, -**   jay
[126]**der Anstand**   decorum, proper
demeanor
[127]**das Achselzucken**   shrug of the
shoulders
[128]**benommen**   benumbed, confused
[129]**die Not, ¨e**   need, want
[130]**lauschen**   to listen for, eavesdrop
[131]**tröstlich**   consoling
[132]**die Gebärde, -n**   gesture, bearing,
appearance
[133]**enttäuschen**   to disappoint
[134]**entartet**   degenerate, debased
[135]**sich verstellen**   to dissemble, pretend,
sham
[136]**unbändig**   tremendous, mighty
[137]**der Stiefel, -**   boot, shoe
[138]**schluchzen**   to sob
[139]**das Aufsehen**   commotion, sensation

21 Du fährst zu oft nach Heidelberg

[1]**zutreffen***   to be true, apply; **stimmen**
[2]**wegrutschen**   to slip away
[3]**spürbar**   perceptible
[4]**der Schrebergarten, ¨**   small community
garden plot on the outskirts of a
town *(named after Daniel Schreber,
1808-1861)*
[5]**die Laube, -n**   little garden house *or*
shed
[6]**der Friedhof, ¨e**   cemetery
[7]**der Rand, ¨er**   edge
[8]**Tempo geben***   to speed up;
beschleunigen
[9]**die Beschleunigung**   acceleration
[10]**die Geschwindigkeit, -en**   speed

[11]**der Vorsatz, ¨e**   resolve, intention; die
Absicht, -en
[12]**das Abendgymnasium** *(night school
leading to the **Abitur** needed for
admission to the university)*
[13]**er hatte wenig dran tun können**   he
had not been able to work at it very
much
[14]**der Schlitten, -**   sled, *(slang)* bike
[15]**mit jmdm. zurechtkommen***   to get
along with s.o., cope with s.o.
[16]**der Teppichboden**   carpet floor(ing)
[17]**die Bude, -n** *(slang)*   pad, room
[18]**die Jalousie, -n**   Venetian blind
[19]**der wohlige Rückgriff**   the pleasant
recalling
[20]**jmdm. (etwas) vorwerfen***   to blame or
reproach s.o. for s.th.
[21]**der Bezirksmeister, -**   district champion
[22]**überstehen***   to endure, survive;
aushalten*
[23]**die Mohrrübe, -n**   carrot
[24]**der Kirsch: das Kirschwasser**   a
schnapps made from cherries
[25]**die Schwägerin, -nen**   sister-in-law
[26]**einmütig**   unanimously; **einstimmig**
[27]**verwöhnen**   to pamper, spoil
[28]**Hosen- und Fransen- und
Rekorderkram**   pants- and fringes-
and recorder stuff
[29]**der Seufzer, -**   sigh
[30]**die Unterredung, -en**   conversation
[31]**gesinnt**   disposed, inclined
[32]**die Volkshochschule**   adult classes
[33]**Unkraut jäten**   to pull weeds, weed
[34]**der Beutel, -**   bag
[35]**zwingen***   to force
[36]**die Bereifung**   tires
[37]**vorführen**   to demonstrate, show
[38]**abhorchen**   to listen to and try to detect
[39]**herunterkurbeln**   to crank down
[40]**als gelte**   as if it were aimed at
[41]**die Leistungsfähigkeit, -en**   capability,
capacity
[42]**klapp(e)rig**   shaky, rickety, clattering
[43]**sich** *(dat.)* **etwas leisten**   to afford s.th.
[44]**die Herrschaften** *(pl.)*   master and
mistress *(i.e., the parents)*
[45]**die Karre, -n**   cart, crate
[46]**ausrichten lassen***   to leave a message;
(literally) to have a message conveyed
[47]**verblaßt**   faded
[48]**großzügig**   generous, large
[49]**die Verkommenheit**   run-down state
[50]**die Fuge, -n**   joint, space
[51]**die Fliese, -n**   paving stone, tile
[52]**reizen**   to irritate, provoke; **ärgern**

[53]**solches**   such things
[54]**bürgerlich**   bourgeois
[55]**mochte er sie regelrecht**   he downright liked them
[56]**entzückend**   charming, delightful
[57]**verlegen**   embarrassed
[58]**eine Runde drehen** (*slang*)   to pedal a lap
[59]**der Prachtschlitten, -** (*slang*)   splendid bike
[60]**loben**   to praise
[61]**begeistert**   enthusiastic
[62]**der Neid**   envy
[63]**zufällig**   by chance, coincidentally; **durch Zufall**
[64]**die Ampel, -n**   traffic light
[65]**die Stauung, -en**   traffic jam
[66]**zerzaust**   disheveled
[67]**tatsächlich**   really, in fact
[68]**jmdm. zuflüstern**   to whisper to s.o.
[69]**die Planstelle, -n**   planned teaching position
[70]**knapp**   scarce(ly), barely
[71]**etwas vorschützen**   to plead as an excuse
[72]**drängen**   to urge
[73]**das Geschirr**   dishes, utensils
[74]**heftig**   passionate; vigorous; **leidenschaftlich**
[75]**der Antrag, ⸚e**   application
[76]**der Fragebogen, ⸚**   questionnaire
[77]**das Gesuch, -e**   petition
[78]**ins reine tippen**   to type a clean/final copy
[79]**die Gewerkschaft, -en**   union
[80]**der Zuschuß, ⸚(ss)e**   subsidy; **finanzielle Unterstützung**

[81]**das Erholungsheim, -e**   rest home, convalescent home
[82]**eifrig**   eager, enthusiastic
[83]**der Chilene, -n, -n**   Chilean
[84]**geraten* in** (*acc.*)   to get into, get stuck in
[85]**abgelegt**   laid aside, discarded
[86]**spirrig** (*slang*)   weak and spindly
[87]**die Wahl, -en**   election
[88]**der Erdrutsch, -e**   landslide
[89]**dementieren**   to deny, contradict, refute
[90]**der Kurs, -e**   price *or* rate for stock, bonds, or currency
[91]**rumoren**   to rumble, cause a row
[92]**jmdm. etwas übelnehmen***   to take offense at s.o. for s.th.
[93]**aufmuntern**   to encourage, cheer up
[94]**der Stubs: der Stups, -e**   nudge
[95]**spröde**   stiff, reserved
[96]**fördern**   to support, sponsor; **unterstützen, begünstigen**
[97]**unterschätzen**   to underestimate
[98]**das Erschöpfungsmerkmal, -e**   sign of exhaustion
[99]**scheitern**   to founder, run aground
[100]**vorzüglich**   superior, first-rate
[101]**VHS: Volkshochschule**
[102]**schüchtern**   shy
[103]**lagen ihm nicht**   didn't suit him; were not his thing
[104]**die Vorschrift, -en**   regulation, rule
[105]**die Richtlinie, -n**   guideline
[106]**der Ratschlag, ⸚e**   advice
[107]**leiden***   to suffer; **jmdm. weh tun***
[108]**der Dolmetscher, -**   interpreter
[109]**die Maklerfirma, -men**   brokerage firm

Strong and Irregular Verbs

This list provides the principal parts of all strong and irregular verbs occurring in this reader. Prefix verbs, such as **umbringen** *(separable)* or **verfliegen** *(inseparable)*, are not included since their principal parts are the same as those of the basic verbs **bringen** and **fliegen**. Occasionally a prefix verb is included if the basic form does not exist or is highly uncommon. Present tense forms of the third person singular are given for those verbs that have a vowel change in the second and third persons singular. The auxiliary, **sein** or **haben**, is indicated by **(s)** or **(h)** after the infinitive. Verbs that take either auxiliary, depending either upon meaning or whether they are used transitively with **haben** or intransitively with **sein**, are indicated by **(h** *or* **s)**.

Infinitive	*3rd sing. pres.*	*Past*	*Past participle*
befehlen (h) to command, order	**befiehlt**	**befahl**	**befohlen**
befleißen	**befleißt**	**befliß**	**beflissen**
beginnen (h) to begin		**begann**	**begonnen**
beißen (h) to bite		**biß**	**gebissen**
bergen (h) to hide, conceal	**birgt**	**barg**	**geborgen**
biegen (h) to bend		**bog**	**gebogen**
bieten (h) to offer		**bot**	**geboten**
binden (h) to bind		**band**	**gebunden**
bitten (um) (h) to request		**bat**	**gebeten**
blasen (h) to blow	**bläst**	**blies**	**geblasen**
bleiben (s) to remain		**blieb**	**geblieben**
braten (h) to fry, roast	**brät**	**briet**	**gebraten**
brechen (h *or* **s)** to break	**bricht**	**brach**	**gebrochen**
brennen (h) to burn		**brannte**	**gebrannt**
bringen (h) to bring		**brachte**	**gebracht**
denken (h) to think		**dachte**	**gedacht**
dringen (h *or* **s)** to press, force		**drang**	**gedrungen**
dürfen (h) to be permitted	**darf**	**durfte**	**gedurft**
erlöschen (s) to go out *(light)*	**erlischt**	**erlosch**	**erloschen**
erschallen (s) to sound, ring out		**erscholl/ erschallte**	**erschollen/ erschallt**
erschrecken (s) to be frightened *or* startled	**erschrickt**	**erschrak**	**erschrocken**
essen (h) to eat	**ißt**	**aß**	**gegessen**
fahren (h *or* **s)** to go, ride; drive	**fährt**	**fuhr**	**gefahren**
fallen (s) to fall	**fällt**	**fiel**	**gefallen**
fangen (h) to catch	**fängt**	**fing**	**gefangen**

Infinitive	3rd sing. pres.	Past	Past participle
fechten (h) to fight; to fence	ficht	focht	gefochten
finden (h) to find		fand	gefunden
fliegen (h or **s)** to fly; to be fired		flog	geflogen
fliehen (s) to flee		floh	geflohen
fließen (s) to flow		floß	geflossen
fressen (h) to eat (of animals)	frißt	fraß	gefressen
frieren (h or **s)** to be freezing, freeze		fror	gefroren
gebären (h) to give birth	gebärt/gebiert	gebar	geboren
geben (h) to give	gibt	gab	gegeben
gedeihen (s) to thrive		gedieh	gediehen
gehen (s) to go		ging	gegangen
gelingen (s) to succeed		gelang	gelungen
gelten (h) to be valid, hold true for	gilt	galt	gegolten
genesen (s) to recover (from illness)		genas	genesen
genießen (h) to enjoy		genoß	genossen
geschehen (s) to happen	geschieht	geschah	geschehen
gewinnen (h) to win		gewann	gewonnen
gießen (h) to pour		goß	gegossen
gleichen (h) to resemble		glich	geglichen
gleiten (s) to glide, slide		glitt	geglitten
graben (h) to dig	gräbt	grub	gegraben
greifen (h) to seize, grab		griff	gegriffen
haben (h) to have	du hast, er hat	hatte	gehabt
halten (h) to hold; to stop	hält	hielt	gehalten
hängen (h) to hang		hing/hängte	gehangen/gehängt
hauen (h) to thrash, strike, chop		hieb/haute	gehauen
heben (h) to lift, raise		hob	gehoben
heißen (h) to be called		hieß	geheißen
helfen (h) (dat.) to help	hilft	half	geholfen
kennen (h) to know (persons)		kannte	gekannt
klingen (h) to sound		klang	geklungen
kommen (s) to come		kam	gekommen
können (h) to be able	kann	konnte	gekonnt
kriechen (s) to crawl		kroch	gekrochen
laden (h) to load	lädt	lud	geladen
lassen (h) to let, leave	läßt	ließ	gelassen
laufen (s) to run	läuft	lief	gelaufen
leiden (h) to suffer		litt	gelitten
leihen (h) to lend		lieh	geliehen
lesen (h) to read	liest	las	gelesen

Infinitive	3rd sing. pres.	Past	Past participle
liegen (h) to lie, be situated		lag	gelegen
lügen (h) to lie, tell a lie		log	gelogen
meiden (h) to avoid		mied	gemieden
messen (h) to measure	**mißt**	maß	gemessen
mögen (h) to like; may	**mag**	mochte	gemocht
müssen (h) to have to, must	**muß**	mußte	gemußt
nehmen (h) to take	**nimmt**	nahm	genommen
nennen (h) to name		nannte	genannt
pfeifen (h) to whistle		pfiff	gepfiffen
preisen (h) to praise		pries	gepriesen
quellen (s) to gush	**quillt**	quoll	gequollen
raten (h) to advise	**rät**	riet	geraten
reiben (h) to rub		rieb	gerieben
reißen (h or s) to tear, rip		riß	gerissen
reiten (h or s) to ride (*on an animal*)		ritt	geritten
rennen (s) to run		rannte	gerannt
riechen (h) to smell		roch	gerochen
rufen (h) to call		rief	gerufen
saufen (h) to drink, booze	**säuft**	soff	gesoffen
saugen (h) to suck		sog/saugte	gesogen/gesaugt
schaffen (h) to create[1]		schuf	geschaffen
scheiden (h or s) to part, separate		schied	geschieden
scheinen (h) to shine; to seem		schien	geschienen
schieben (h) to shove		schob	geschoben
schießen (h) to shoot		schoß	geschossen
schlafen (h) to sleep	**schläft**	schlief	geschlafen
schlagen (h) to strike, hit	**schlägt**	schlug	geschlagen
schleichen (s) to sneak, creep		schlich	geschlichen
schließen to close		schloß	geschlossen
schmeißen (h) to fling		schmiß	geschmissen
schmelzen (h or s) to melt	**schmilzt**	schmolz	geschmolzen
schneiden (h) to cut		schnitt	geschnitten
schreiben (h) to write		schrieb	geschrieben
schreien (h) to scream, cry out		schrie	geschrie(e)n
schreiten (s) to stride		schritt	geschritten

---

[1] Used as a weak verb, **schaffen schaffte geschafft** means *to accomplish* or *do s.th.* or *to work hard.*

Infinitive	3rd sing. pres.	Past	Past participle
schweigen (h) to be silent		schwieg	geschwiegen
schwellen (s) to swell	schwillt	schwoll	geschwollen
schwimmen (h or **s)** to swim		schwamm	geschwommen
schwinden (s) to disappear		schwand	geschwunden
schwingen (h or **s)** to swing		schwang	geschwungen
schwören (h) to swear		schwor	geschworen
sehen (h) to see	sieht	sah	gesehen
sein (s) to be	ist	war	gewesen
senden (h) to send		sandte/sendete	gesandt/gesendet
singen (h) to sing		sang	gesungen
sinken (s) to sink		sank	gesunken
sinnen (h) to think, ponder		sann	gesonnen
sitzen (h) to sit		saß	gesessen
sollen (h) shall, ought to	soll	sollte	gesollt
spinnen (h) to spin; to be crazy		spann	gesponnen
sprechen (h) to speak	spricht	sprach	gesprochen
springen (s) to jump		sprang	gesprungen
stechen (h) to sting, prick	sticht	stach	gestochen
stecken (h) to stick; to be (hidden)		stak/steckte	gesteckt
stehen (h) to stand		stand	gestanden
stehlen (h) to steal	stiehlt	stahl	gestohlen
steigen (s) to climb		stieg	gestiegen
sterben (s) to die	stirbt	starb	gestorben
stinken (h) to stink		stank	gestunken
stoßen (h) to push	stößt	stieß	gestoßen
streichen (h) to stroke		strich	gestrichen
streiten (h) to argue, quarrel		stritt	gestritten
tragen (h) to carry; to wear	trägt	trug	getragen
treffen (h) to meet; to hit	trifft	traf	getroffen
treiben (s) to drift, float		trieb	getrieben
treten (h or **s)** to step; to kick	tritt	trat	getreten
trinken (h) to drink		trank	getrunken
trügen (h) to be deceitful		trog	getrogen
tun (h) to do		tat	getan
verderben (h or **s)** to spoil	verdirbt	verdarb	verdorben
verdrießen (h) to annoy		verdroß	verdrossen
vergessen (h) to forget	vergißt	vergaß	vergessen
verlieren (h) to lose		verlor	verloren
wachsen (s) to grow	wächst	wuchs	gewachsen
waschen (h) to wash	wäscht	wusch	gewaschen

Infinitive	3rd sing. pres.	Past	Past participle
weichen (s) to yield, give way		wich	gewichen
weisen (h) to show, point		wies	gewiesen
wenden (h) to turn		wandte/ wendete	gewandt/ gewendet
werben um (h) to apply for, woo	wirbt	warb	geworben
werden (s) to become	wird	wurde	geworden
werfen (h) to throw	wirft	warf	geworfen
wiegen (h) to weigh		wog	gewogen
winden (h) to wind		wand	gewunden
wissen (h) to know (*facts*)	weiß	wußte	gewußt
wollen (h) to want, intend	will	wollte	gewollt
zeihen (h) to accuse		zieh	geziehen
ziehen (h *or* **s)** to move, go; to pull		zog	gezogen
zwingen (h) to force		zwang	gezwungen

Vocabulary

This vocabulary includes all German words and idioms occurring in this book except geographical and proper names, articles, possessive adjectives, numbers, diminutives, and some obvious cognates. When reading, students should not need to refer to the end vocabulary, since presumably all unfamiliar words are explained in the glosses for each story.

The vocabulary contains the following features:

1. Meanings for words are given for the specific contexts in which they occur in this reader. However, every attempt has been made also to provide indications of the major or most common meanings of a word.

2. Plural endings are listed unless the plural is uncommon or does not exist. Irregular genitive endings are also given.

3. Strong and irregular verbs are indicated by an asterisk (*). (For the principal parts of strong and irregular verbs, see pp. 257–261.)

4. Verbs with separable prefixes are hyphenated.

5. Verbs that normally require the auxiliary verb **sein** are indicated by **(s)** after the verb. Verbs that take either auxiliary, depending in most cases on whether they are used transitively (with **haben**) or intransitively (with **sein**), are indicated by **(h or s).**

6. A dative object is indicated by **jmdm. (jemandem)** or *(dat.)*; an accusative object is indicated by **jmdn. (jemanden)** or *(acc.).*

7. Reflexive verbs are preceded by **sich.** If the verb can also be used nonreflexively with exactly the same meaning, this is indicated by **(sich).** A dative reflexive is indicated by *(dat.).*

Abbreviations

acc.	accusative	*interject.*	interjection
adj.	adjective	*jmdm.*	*jemandem* (dative)
adv.	adverb	*jmdn.*	*jemanden* (accusative)
arch.	archaic	*o.s.*	oneself
coll.	colloquial	*past. part.*	past participle
comp.	comparative	*pl.*	plural
conj.	conjunction	*prep.*	preposition
d.h.	*das heißt* (that is)	*rel.*	relative
dat.	dative	*sing.*	singular
gen.	genitive	*s.o.*	someone
i.e.	(*Latin*) *id est* that is (to say)	*s.th.*	something
inf.	infinitive	*z.B.*	*zum Beispiel* (for example)

A

ab off; **ab und zu** now and then, off and on

ab-brechen* (h *or* **s)** to break off

ab-drehen to turn off, switch off

ab-drucken to print (a copy of)

der **Abend, -e** evening; **eines Abends** one evening; **abends** in the evening

das **Abendbrot, -e** cold supper

das **Abendessen, -** evening meal

das **Abendgymnasium** night classes at a **Gymnasium**

der **Aberglaube (-ns)** superstition

abermals again

ab-fahren* (h *or* **s)**; to depart; to drive away

die **Abfahrt, -en** departure

die **Abfahrtszeit, -en** departure time

sich **ab-finden mit* etwas** to come to accept, resign o.s. to, *or* come to grips with s.th.

das **Abgas, -e** exhaust fume(s)

ab-geben* to hand over, check *(baggage)*; to give *(an opinion, testimony, etc.)*

abgegriffen worn (out) from being handled

ab-gehen* (s) depart

abgesehen von not taking into account

abgezirkelt precise, exact

der **Abgrund, -̈e** abyss, chasm, deep hole

abhanden kommen* (s) to get lost, become mislaid

abhold *(with dat.)* averse to

ab-holen to fetch, pick (s.o.) up

ab-horchen to listen carefully for

das **Abitur** graduation certificate from a **Gymnasium**

ab-legen to discard; set down

ab-lehnen to decline, refuse, reject

ab-leiten to derive

ab-lenken to distract, divert one's attention

ab-machen to settle, conclude an agreement

ab-nehmen* to take off; to remove; to reduce, lose weight; **jmdm. etwas abnehmen** to relieve s.o. of s.th.

ab-pflücken to pluck, pick

ab-räumen to clear away *or* off

ab-reißen* (h *or* **s)** to tear off *or* away

der **Absatz, -̈e** paragraph

ab-schaffen to do away with, abolish

ab-schließen* to conclude; to close off

der **Abschluß (-sses), -̈(ss)e** close, conclusion; end; edge, border

ab-schneiden* to slice off; **sich bei jmdm. eine Scheibe abschneiden** to take a leaf out of s.o.'s book, learn from s.o.'s example

der **Abschnitt, -e** segment, section; paragraph

ab-sehen* (jmdm. etwas) to learn s.th. by watching s.o. do it

abseits off to the side, off the beaten path

die **Absicht, -en** intention

ab-sinken* (s) to drop off, lose speed

sich **ab-spielen** to take place, occur, happen

ab-stammen (s) to be descended from

abstauben to wipe off the dust

ab-steigen* (s) to climb off, dismount

ab-stellen to put down

ab-streiten* to dispute, deny *(an assertion, a fact, etc.)*

das **Abteil, -e** compartment

die **Abteilung, -en** department, section, division

der **Abteilungsleiter, -** department head

ab-trennen to separate, detach

ab-tupfen to wipe *or* dab off

ab-warten to wait for, await the outcome

ab-waschen* to wash off

ab-wechseln to alternate

die **Abwechslung, -en** change (of pace), variety

ab-wenden* *(also weak)* to prevent, avert; to turn away; to ward off

abwesend absent; absent-minded

ab-ziehen* (h *or* **s)** to pull off; to leave, depart

ach! oh! ah! alas; **ach so!** oh, I see; **ach was!** nonsense; oh, come on! certainly not!

das **Achselzucken** shrugging of the shoulders; **die Achseln zucken** *or* **mit den Achseln zucken** to shrug one's shoulders

achten to heed, pay attention

achtlos inattentive, negligent

die **Achtung** attention; esteem, respect

ächzen to moan, groan

der **Adel** nobility

die **Ader, -n** vein, artery

der **Affe, -n, -n** monkey, ape

das **Affenhaus, -̈er** monkey house

die **Afferei, -en** mimicry

ahnen to have an inkling, have a foreboding *or* premonition, suspect

die **Ähnlichkeit, -en** similarity

die **Ahnung, -en** presentiment, inkling

der **Akkord** wage *(based on piece work rather than hours worked)*

die **Akkordprämie, -n** piece work bonus

akkurat precisely, meticulously
die **Aktie, -n** stock in a corporation
aktuell up-to-date, topical
albern silly, daffy, foolish
all- all
alle *(coll.)* sold out, gone, at an end, over
allein alone; however; **von allein** without help, by oneself
allerhand all kinds of, all sorts of
allerlei all kinds of
allerletzt- the very last
alles everything; **alles in allem** all in all; **alles daran setzen** to do everything possible to assure an outcome
allgemach gradually
allgemein general
allmächtig almighty, omnipotent
allmählich gradually
alltäglich daily
der **Alltagstrott** daily routine, everyday humdrum
allzu all too
als as, when; as if; than
also so, thus; okay, well; therefore, consequently
als wo except for where
alt old
das **Alter** age
älter older, elderly
ältlich oldish, appearing old
altmodisch old-fashioned
die **Ampel, -n** traffic light
das **Amt, ̈er** official position, office
das **Amtsdeutsch** German language of the officials, officialese
der **Amtsrat, ̈e** office counselor *(Austrian civil service supervisor title)*
amtsrätlich pertaining to s.o. who is an **Amtsrat**
an at, to, by, near
an-bauen to build on, add on
an-blicken to look at, view
an-blinzeln to wink at

an-brennen* to scorch; **(s)** to start to burn
ander- other
ändern to change; sich **ändern** to change, become changed
an-deuten to indicate, intimate
aneinander together; to *or* against one another; **aneinandergedrängt** pushed *or* shoved together; **aneinander vorbei** past one another
das **Anerbieten, -** proposal
anerkennend acknowledging, approving
der **Anfang, ̈e** beginning, start; **von Anfang an** from the very start
an-fangen* to begin, start
der **Anfänger, -** beginner
anfänglich beginning, initial
anfangs in the beginning, initially
an-fassen to take hold of, touch
an-fragen to inquire
sich **an-freunden mit** to make friends with
an-führen to bring forward *(arguments)*
die **Angabe, -n** statement; assertion
an-geben* to state, give *(facts)*
das **Angebot, -e** offer
an-gehen* to approach, solicit; **jmdn. nichts an-gehen (s)** to not concern s.o., not be s.o.'s business
an-gehören *(dat.)* to belong to, be part of
die **Angelegenheit, -en** affair, matter, business
angemessen appropriate, suitable, fitting
angenehm pleasant, pleasing
angespannt drawn taut, tense
angewidert disgusted, nauseated
angewiesen sein* (s) auf

to have to rely on *(acc.)*, be left with nothing to do but
die **Angst, ̈e** fear; **Angst haben*** to be afraid
ängstlich fearful
an-halten* to stop, halt; to continue unabated, not cease; **den Atem anhalten** to hold one's breath
anhand (von) with the aid of
der **Anhänger, -** follower, adherent, disciple, fan
an-heften to fasten (on), pin on, affix
an-klagen to accuse
an-klopfen to knock, tap (to s.o.)
an-knurren to growl at, grumble at
an-kommen* auf to depend on, be a matter of; **es kommt darauf an** it all depends
an-kreuzen to mark with an x
an-kündigen to advertise, proclaim; to announce
die **Ankunftszeit, -en** arrival time
an-lächeln to smile at
an-langen (bei) (s) to arrive (at), reach
an-nehmen* to assume; to accept
die **Annonce, -n** advertisement, announcement
annoncieren to advertise
an-ordnen to arrange, put in order
die **Anpassung** adapting, adjustment, conformity
an-reden to address, speak to
anrüchig disreputable, shady
der **Anruf, -e** telephone call
an-rufen* to call up, phone
an-schaffen to purchase; to procure
die **Anschaffung, -en** purchase
an-schauen to look at,

observe; sich **etwas an-schauen** to take a look at s.th.

der **Anschein** appearance, impression; **den Anschein erwecken** to create the impression, appear *or* look as if

der **Anschluß, -(ss)es, ¨(ss)e** contact; **Anschluß finden*** to find contact, make some acquaintances

an-schreien* to scream at, shout at

an-sehen* to look at, view, regard; **jmdm. etwas an-sehen** to see s.th. from one's appearance; sich **etwas an-sehen** (*dat.*) to take a look at s.th.

das **Ansehen** appearance; **ohne Ansehen** (*arch.*) without respect to; **vom Ansehen** by sight, from appearance

die **Ansicht, -en** view, opinion; **meiner Ansicht nach** in my opinion

die **Ansichtskarte, -n** picture postcard

an-sprechen* to speak to; appeal to, take one's fancy

an-springen* (s) to start (*a motor*)

der **Anstand** decorum, proper demeanor

an-starren to stare at

an-stellen to appoint, employ; to cause *or* do (*mischief, something naughty, etc.*)

der **Anstoß, ¨e** impetus

an-strahlen to illuminate, shine light on

anstrengend strenuous

die **Anstrengung, -en** exertion, effort, strain

die **Anteilnahme** interest, concern

der **Antrag, ¨e** application, petition

an-treffen* to come across, find (*at home*)

an-tun* to put on (*clothing*)

die **Antwort, -en** answer

antworten to answer

die **Anweisung, -en** instruction, direction

an-wenden* (*also weak*) to make use of, use, apply

an-widern to disgust, nauseate

die **Anzeige, -n** ad; notice, announcement

an-ziehen* to dress, put on; to attract; sich **an-ziehen** to get dressed

der **Anzug, ¨e** suit

an-zünden to ignite, light

apart unusual, striking

der **Apfel, ¨** apple

die **Apfelsorte, -n** kind of apple

der **Apparat, -e** apparatus, device

appetitlich appetizing

die **Arbeit, -en** work; (academic) paper

arbeiten to work

der **Arbeiter, -** worker

das **Arbeitsamt, ¨er** employment office

die **Arbeitserfahrung, -en** work experience

die **Arbeitserlaubnis, -se** work permit

der **Arbeitskittel, -** work smock, frock

der **Arbeitskollege, -n, -n** work colleague

die **Arbeitsleistung, -en** work output

das **Arbeitszimmer, -** workroom, den

arg bad

der **Ärger** annoyance, irritation

ärgerlich annoying, irritating

ärgern to annoy, irritate, provoke; sich **ärgern** to be annoyed

argwohnen to suspect, be suspicious

die **Art, -en** type, kind; way, manner, fashion; **auf solche Art** in such a manner

-artig *suffix* -like

die **Arzneipille, -n** medicinal pill

der **Arzt, ¨e** doctor

der **Aschenbecher, -** ashtray

der **Ast, ¨e** branch

das **Atelier, -s** art studio

der **Atem** breath

atemlos breathless

die **Atempause, -n** breather, breathing pause

der **Atemzug, ¨e** breath of air

atmen to breathe

auch also; **auch wenn** *or* **wenn auch** even if, even though

auf (*prep.*) on, onto, upon; **auf** (*adv. or sep. prefix*) up, upward; open; **auf einmal** suddenly, all of a sudden, all at once; **auf ewig** forever; **auf und ab** up and down; **auf ... zu** up to, toward

auf-atmen to breathe a sigh of relief

auf-bauen to construct

auf-binden* to tie up

auf-blasen* to inflate, puff up

der **Aufenthalt, -e** stay, abode

die **Aufenthaltserlaubnis, -se** residency permit

auf-fallen* (s) to be noticeable, be conspicuous

auf-fressen* to eat up (*of beasts*); to devour

auf-geben* to give up

auf-gehen* (s) to open up

aufgeregt excited, agitated

auf-halten* to hold up, delay, stop

auf-heben* to keep, save; to pick up, raise

auf-hören to cease, stop (doing)

auf-knöpfen to unbutton

die **Auflage, -n** edition

(sich) **auf-lösen** to dissolve

auf-machen to open (up); sich **auf-machen** to get up; to set out on one's way

aufmerksam attentive; **aufmerksam machen auf** to draw attention to

die **Aufmerksamkeit, -en** attentiveness

auf-muntern to cheer up, encourage

auf-nehmen* to take up *or* in; receive; to photograph

(sich) **auf-opfern** to sacrifice (o.s.)

auf-passen to watch out, take care; **auf-passen auf** *(acc.)* to keep an eye on, take care of

der **Aufputz** finery, flashy dress

auf-räumen to clean up, put things away

auf-regen to excite, stir up; sich **auf-regen** to get excited, become upset

aufregend exciting; upsetting

sich **auf-richten** to sit up, raise o.s., get into an erect position

aufrichtig honest, sincere

der **Aufruhr, -e** tumult, uproar, riot

der **Aufsatz, ⸚e** written composition, article

sich **auf-schieben*** to push (itself) open, open

auf-schlagen* to open up; to break open

auf-schließen* to open up, unlock

auf-schneiden* to cut open

auf-schreiben* to write down

die **Aufschrift, -en** label

auf-sehen* to look up(ward), raise one's head

das **Aufsehen** commotion

auf-setzen to put on; to draw up *(a letter, petition)*

aufs neue anew

auf-springen* **(s)** to jump *or* leap up

auf-stecken: es auf-stecken to give it up

auf-stehen* **(s)** to stand

up, get up; to stand open

auf-steigen* **(s)** to rise, climb up

auf-stellen to set up; sich **auf-stellen** to position o.s.

auf-tauchen (s) to arise, turn up

auf-tauen (h *or* **s)** to thaw (out)

auf-tragen* to lay or smear on; **dick auf-tragen** to lay on thick

auf-tun* to open (up)

auf-wachen (s) to awake, wake up

auf-weisen* to show, exhibit

auf-wogen (s) to billow up, surge up

auf-zählen to count up, enumerate

auf-zeigen to show, point out

auf-ziehen* to rise, draw up

das **Auge, -n** eye

der **Augenaufschlag** upward glance

der **Augenblick, -e** moment

augenblicklich momentar(il)y

die **Augenbraue, -n** eyebrow

aus out, out of, from; *(adv.)* over, past; **von mir aus** as far as I'm concerned (it's ok)

die **Ausbildung** education; training

aus-denken* to think up

der **Ausdruck, ⸚e** expression; **zum Ausdruck bringen*** to express

aus-drücken to express; to extinguish

die **Ausdrucksweise, -n** manner of expression, way of talking

auseinander apart

aus-fallen* **(s)** drop out

der **Ausflug, ⸚e** excursion, outing

ausführlich detailed, in detail

aus-füllen to fill out

die **Ausgangssituation, -en** initial situation, point of departure

aus-geben* to spend

ausgebreitet spread out

ausgelassen boisterous, hilarious

ausgerechnet *(adv.)* precisely; of all times (places, things, people, etc.)

ausgesprochen *(adj.)* pronounced, marked

ausgezeichnet excellent

aus-halten* to stand, endure

aus-handeln to negotiate, bargain for

die **Aushilfskraft, ⸚e** temporary help

die **Auskunft, ⸚e** information

das **Ausland** foreign countries; **im Ausland** abroad

der **Ausländer, -** person from a foreign country, foreigner

die **Ausländerfeindlichkeit** hostility toward foreigners

aus-machen to turn off; to find; to arrange, settle upon; **jmdm. etwas aus-machen** to matter to s.o., bother s.o.

aus-probieren to try s.th. out

aus-richten to convey a message; **aus-richten lassen*** to have s.o. convey a message

das **Ausrotten** extermination

aus-rutschen (s) to slip, lose one's traction *or* footing

die **Aussage, -n** statement

aus-schlafen* to get enough sleep

der **Ausschnitt, -e** décolletage, neckline

aus-schreiben* to write out

aus-schütten to shake out, pour out; **sein/ihr Herz**

aus-schütten to pour one's heart out

aus-sehen* to appear, look like

das **Aussehen** appearance, look

außen outside; **nach außen** outwards; outwardly

außer *(dat.)* except for, besides; outside of

außerdem besides, anyway, moreover

äußerlich outward, external; superficial

sich **äußern** to express o.s.; to manifest itself

die **Äußerung, -en** utterance, remark; expression, manifestation

die **Aussprache, -n** pronunciation

aus-sprechen* to say, speak (out); to pronounce

aus-spucken to spit out

aus-steigen* **(s)** to get off, climb out

aus-stellen to exhibit, display

aus-suchen to pick out

aus-tauschen to exchange

aus-üben (einen Beruf) to practice *(a profession)*

aus-weichen* **(s)** *(dat.)* to evade

ausweichend evasive

der **Ausweis, -e** ID, identification

auswendig by heart

aus-wischen (jmdm. eins) to pull a nasty one on s.o., deal s.o. a blow

sich **aus-zeichnen** to distinguish o.s.

der **Auszug, ⁼e** excerpt

die **Autobahn, -en** superhighway, freeway

die **Autoschlange, -n** line of cars

der **Autostopp** hitchhiking

B

Baal Baal *(Canaanite god of fertility, later a false god or idol)*

das **Bächlein, -** little brook

backen* to bake

der **Bäcker, -** baker

der **Bahnbeamte (ein Bahnbeamter)** *(adj. noun.)* railroad offical

bahnen; einen Weg bahnen to make *or* clear a way, push *or* force one's way

der **Bahnhof, ⁼e** train station

der **Bahnsteig, -e** (station) platform

die **Bahnsteigkante, -n** edge of a train plattform

bald soon; **bald ... bald** now . . . now, sometimes . . . sometimes; **bald darauf** soon thereafter

der **Balkon, -e** *or* **-s** balcony

die **Bandenergie** band energy

bang(e) afraid, anxious; **mir wird bange** I am (becoming) afraid

bangen to be afraid *or* anxious; **es bangt mir vor etwas** I am afraid of s.th.

die **Bank, ⁼e** bench

die **Bank, -en** bank

der **Bär, -en, -en** bear

bärenzuckersüß liquorice-sweet

barfuß barefoot

der **Bau, -ten** structure, edifice; *(sing. only)* construction

die **Bauart, -en** style of construction

der **Bauch, ⁼e** belly

bauchig bellied, bulgy

bauen to build, construct

der **Baum, ⁼e** tree

die **Baustelle, -n** construction site

der **Bautyp, -en** model *(of a car, engine,etc.)*

das **Bauwesen** construction industry, building trades

beachten to heed, take note

der **Beamte (ein Beamter)** *(adj. noun)* official

das **Beamtentum** officialdom, administration

beantworten to answer

beben to tremble

der **Becher, -** cup, mug

bedächtig careful, deliberate, with thought

der **Bedarf** need, demand

bedauern to regret, be sorry for

bedeuten to mean, signify

bedeutend important; significant, weighty

bedeutsam meaningful, significant

die **Bedeutung, -en** meaning, significance

bedienen to serve, wait on

die **Bedienung** waiter; service

bedrückt depressed, oppressed

bedürfen *(gen.)* to require, need

das **Bedürfnis, -se** need

sich **beeilen** to hurry (up)

beeindrucken to impress

beeinflussen to influence

sich **befassen mit** to concern *or* occupy o.s. with, deal with

befehlen* **(jmdm.)** to order, command; to be in charge

sich **befinden*** to be

sich **befleiß(ig)en** *(gen.)* to take great pains *(to do correctly)*

die **Befreiung** freeing, deliverance

begabt gifted, talented

begeben*: **es begab sich, daß** *(arch.)* it happened *or* chanced that

begegnen (jmdm.) (s) to meet up with s.o., run across, encounter

die **Begegnung, -en** encounter; **keine einzige Begegnung** didn't meet anybody at all

begehen* to commit *(an error, sin, etc.)*

begeistert enthusiastic

die **Begeisterung** enthusiasm

beginnen* to begin
beglücken to make happy
das Begräbnis, -se burial, funeral
begreifen* to comprehend, understand
begreifend comprehending
der Begriff, -e concept, idea, conception; im Begriff sein* (s) to be about to do, be on the verge of doing
begründen to substantiate, give reasons
die Begründung, -en reason(s), ground(s)
begrüßen to greet
die Begrüßung, -en greeting
begünstigen to favor, show favor to
behalten* to keep, retain; to remember
behandeln to treat, deal with
die Behandlung, -en treatment
behängen to drape, cover
behaupten to maintain, assert, claim
die Behauptung, -en assertion, claim
beheben* to remove, eliminate
behend nimble, adroit
beherrschen to control, have command of, be master of; sich beherrschen to control o.s., restrain o.s.
behilflich sein* (jmdm.) to lend s.o. a helping hand
der Behuf: zu diesem Behuf to this end, for this purpose
bei by, near, with, among, at
bei-bringen* (jmdm. etwas) to teach (s.o. s.th.)
beid- both
beidseitig on both sides
der Beifall applause, cheering; approval
bei-legen (einem Brief) to enclose with a letter

das Bein, -e leg; bone
beinahe almost, nearly
beiseite aside; beiseite legen to set aside
das Beispiel, -e example; z.B. = zum Beispiel for example; als Beispiel hin-stellen to hold up as an example
beißen* to bite
bei-treten* (s) (dat.) to join
beizen to stain wool
bekannt known
bekannt-geben* to make known or public, announce
bekanntlich as is well known, as you know
bekannt machen to make known, introduce
die Bekanntschaft, -en acquaintance
sich beklagen to complain, lament
bekleiden to clothe
bekommen* to get, receive
bekümmert disturbed, troubled, sad
belagern to besiege
belästigen to annoy, pester
der Beleg, -e proof, evidence
belehren to instruct, enlighten; to apprise
beleidigen to insult, offend
beliebt popular
bellen to bark
beloben to praise, commend
belügen * to lie to, deceive by lying
bemerken to notice, comment, observe
benachbart neighboring
das Benehmen behavior
sich benehmen* to behave
beneiden to envy
benommen confused, benumbed
benützen or benutzen to use
beobachten to observe; follow, obey (rules)
bequem comfortable
beraten* to advise; sich beraten to consult; to take counsel

berechtigt justified
bereden to talk over, discuss s.th. with s.o.
der Bereich, -e field, area, domain
die Bereifung tires
bereit ready, prepared
bereiten to prepare
bereits already
bereitwillig ready, willing, eager
der Berg, -e mountain, hill
bergen* to hide, conceal; to shelter; to rescue
der Bergsteiger, - mountain climber
der Bericht, -e report
berichten to report
berichtigen to correct, make right
der Beruf, -e profession, occupation
beruflich occupational
das Berufsleben professional life
beruhigen to calm, quiet, reassure
berühmt famous
berühren to touch
beschädigen to damage
sich beschäftigen mit to occupy or concern o.s. with
beschäftigt occupied (with), busy
bescheiden modest, humble
beschleunigen to speed up, accelerate
die Beschleunigung acceleration
beschließen* to decide (to do), resolve
beschmieren to smear
beschreiben* to describe
die Beschreibung, -en description
beschwatzen (coll.) to persuade, talk into
sich beschweren to complain, make a complaint
beseitigen to eliminate, do away with
der Besen, - broom
die Besenkammer, -n broom closet

besessen possessed

besetzen to occupy; to fill a position

besetzt occupied

besiegen to conquer, overcome

besichtigen to inspect; to view

besitzen* to possess

der **Besitzer, -** owner

besitzergreifend taking possession

besonders particularly, especially; **ins besondere** in particular

besorgt worried, anxious, intent upon, worrying about

besprechen* to discuss

sich **bessern** to improve o.s.

best- best; **am besten** (*adv.*) (the best)

beständig constant, enduring, lasting

bestätigen to confirm, verify

bestechen* to bribe

bestehen* to be (*in existence*); to pass an exam *or* test; **bestehen aus** to consist of; **bestehen in** to consist in

besteigen* to climb

bestellen to order (*goods, food, etc.*); to put in order, set up

bestimmen to determine, ascertain

bestimmt (*adv.*) certainly, without doubt; for sure; (*adj.*) certain, determined, specific

die **Bestimmung, -en** rule, regulation

bestrafen to punish

das **Bestreben** striving, effort

die **Bestrebung, -en** endeavor, effort, exertion

bestürzt dismayed, aghast

der **Besuch, -e** visit; **zu Besuch kommen* (s)** to come to visit

der **Besucher, -** visitor

betasten to touch *or* feel (*with one's hands*), finger

betäuben to bewilder; to stun, anesthetize

die **Betäubung** daze, stupor, numbness; anaesthesia

beten to pray

beteuern to assert, aver, swear

betonen to stress, accentuate, emphasize

betrachten to observe; to reflect on; to look at, view

das **Betragen** behavior

betreten* to enter, set foot on

betreten (*adj.*) disconcerted, surprised, stunned

betreuen to take care of, look after

der **Betrieb, -e** business, firm

betroffen taken aback

betrübt sad, gloomy, depressed

betrügen* to cheat, deceive

der **Betrüger, -** deceiver, imposter

betrunken drunk

das **Bett, -en** bed

betteln to beg

die **Bettkante, -n** edge of a bed

sich **beunruhigen** to become upset *or* worried

beurteilen to judge, form an opinion

der **Beutel, -** bag

sich **bewegen** to move (o.s.)

die **Bewegung, -en** movement, motion; emotion

der **Beweis, -e** proof, evidence

beweisen* to prove, demonstrate, show

sich **bewerben* um** to apply for

der **Bewohner, -** inhabitant, dweller

bewußtlos unconscious

das **Bewußtsein** consciousness

bezahlen to pay

bezeichnen to designate, label, mark

die **Bezeichnung, -en** designation, term

bezeihen* (*gen.*) (*arch.*) to accuse s.o. of

beziehbar ready for occupancy

die **Beziehung, -en** relationship

der **Bezirk, -e** district

der **Bezirksmeister, -** district champion

der **Bezug, ˸e** reference; **in bezug auf** with regard to

bezweifeln to doubt, have one's doubts

die **Bibliothek, -en** library

die **Biene, -n** bee

das **Bild, -er** picture

bilden to form

die **Bildung, -en** formation, development; (*no pl.*) upbringing, education; culture

billig cheap, inexpensive

billigen to approve of

bis until; **bis auf** down to and including; **bis dahin** until then; **bis zu ... hin** down to, as far as

bisher up until now

bißchen: ein bißchen a little bit

bisweilen now and then, occasionally

bitte please

die **Bitte, -n** request

bitten* um to ask for, request

der **Blas(e)balg, ˸e** bellows

blasen* to blow

das **Blatt, ˸er** tree leaf, leaf of a book

der **Blattspinat** leaf spinach

blättern to page, leaf (*through a book*)

blauen to turn blue

das **Blech, -e** tin, sheet metal

blecken: die Zähne blecken to bare one's teeth

bleiben* (s) to remain, stay

bleich pale

der **Bleistift, -e** lead pencil

der **Blick, -e** glance, look; view, glimpse

blicken to look, glance

der **Blickkreis, -e** field of vision

der **Blindgänger, -** misfire, unexploded bomb; a person who is a dud

blindlings blindly, headlong

blitzend flashing, sparkling

blitzschnell quick as a flash

blöd(e) stupid, foolish

bloß simply, merely; **bloß so** simply

blühen to bloom, blossom

die **Blume, -n** flower

der **Blumenstrauß, ᵉe** bouquet of flowers

die **Bluse, -en** blouse

der **Blust: in Blust** *(dialect)* in blossom

das **Blut** blood

blutig bloody

die **Blüte, -n** blossom, bloom

BMW (Bayerische Motorenwerke) *(a make of car)*

der **Boden, ᵉ** ground, soil; base, bottom, floor

der **Bogen, -** *or* ᵉ arc; arch, bow; sheet of paper

bohnern to wax, polish

bohrend penetrating, drilling

die **Bohrmaschine, -en** drill

die **Bombe, -n** bomb

böse evil, bad; angry

braten* to fry, roast, grill

brauchen to need, want; to use

brausen to storm, roar; **brausen (s)** to rush

brav obedient, capable, hardworking

brechen* (h *or* **s)** to break; to pick *(flowers)*

breit broad

brennen* to burn

das **Brett, -er** board

die **Bretterwand, ᵉe** board fence

der **Brief, -e** letter

der **Briefträger, -** letter carrier

die **Brille, -n** eyeglasses

bringen* to bring; **es weit bringen** to go a long way *(in one's career);* **es zu etwas bringen** to have some success, make s.th. of o.s.; **etwas hinter sich bringen** to get s.th. behind one; **jmdn. dazu bringen** to get *or* induce s.o. (to do)

der **Brocken, -** morsel

die **Brücke, -n** route of contact; bridge; small narrow (Persian) carpet, runner

das **Bruderherz, -ens, -en** brother dear

brüllen to roar

brummen to mutter, mumble

die **Brust, ᵉe** breast; chest; bosom

sich **brüsten** to boast, brag

der **Bube, -n, -n** boy

der **Buchstabe, -ns, -n** letter of the alphabet

sich **bücken** to stoop, bow, bend over

die **Bude, -n** stall, small room *(with sleeping quarters)*

das **Bügeleisen, -** *(clothes)*iron

die **Bügelfalte, -n** trousers' crease

bummeln (s) to stroll, walk around

der **Bundeskanzler, -** Federal Chancellor of Germany

bunt colored, multicolored

der **Bürger, -** citizen

bürgerlich bourgeois, middle class

der **Bürgermeister, -** mayor

der **Bürgersteig, -e** sidewalk

das **Büro, -s** office

büßen to pay for, suffer for, atone for

C

der **Chef, -s** boss, head, manager

der **Chilene, -n, -n** Chilean

der **Chor, ᵉe** choir; chorus

D

da *(adv.)* here, there; *(conj.)* since

dabei by it *or* them; yet, for all that; while doing so; thereby; moreover

das **Dach, ᵉer** roof; shelter

dadurch thereby, in that way

dafür for it *or* them; for that

dagegen on the other hand

daheim at home

daher thus, for this *or* that reason; (to) here

dahin-schwinden* (s) to fade out, gradually disappear

dahinter-kommen* (s) to find out, discover

damalig of that time

damals at that time, then

die **Dame, -n** lady

die **Damenwäsche** ladies' underwear

damit *(conj.)* so that, in order to; *(adv.)* with it *or* them, with that, therewith

danach thereafter, after that; after it; accordingly

daneben next to it *or* them

der **Dank** thanks

dankbar grateful

danke thanks, thank you

danken (jmdm.) to thank

dann then; **dann und wann** now and then

daran thereby; **daran ist nichts zu ändern** nothing about that can be changed

darauf on it *or* them, thereupon; afterward, then, next

dar-stellen to depict, portray, present

darum therefore, for that reason

darunter among them; by this

das **Dasein** being, existence

dauerhaft lasting

dauern to last, continue, endure, take (time)

dauernd continual(ly)

der **Daumen, -** thumb

davon from it or them

dazu to it or them, to that; besides, moreover

dazwischen in between

die **Decke, -n** blanket, cover; ceiling

decken to cover; to set (a table)

das **Deckengemälde, -** ceiling fresco

dehnen lengthen, stretch (out)

dementieren to deny

demnächst in the near future, shortly

denken* to think; sich **denken** (dat.) to imagine; **denken an** to think about, remember; **denken von** to think of (opinion), have an opinion about

die **Denkgewohnheit, -en** mental habit

die **Denkmaschine, -n** thinking machine

die **Denkweise, -n** way of thinking

die **Denkweite** breadth of thought

denn (conj.) because, for, since; (often used in questions for emphasis and not translatable)

dennoch nevertheless, yet, still

deprimiert depressed

derb coarse, uncouth, rude

dergleichen the like

derselbe, dieselbe, dasselbe the same

deshalb therefore, for this reason

desinfizieren to disinfect

dessen (adj.) his, its (i.e., the latter's); (rel. pron.) whose

deswegen for this reason, therefore

deutlich clear, distinct, evident

deuten to interpret, construe

die **Deutschkenntnis(se)** (pl.) ability in German

die **Deutung, -en** interpretation

d.h. = das heißt that is (to say), i.e.

dicht thick, tight

dichten to compose, write poetry

die **Dichtung, -en** fiction; poetic writing

dick fat; **dick auf-tragen*** to lay on thick

dienen (dat.) to serve

der **Diener, -** servant

der **Dienst, -e** service

die **Dienstleistung, -en** service performed

der **Dienstschluß** closing time

das **Ding, -e** thing, object

das **Discountgeschäft, -e** discount store

doch oh yes! yes, there is! (contradicting a negative); but, yet, however; after all; indeed, of course; (common intensifier with imperatives)

dolmetschen to act as an interpreter

der **Dom, -e** cathedral; dome

der **Donnerschlag, ¨e** thunderbolt

das **Dorf, ¨er** village

dort there; **dort drüben** over there

dosiert in doses

drahtig wiry

drall buxom, robust

sich **drängeln** to push one's way, jostle, shove

drängen to press, urge; sich **drängen** to push one's way, crowd

draußen outside

der **Dreck** mud, dirt, filth; **jmdn. einen Dreck**

interessieren (coll.) to not interest s.o. a damn

drehen to turn, twist, rotate; sich **drehen** to turn o.s.; **ein paar Runden drehen** to pedal a few laps

dreimal three times

drin (coll.) = **darin** in it

drinnen inside

dringend urgent, pressing

dritt- third; **zu dritt** in groups of three

drohen (jmdm.) to threaten; to be imminent

dröhnen to roar, boom, rumble

drollig droll, comical, odd

drüben over there, on the other side

der **Druck, ¨e** pressure; impression; (pl. **-e**) print

drücken to press; to pinch (shoe)

der **Druckfehler, -** misprint

der **Duft, ¨e** fragrance, scent, odor, smell, aroma

dulden to tolerate, put up with

dunkel dark

das **Dunkel** dark(ness); **im Dunkeln** in the dark

dunkelhäutig dark-skinned

dunkeln to turn dark

dünn thin

durch (prep.) through; **durch ... hindurch** right through

durchaus thoroughly, quite, absolutely, completely, by all means; **durchaus nicht** absolutely not

das **Durcheinander** confusion, commotion

durchgraut filled with horror

durch-kommen* (s) to come through, get through

durch-machen to undergo, go through

sich **durch-setzen** to successfully assert o.s., get one's way

die **Durchsuchung, -en** search *(of baggage, etc.)*
dürr withered
die **Dusche, -n** shower
düster dark, gloomy, dire, ominous

E

eben *(adv. and particle)* just, right now, precisely, exactly; *(adj.)* flat, level, even; **eben doch** but you see
ebenso just as, likewise
ebensowenig just as little
echt genuine
die **Echtheit** authenticity, genuineness
die **Ecke, -n** corner; edge
eckig cornered, edged
egal *(coll.)* all the same; **das ist mir ganz egal** it's all the same to me
ehe *(conj.)* before
die **Ehe, -n** marriage, wedlock
der **Ehebruch** adultery
die **Ehefrau, -en** wife
das **Eheleben** marital life
ehemalig former, past
das **Ehepaar, -e** married couple
eher sooner; but rather; formerly
die **Ehre, -n** honor; **jmdm. zu Ehren** in s.o.'s honor
ehrlich honest
das **Ei, -er** egg
der **Eichbaum, ¨e** oak tree
eifern to compete for, strive
die **Eifersucht** jealousy
eifersüchtig jealous, envious
eifrig eager, keen, zealous; ardent
eigen *(adj.)* own
eigenartig peculiar, strange
die **Eigenschaft, -en** characteristic, trait
der **Eigensinn** obstinacy; caprice
eigentlich *(adv.)* strictly speaking, actually,

really; *(adj.)* proper, true, real
sich **eignen (zu)** to be suited *or* qualified for
eilen (h *or* **s)** *or* sich **eilen** to hasten, hurry, make haste
eilig quick, speedy, in a hurry
ein *(prefix)* in, into; **ein paar** several, a few; **ein und aus** in and out
ein-bauen to install, build in
sich **ein-betten** to become embedded
der **Einbrecher, -** burglar
eindringlich forceful, urgent
der **Eindruck, ¨e** impression
eineinhalb one and a half
einer (some)one
einfach simple
ein-fallen* (jmdm.) (s) to occur to s.o., come to mind
ein-fangen* to capture, catch; to captivate
sich **ein-finden*** to show up, arrive
eingebildet conceited
eingehend in detail
sich **ein-gewöhnen** to become accustomed to new surroundings
ein-gießen* to pour (*a drink*)
ein-halten* to adhere to, observe (*rules*)
einig in agreement, united, as one; (sich) **einig werden* (s)** to come to an agreement
einig- some
einig in agreement
sich **einigen über** *(acc.)* to agree upon, come to terms on
einiges a few things
der **Einkauf, ¨e** shopping purchase
ein-kaufen to shop
die **Einkauferei** shopping
das **Einkaufsnetz, -e** string shopping bag
der **Einklang** accord, harmony

das **Einkommen** income
die **Einkünfte** *(pl.)* income, earnings
ein-laden* to invite
sich **ein-lassen* (mit jmdm. in** *or* **auf etwas)** to have dealings (in s.th. with s.o.), engage in (s.th. with s.o.), get involved (with s.o.)
ein-legen to insert, put in; **einen Spurt ein-legen** to put on a spurt, sprint
einlösen to cash (*a check*); to redeem (*coupon, pledge*)
ein-lullen to lull to sleep, lull into
einmal once, one time; **auf einmal** all at once, suddenly; **es ist nun einmal so** well that's just the way it is; **nicht einmal** not even; **noch einmal** once more
einmütig unanimous
ein-nehmen* to occupy, take up (*space*); to take in
sich **ein-reihen** to get in a line *or* row
sich **ein-rollen** to roll o.s. up (into s.th.)
die **Einsamkeit** loneliness
ein-schenken to pour (*a beverage*), fill (*a glass*)
ein-schlafen* (s) to fall asleep
ein-schlagen* to hit, strike; to bash in
ein-schließen* to lock in, lock up; to enclose
einschließlich *(gen.)* including, inclusive of
ein-sehen* to see, realize, understand
ein-setzen to insert, put *or* set in
einsilbig taciturn, monosyllabic
ein-singen* to sing to sleep
ein-spannen to insert (*a piece of typing paper*); to fasten in; to harness up
einst once, one day (*past or future*)

ein-stecken to put in *(one's pocket, purse, etc.)* put away; plug in
ein-steigen* (s) to get in, board, climb in
der **Einstieg, -e** entry
ein-stellen to put away *(a car)*; to focus, adjust, set, regulate; sich **bei jmdm. ein-stellen** to come to mind
einstimmig unanimous
ein-teilen in *(acc.)* to divide *or* separate into
ein-tragen* to enter, make entries *(in a book, register, etc.)*, post
ein-treten* (s) to enter
der **Eintritt, -e** entrance
die **Eintrittskarte, -n** ticket to an event
ein-trocknen (s) to dry in *or* up; shrivel up
das **Einverständnis** understanding, agreement, consent
ein-wandern (s) to immigrate
der **Einwurf, ̈-e** interjection, interruption
ein-ziehen* (s) to move in
einzig single, only, sole; unique
das **Eis** ice cream; ice
eisig icy
der **Eisschrank, ̈-e** ice box
der **Elch, -e** moose
das **Elend** misery, distress; misfortune
elfenbeinern ivory
elterlich parental
die **Eltern** *(pl.)* parents
empfangen* to receive; to welcome
empfehlen* to recommend
das **Empfehlungs-schreiben, -** written recommendation
empfinden* to feel, sense
die **Empfindung, -en** feeling, sentiment; sensation, perception
empor-heben* to lift, raise up
das **Ende, -n** end; **letzten Endes** in the final

analysis, after all is said and done; **zu Ende** at an end, over; **zu Ende gehen* (s)** to come to an end
enden to end
endlich finally
eng narrow, confined, tight
entarten (s) to degenerate
entartet degenerate, debased
entbrechen* *only in the phrase:* **sich nicht entbrechen konnte** could not refrain from
die **Entdeckung, -en** discovery
entfahren* (jmdm.) (s) to slip out from *(of words)*; escape
entfallen* (jmdm.) (s) to slip out; to escape one's memory
entfernen to remove, take away, eliminate
entfernt distant, removed, remote; slight, faint
die **Entfernung, -en** distance, range; removal
entfliehen* (s) to flee from, escape
enthalten* to contain, hold
der **Enthusiasmus** enthusiasm
entkräften to refute *(an assertion)*
entlang *(followed by dat. or preceded by acc.)* along; **den Fluß entlang** *or* **entlang dem Fluß** along the river
entlassen* to dismiss
entleeren to empty
entlegen *(adj.)* distant, removed, remote
entnehmen* to deduce *or* infer, conclude, gather
entscheiden* to decide, determine, make a decision; sich **entscheiden** to decide, make up one's mind
entscheidend decisive, deciding
die **Entscheidung, -en** decision; **eine**

Entscheidung treffen* to make a decision
sich **entschließen*** to decide
der **Entschluß, -(ss)es, ̈-(ss)e** decision, resolve
entschuldigen to excuse, pardon
die **Entschuldigung, -en** excuse, apology
entsetzlich awful, horrible, frightful, dreadful
entsetzt horrified, appalled
entspannen to relax, relieve tension; sich **entspannen** to relax, become relaxed
entsprechen* *(dat.)* to correspond to, meet *(expectations)*
entstehen* (s) to originate, arise
enttäuschen to disappoint
die **Enttäuschung, -en** disappointment
entweder ... oder either ... or
entweichen* (s) to vanish, escape
(sich) entwickeln to develop, evolve
die **Entwicklung, -en** development
entzückend delightful, enchanting
entzwei in two, asunder, apart; **entzwei-springen* (s)** to crack, split, burst, break into pieces
das **Erachten** opinion, estimation; **meines Erachtens** in my estimation
erarbeiten to work out, get by working
erbauen to erect, construct; to edify
der **Erbe, -n, -n** heir
erblicken to catch sight of, behold, see
die **Erbse, -n** pea
das **Erbstück, -e** heirloom
das **Erdbeben, -** earthquake
das **Erdbeereis** strawberry ice cream

der **Erdboden** earth, ground
die **Erde** earth, ground, soil; planet earth
der **Erdrutsch, -e** landslide
das **Ereignis, -se** event; **ein freudiges Ereignis** a joyful event (*i.e., the birth of a child*)
erfahren* to come to find out, learn, discover
die **Erfahrung, -en** (practical) experience
erfassen to seize; to comprehend, grasp
erfinden* to invent
der **Erfinder, -** inventor
die **Erfindung, -en** invention
der **Erfolg, -e** success
erfragen to inquire into, ascertain by questioning
erfreulich pleasing, welcome
ergänzen to complete, add to
die **Ergänzung, -en** complement, supplement, completion
sich **ergeben* aus** to be the consequence of, ensue from
die **Ergebenheit** devotion, loyalty
das **Ergebnis, -se** result
die **Ergebung** resignation
ergießend pouring, outflowing
ergreifen* to seize, take hold of, grasp
erhalten* to get, receive; to preserve, maintain
sich **erhängen** to hang o.s.
erheben* to lift, raise; sich **erheben** to get up, raise o.s, rise
erhöhen to heighten
das **Erholungsheim, -e** convalescent home
erinnern to remind; sich **erinnern** to remember
die **Erinnerung, -en** remembrance, recollection
erkennen* to recognize, discern
die **Erkenntnis** insight, realization

erklären to explain; to declare
die **Erklärung, -en** explanation
sich **erkundigen (nach)** to inquire (about)
erlauben to allow, permit
die **Erlaubnis, -se** permission; license
erläutern to explain, elucidate
erleben to experience, to live *or* go through
erledigen to take care of *or* finish (*a task*), discharge (*a duty*)
der **Erlkönig, -e** king of the elves
erlogen false, fabricated
der **Erlös, -e** (net) proceeds
erlöschen* (s) to be(come) extinguished
der **Erlöser, -** redeemer, savior
ermahnen to admonish, warn
ermäßigen to reduce, lower
ermitteln to ascertain, find out
ermüdend tiring, fatiguing
erneut (*adv.*) anew, again
ernst serious, grave; earnest
ernstlich serious
erobern to conquer, overcome
eröffnen to open, start
erquicken to refresh, revive
erraten* to guess correctly
erregen to stir, excite
erregend arousing, provoking
die **Erregung** excitement, emotion, agitation
erreichen to reach, attain
(sich) **ersäufen** to drown o.s.
erschallen* (*also weak*) to resound, ring
erscheinen* (s) to appear; to seem
erschießen* to shoot (and kill)
erschnappen to snatch, grab

das **Erschöpfungs-merkmal, -e** sign of exhaustion
erschrecken* (s) to be frightened; to be startled
erschrocken startled, frightened, scared
ersehen* to see, perceive; **daraus ist zu ersehen** from that it is clear
ersehnen to long for, desire
ersetzen to replace
erst (*adv.*) (at) first; not until, only, just; (*adj.*) first, foremost; **fürs erste** for the present
erstarrt paralyzed with fear, benumbed, stiff, rigid
erstatten to give (*an answer, report*)
erstaunen to astonish, amaze; (s) to be astonished *or* surprised
erstaunlich amazing, astonishing
erstaunt amazed
ersterben* (s) to die, vanish (*sounds, smiles, feelings*)
ertappen to catch in the act
ertönen to ring, resound
ertragen* to endure, bear, stand
(sich) **ertränken** to drown o.s.
erwachen (s) to wake up, awake
erwachsen* (s) to grow, arise
erwachsen (*adj.*) grown up
erwähnen to mention
erwarten to expect, await
die **Erwartung, -en** expectation
erwecken to awaken, wake up
erweisen* to prove; to show, demonstrate; sich **erweisen als** to prove to be
erweislich demonstrable, provable
erwerben* to acquire, gain, obtain

erwidern to reply, answer
erwischen to catch, nab, get a hold of
erzählen to tell, relate, narrate
die **Erzählkarte, -n** card with cue words for telling a story
das **Erzeugnis, -se** product
die **Erziehung** education, upbringing
die **Erziehungsweise, -n** method of upbringing
das **Erziehungswesen** educational system
erzwingen* to force; to gain by force
der **Esel, -** ass, donkey
die **Esse, -n** forge
essen* to eat
das **Essen, -** food, meal
der **Esser, -** eater
das **Etikett, -e** or **-s** label, tag
etlich some, a few
etwa about, roughly; perhaps, perchance
etwas (pron. & adj.) something, anything; (adv.) somewhat
ewig eternal; **auf ewig** forever
das **Exemplar, -e** copy; specimen

F

fabelhaft fabulous
die **Fabrik, -en** factory
das **Fabrikareal, -e** factory area
der **Fabrikbesitzer, -** factory owner
fahren* (s) to go (in a vehicle), travel, ride; (h) to drive; **mit der Hand darüber fahren** to pass one's hand (over s.th.); **fahren lassen*** to let loose, drop
der **Fahrer, -** driver
der **Fahrgast, ⸚e** passenger
der **Fahrplan, ⸚e** schedule, time-table
fahrplanmäßig according to schedule

die **Fahrt, -en** ride, drive, trip
das **Fahrzeug, -e** vehicle, vessel
das **Faktum,** (pl.) **Fakta** or **Fakten** fact
der **Fall, ⸚e** case; instance, event; **auf jeden Fall** in any case; by all means
die **Falle, -n** trap; **in eine Falle geraten*** (s) to fall into a trap
fallen* (s) to fall; **fallen lassen*** to drop
die **Falte, -n** fold, crease, wrinkle
falten to fold
das **Familienmitglied, -er** family member
fangen* to catch
die **Fangfrage, -n** question to trap s.o.
die **Farbe, -n** color, tint; paint, dye
der **Farbfilm, -e** color film
fassen to seize, grasp; sich **fassen** to compose o.s., pull o.s. together
die **Fassung, -en** composure; setting, mounting
fast almost
faul lazy, indolent; rotten
die **Faust, ⸚e** fist
die **Feder, -n** pen, quill
fehlen to be missing or lacking
der **Fehler, -** mistake, error
fehlerfrei free of errors or flaws
die **Feier, -n** celebration, party; ceremony
feierlich solemn, ceremonious
feige cowardly
die **Feile, -n** file, rasp
fein fine
feindlich hostile
das **Feld, -er** field
das **Fenster, -** window
die **Fensterscheibe, -n** windowpane
die **Ferien** (pl.) vacation
fern far, distant
die **Ferne** distance, distant place or time
fern-liegen* (s) to be far from one's thoughts

fern-sehen* to watch television
das **Fernsehen** television
der **Fernseher, -** television set
die **Fernsehillustrierte, -n** TV magazine
fertig ready, finished, done
fertigbringen* to achieve, accomplish, do
der **Fesselballon, -e** or **-s** tethered hot-air ballon
fesseln to fetter, chain, bind; to fascinate, capture (attention)
fest firm, solid, fast, stable
festgenagelt firmly fastened
(sich) **fest-halten* (an)** (dat.) to keep a firm grip, hold fast or tight (to), not let go (of s. th.)
fest-legen to determine; to stipulate
fest-nehmen* to seize
fest-setzen to stipulate
fest-stehen* to be certain, be for sure
fest-stellen to ascertain, determine
fett fat; greasy
der **Fettdruck** boldface print
der **Fetzen, -** rag, tatter, shred
feucht moist
das **Feuer, -** fire
die **Figur, -en** figure, **(k)eine gute Figur machen** to (not) do well, (not) cut a good figure
die **Fingerspitze, -n** finger tip
finster dark, gloomy, grim
die **Firma, -men** firm, business
fixieren to fix one's eyes on
flach flat, plain, level
flackern to flicker
die **Flasche, -n** bottle
flattern to flutter, float in the wind; to dangle
der **Fleck(en), -** spot, mark
das **Fleisch** meat; flesh, pulp

die **Fleischerfaust, ¨e** butcher's fist

der **Fleiß** diligence, hard work

fliegen* (s) to fly; to get the sack *(slang)*, be fired; to flunk an exam

fliehen* (s) to flee

die **Fliese, -n** flagstone, paving stone, tile

das **Fließband, ¨er** conveyor belt, assembly line

die **Flosse, -n** fin

fluchen to curse, swear

das **Flugzeug, -e** airplane

der **Flur, -e** hallway, entrance hall, corridor; floor

flüstern to whisper

die **Flut, -en** incoming tide; flood

fluten (s) to flow, flood, cascade

die **Folge, -n** series; result

folgen (s) *(dat.)* to follow; **daraus folgt** from this it follows

folglich accordingly

der **Fonds, -** fund

die **Fontäne, -n** fountain

fordern to demand

fördern to further, support, sponsor

das **Formular, -e** form, blank

die **Forschung, -en** research, investigation

fort away, gone; on, forward

fort-dauern to last, continue, endure

fort-fahren* to continue, go on (with s.th.); **(s)** to depart

fort-gehen* (s) to go away; to continue

fort-reißen* to carry away *(by passion, excitement)*

der **Fortschritt, -e** progress, advance

die **Fortsetzung, -en** continuation

fort-tragen* to carry off

fort-ziehen* to drag away; **(s)** to move away

der **Fotoapparat, -e** camera

die **Frage, -n** question, inquiry

der **Fragebogen, - or ¨** questionnaire

fragen to ask; **fragen nach** to inquire about

die **Franse, -n** fringe *(clothing)*

der **Franzose, -n, -n** Frenchman

französisch French

die **Frau, -en** woman; Mrs.; Ms.

frech impudent, cheeky

frei free; open

freilich to be sure

freimütig frank, candid

freitags *(on)* Fridays

fremd foreign, strange, unfamiliar

der **Fremde** (ein **Fremder**) *(adj. noun)* stranger, foreigner

die **Fremdsprache, -n** foreign language

fressen* to eat *(of beasts)*, devour

die **Freude, -n** joy

freudestrahlend beaming for joy

freudig joyful, joyous, happy

freuen to make glad, delight; sich **freuen** **(über)** to rejoice, be glad (about)

der **Freund, -e** (boy)friend

die **Freundin, -nen** girlfriend, lady friend

freundlich friendly

die **Freundschaft, -en** friendship

frevel(haft) wanton, sacrilegious

der **Friede(n), -ns, -n** peace

der **Friedhof, ¨e** graveyard, cemetery

friedlich peaceful

frieren* (h or s) to freeze; to be *or* feel cold

die **Frischhaltepackung, -en** sealed *or* vacuum packed bag *or* container

die **Frisur, -en** hairdo

froh happy

fröhlich cheerful, gay

fromm pious, well-behaved; gentle, meek

der **Frosch, ¨e** frog

die **Frucht, ¨e** fruit

früh early; **in der Frühe** (early) in the morning **früher** earlier, previous

der **Frühling, -e** spring

das **Frühstück, -e** breakfast

die **Fuge, -n** joint

fühlen to feel, sense; sich **fühlen** to feel

führen to lead, guide; to bring

der **Fuhrherr, -n, (pl.) -leute** (horse)cart driver

die **Führung** command, leadership

füllen to fill

der **Füller, -** fountain pen

die **Füllfeder, -n** fountain pen

das **Fünkchen, -** little spark

funkeln to sparkle, twinkle, flash

funktionieren to work, function, operate

die **Funktionspartikel, -n** flavoring particle

die **Furcht** fear

furchtbar frightful, terrible, awful

fürchten to fear; sich **fürchten vor** *(dat.)* to be afraid of

der **Fürst, -en, -en** prince, sovereign

der **Fuß, ¨e** foot; **zu Fuß** on foot

die **Fußstapfe, -n** footprint, footstep

das **Futter, -** lining

G

die **Gabel, -n** fork

der **Gabelgriff, -e** fork handle

gähnen to gape; to yawn

der **Gang, ¨e** hall, corridor; gait

ganz whole, entire, complete; **ganz und gar** completely, totally

das **Ganze** whole, entirety

gar even, very; **gar nicht** not at all; **gar nichts** nothing at all

garantieren to guarantee

die **Gardine, -n** drape, curtain

die **Gasse, -n** lane, street, alley

die **Gassenaussicht, -en** view of the street

das **Gassenkabinett, -e** (Austrian) small one-room, street-level apartment

der **Gast, ⁻e** guest

der **Gastarbeiter, -** foreign worker

der **Gastgeber, -** host; die **Gastgeberin, -nen** hostess

das **Gasthaus, ⁻er** restaurant; inn

das **Gastland, ⁻er** host country

die **Gaststätte, -n** restaurant, inn

der **Gaukler, -** juggler, illusionist, magician

die **Gebärde, -n** gesture; bearing, appearance

das **Gebäude, -** building, structure

geben* to give; **es gibt** there is, there are

das **Gebiß, -(ss)e** dentures, set of artificial teeth; set of teeth

gebrauchen to use

die **Gebrauchsanweisung, -en** operating instructions

die **Geburt, -en** birth

der **Geburtstag, -e** birthday

das **Gebüsch, -e** bushes

geckenhaft dandyish, foolish

das **Gedächtnis** memory

der **Gedanke, -ns, -n** thought, idea

gedankenlos thoughtless

das **Gedeck, -e** table setting

das **Gedicht, -e** poem

das **Gedröhn** roar, thundering sounds

die **Geduld** patience

geduldig patient

die **Gefahr, -en** danger

gefallen* (jmdm.) to be pleasing (to s.o.); **es gefällt mir** I like it; **sich gefallen lassen*** (dat.) to put up with

der **Gefallen, -** favor, good turn; **jmdm. einen Gefallen tun*** to do s.o. a favor

die **Gefangenschaft** captivity

das **Gefängnis, -se** prison, jail

gefrieren* (s) to freeze solid, congeal

gefroren frozen, icy

das **Gefühl, -e** feeling

gegen against; toward

der **Gegensatz, ⁻e** opposite, contrast

gegenseitig mutual, each to the other, reciprocal

der **Gegenstand, ⁻e** object

gegenüber across from, vis-à-vis; **sich gegenüber** across from each other

der **Gehalt** literary content

geheim secret, secretive; **in(s)geheim** secretly

das **Geheimnis, -se** secret

gehen* (s) to go; **es geht um etwas** it is a matter of, it is about, the point is

das **Gehirn, -e** brain; brain power

gehoben elevated

gehören (dat.) to belong to; **gehören zu** to be part of, belong to

gehörig fitting, right, proper

gehorsam obedient

der **Gehorsam** obedience

der **Geier, -** vulture

der **Geist, -er** spirit; mind, intellect; ghost

gekachelt tiled

das **Gelächter** laughter

das **Gelände** tract of land, area

das **Geländer, -** railing, banister

das **Geld, -er** money

die **Gelegenheit, -en** opportunity, occasion

gelingen* (jmdm.) (s) to succed (in doing)

gellend shrieking, piercing

gelten* to be valid, hold true for; to be aimed at, concern **gelten lassen*** to let pass, not dispute

das **Gelüst, -e** desire

das **Gemälde, -** painting

gemeinsam (in) common, mutual; jointly, together

gemessen precise, in measured words

das **Gemisch** mixture, mix

die **Gemse, -n** chamois, Alpine goat

der **Gemüsegarten, ⁻** vegetable garden

genau exact, precise; **genauso** just as, exactly as

genial ingenious, very creative

genieren (from French) to embarrass

genießen* to enjoy

genug enough

genügen to suffice, be enough

gerade (adv.) precisely, particularly, quite, exactly, just, at that very moment; (adj.) straight; even

geradeaus straight ahead

geradezu downright

das **Gerät, -e** tool, instrument, apparatus

geraten (s) in (acc.) to fall into, get into; **außer Fassung geraten** to lose one's composure

das **Geräusch, -e** noise

das **Gerede** talk, gossip

gereizt irritated

die **Gereiztheit** irritation

das **Gericht, -e** court of law, tribunal

der **Gerichtsdiener, -** court officer or usher

gering slight, trifling

geringschätzig disdainful

gern gladly

der **Geruch, ⁻e** smell, odor, aroma

der **Geruchssinn** sense of smell
gesamt whole, entire, complete
der **Gesang, ⸚e** singing; song
das **Geschäft, -e** store
geschehen* (s) to happen, occur
das **Geschenk, -e** present, gift
die **Geschichte, -n** story; history
die **Geschichtsfälschung** falsifying of history
das **Geschirr** dishes, tableware
das **Geschlecht, -er** sex
geschliffen polished; elegantly formed
der **Geschmack, ⸚e** taste, flavor
geschmeidig supple, lithe
das **Geschmeiß** vermin
geschwind quick, swift
die **Geschwindigkeit, -en** speed, velocity
die **Gesellschaft, -en** society; company
die **Gesellschaftsschicht, -en** social stratum
das **Gesicht, -er** face
der **Gesichtsausdruck, ⸚e** facial expression
gesinnt minded, disposed, inclined
das **Gespräch, -e** conversation, discussion, talk; **ein Gespräch führen** to converse, carry on a conversation
die **Gestalt, -en** figure; shape
die **Geste, -n** gesture
gestehen* to admit, confess
gestern yesterday
das **Gesuch, -e** petition, application; **ein Gesuch auf-setzen** to draw up a petition
gesund healthy
das **Getränk, -e** drink
sich **getrauen** (dat.) to feel confident, trust o.s. to do
die **Gewalt, -en** power, force; violence

gewaltig mighty, huge, vast
das **Gewand, ⸚er** garment, gown
die **Gewerkschaft, -en** trade union
das **Gewicht, -e** weight
gewillt willing, inclined
gewinnen* to win, gain
gewiß (adv.) certainly, of course; (adj.) certain; sure
gewissenhaft conscientious
die **Gewißheit** certainty, assurance
gewitternd stormy, tempestuous
gewitzigt made wise by experience
sich **gewöhnen (an)** (acc.) to become accustomed to, get used to
die **Gewohnheit, -en** habit
gewöhnlich usual, customary; regular; **für gewöhnlich** usually
gewohnt accustomed, customary
gießen* to pour; **Blumen gießen** to water flowers
das **Gift, -e** poison
giftig poisonous
das **Gitter, -** bars (of a cage)
der **Glanz** splendor, radiance
glänzen to shine, glitter, be resplendent
glänzend splendid; gleaming, radiant
die **Glasplatte, -n** glass plate
der **Glasschrank, ⸚e** glass cabinet
glatt smooth; slippery
die **Glatze, -n** bald head; bald spot
der **Glaube, (-ns)** belief, religious faith
glauben to believe
glaubhaft plausible, credible
gleich (adj.) equal, like, same; (adv.) just, immediately, alike; **gleich, als** as soon as
gleich-bleiben* (s) to remain the same
gleichen* to resemble

gleichgestellt equal in rank, on a par with
gleichsam as it were, as if; almost
gleichzeitig simultaneous
gleiten* (s) to slide, glide
das **Glied, -er** limb
das **Glockenspiel, -e** carillon, chimes
der **Glockenturm, ⸚e** bell tower
das **Glück** luck, good fortune; happiness; **Glück haben*** to be lucky or fortunate
glücklich happy; fortunate
glühen to glow; to burn
die **Glut, -en** passion, ardor; glow, heat
der **Glutqualm** scorching fumes or smoke
gnädig gracious; die **Gnädige** or **gnädige Frau** madam
der **Goldmachertiegel, -** smelting pot for gold
die **Gondel, -n** gondola
gotisch Gothic
die **Gottheit, -en** deity
der **Götze, -n, -n** idol, false deity
der **Graben, ⸚** ditch, trench
der **Grabstein, -e** gravestone
gräßlich awful, horrible
gratulieren (jmdm.) to congratulate
grau gray
grausen: mir graust es I dread, I am afraid
grausig dreadful, horrible
greifen* to grip, seize; **greifen nach** to reach for, grab
der **Greis, -e** old man
grell dazzling (of colors); shrill (of sounds)
die **Grenze, -n** border
der **Grieche, -n, -n** Greek
grob uncouth, coarse, rude
grollen grumble
groß large, great, big; tall; **im großen und ganzen** by and large, for the most part
großartig splendid, great, grand

die **Großmutter, ¨**
grandmother
großzügig generous, on a
grand scale, large
die **Grube, -n** pit
der **Grund, ¨e** reason,
argument; ground; base,
bottom, foundation; **im
Grunde (genommen)**
basically, actually, in
reality
grundsätzlich on principle
grünspanig covered with
copper acetate
die **Gruppe, -n** group
grüßen to greet
das **Guckloch, ¨er**
peephole
gülden (poetic) golden
die **Gummihülle, -n**
rubber holder
die **Gunst** favor, goodwill
günstig favorable,
advantageous
gut good
gut-gehen* (s) to go well
gutmütig good-natured
der **Gymnasiast, -en, -en**
student in a
Gymnasium
die **Gymnastik**
calisthenics, exercises

H

das **Haarwuchsmittel, -**
hair-growing tonic
die **Habe** belongings
haben* to have
der **Häher, -** jay
der **Haifisch, -e** shark
halb half
halber (with preceding gen.)
because of, on account
of
die **Hälfte, -n** half; **zur
Hälfte** (adv.) half way
die **Halle, -n** hall
der **Hals, ¨e** neck; throat
die **Halskette, -n** necklace
halt (particle) well; just
der **Halt, -e** stop
halten* to hold, keep; to
stop **sich halten (an)** to
stick to, depend upon;
halten für to regard as,

consider to be; **halten
von** to have an opinion
about; **viel auf etwas
halten** to hold in high
regard
die **Haltestelle, -n** bus stop
die **Haltung, -en** posture,
bearing; attitude
die **Hand, ¨e** hand; **zur
Hand nehmen*** to take
in one's hand
handeln to act, behave; **es
handelt sich um etwas**
it is a question or a
matter of; **handeln von**
to be about (of stories)
die **Handfeuerwaffe, -n**
gun, rifle, pistol; weapon
die **Handfläche -n** palm
der **Händler, -** dealer
die **Handlung, -en** plot;
shop, store
der **Handlungsablauf** plot
ending
das **Handlungsgerüst, -e**
main points of the plot
der **Handschuh, -e** glove
die **Handtasche, -n**
handbag
das **Handwerk, -e** trade,
craft
hängen* (also weak) to hang
der **Harlekin, -e** joker,
clown (comic figure from
the Italian commedia
dell'arte)
harren auf (acc.) to wait for
harzartig resinous
(das) **Haschen** game of tag
der **Haß** hate
hassen to hate
häßlich ugly
die **Hast** haste
hasten (s) to hasten, hurry
hastig hasty
die **Haube, -n** bonnet,
hood
häufig frequent(ly)
das **Haupt, ¨er** head
der **Hauptgedanke, -ns, -n**
main idea
das **Hauptgericht, -e** main
course of a meal
das **Haupthaar** hair on the
head
die **Hauptperson, -en** main
person

die **Hauptsache, -n** main
thing
das **Haus, ¨er** house; home;
nach Hause (go) home;
zu Hause (be) at home
der **Hausangestellte** (ein
Hausangestellter)
(domestic) servant; (adj.
noun) die
Hausangestellte maid
die **Hausaufgabe, -n**
homework assignment
der **Hausbesitzer, -**
homeowner
der **Hausbewohner, -**
house occupant
der **Häuserblock, (s)** or ¨e
block of houses
der **Hausherr, -n, -en** head
of the family, master of
the house
der **Hausmeister, -**
building caretaker
die **Haut, ¨e** skin; hide
heben* to raise, lift; **sich
heben** to rise
die **Hebung, -en** accented
syllable
die **Hecke, -n** hedge
heda! hey there!
das **Heft, -e** notebook,
booklet
heftig hard, with intensity;
fervent, passionate
heilig sacred
heilsam beneficial to
heim home
heim-bringen* to bring
home
heim-kehren* (s) to return
home
heim-kommen* (s) to
come home
heimlich secret(ly);
secretive(ly)
der **Heimweg, -e** way home
das **Heimweh**
homesickness
heiß hot
heißen* to be called; to
bid, order; **das heißt**
that is (to say); **es heißt**
it says (that)
heiter cheerful, serene;
amusing
die **Heiterkeit** cheerful-
ness; merriment

die **Heizung, -en** heating
der **Held, -en, -en** hero
heldenmütig heroic, valiant
das **Heldentum** heroism
hell bright, light
der **Helm, -e** helmet
das **Hemd, -en** shirt
hemmungslos unrestrained
her (to) here, this way; **es ist** or **es sind fünf Jahre her** it has been five years; **von ... her** from
heran-ziehen* to consult
herauf-ziehen* to pull up
heraus-brechen* (h or **s)** to break out
heraus-fallen* to fall out
heraus-suchen to pick out
heraus-werfen* to throw out **(s)**
heraus-ziehen* to pull out; to move out
der **Herd, -e** stove
herein-kommen* (s) to come in
herein-strömen (s) to stream in
das **Herkommen** tradition, custom
hernach after this, hereafter, afterward
der **Herr, -n, -en** gentleman; lord; sir; Mr.
herrlich splendid, magnificent
die **Herrlichkeit, -en** magnificence, splendor
die **Herrschaften** (pl.) master and mistress; illustrious persons
her-sagen to recite
her-stellen to make, produce
herüber-schauen to look over toward
herumbummeln (s) to stroll about
herum-gehen* (s) to go around, walk about
herum-kommen* (s) to get around
herum-liegen* to lie around
herum-tanzen (s) to dance around

sich **herum-treiben*** to gad about; to loiter
herunter-haben* to have kilometers or miles on an engine
herunter-hängen* to hang down
herunter-kurbeln to crank down
herunter-stürzen (s) to plunge down, fall
hervor-bringen* to bring forth; to utter
hervor-gehen* (s) to go forth
hervor-kommen* (s) to come forth
hervor-treten* (s) to stick out; to step forward
hervor-ziehen* to pull out or forth
das **Herz, -ens, -en** heart; **jmdm. am Herzen liegen*** to be very important to s.o.
das **Herzklopfen** palpitations
herzlich cordial; sincere
die **Hetze, -n** chase, pursuit; mad rush
heute today
heutzutage nowadays
der **Hexenschwindel** witches' hocus-pocus
der **Hexenstaat** witchcraft trappings
die **Hilfe, -n** help; **jmdm. zu Hilfe kommen* (s)** to come to one's aid
hilflos helpless
hilfsbereit helpful, obliging
der **Himmel** sky; **freier Himmel** open sky
die **Himmelskönigin, -nen** queen of heaven
der **Himmelskörper, -** celestial body
hin (to) there; toward; **hin und her** to and fro, back and forth; **vor sich hin** in front of oneself
hinab (to go) down(ward)
hinab-spülen to wash down
hinauf (to go) up(ward)
hinauf-blicken to look up (at)

hinaus (to go) out
hinaus-blicken to look out(ward)
hinaus-sehen* to see out, look out
Hinblick: im Hinblick auf (acc.) with or in regard to
hinein-bitten* to ask s.o. (to go) in
hinein-gehen* (s) to go in(to)
hinein-gucken to peek in
hinein-schauen to look in(to)
sich **hinein-insetzen** to sit down in
die **Hingabe** submission, surrendering of o.s.
hingegen on the other hand
hin-kommen* (s) arrive (there)
hin-legen to set down
hin-schauen to look over toward
hin-stellen to set down, place; **als ein Beispiel hin-stellen** to hold up as an example
hinter behind
hinterdrein after, behind
der **Hintergedanke, -ns -n** ulterior motive
hinterher (hinter ... her) after or behind s.o.
hinterlassen* to leave behind
die **Hinterseite, -n** other side; drawback
die **Hinterziehung** (tax) evasion
hinüber-treten* (s) to walk over (to)
hinunter down, downward
hinunter-laufen* (s) to run down
hinweg-strecken to stretch over (toward)
hinweg-wenden* to turn away
hinzu-fügen to add, append
das **Hirn, -e** brain, mind; brain power, intellect
der **Hirsch, -e** deer, elk

die **Hitze** heat
hoch high; upward
die **Hochachtung** high regard, respect
hoch-heben* to lift up
(sich) **hoch-klappen** to flip up
hochmütig haughty, arrogant
höchst *(adj.)* highest; *(adv.)* highly, extremely; **höchste Zeit** high time, about time
höchstbestens *(coll., interject.)* great!
höchstens at most, at best
die **Hochzeit, -en** wedding
die **Hochzeitsreise, -n** honeymoon trip
hocken to crouch, squat
der **Hof, ̈-e** backyard; courtyard, court; manor, house
der **Hofarzt, ̈-e** court physician
hoffen auf *(acc.)* to hope for
hoffentlich hopefully
die **Hoffnung, -en** hope
höflich polite
die **Höflichkeit, -en** politeness, courtesy
die **Höflichkeitsform, -en** polite form of address
hohe *see* **hoch**
die **Hoheit, -en** nobility; Highness *(title)*
holen to fetch, come and pick up
höllisch hellish
das **Holz, ̈-er** wood
das **Holzkreuz, -e** wooden cross
der **Holzschnitzer, -** woodcarver
der **Holzzaun, ̈-e** wooden fence
honett *(French)* respectable, honorable
der **Honig** honey
der **Hörapparat, -e** hearing aid
hören to hear
das **Hörensagen** hearsay
der **Hörer, -** (telephone) receiver
das **Hörspiel -e** radio play

der **Hörtext, -e** listening text
die **Hosenfalte, -n** pant crease
hübsch pretty, handsome, nice, lovely
der **Hubschrauber, -** helicopter
der **Hügel, -** hill, knoll
die **Hühnerhaut** goose bumps
der **Hund, -e** dog
der **Hungerleider, -** needy wretch
hüpfen (s) to hop; to leap, skip
husten to cough
der **Hut, ̈-e** hat, cap
hüten to look after, take care of; sich **hüten vor** *(dat.)* to be on guard against, watch out for

I

die **Illustrierte, -n** illustrated magazine
immer always; continually; **immer mehr** more and more; **immer noch** still; **immer schneller** faster and faster
immerfort continuously
immerhin still, yet, all the same
immerzu continually, all the time
die **Impfung, -en** vaccination, inoculation
imponieren (jmdm.) to impress
indem *(conj.)* by . . . -ing; in that
der **Inder, -** native of India
indes(sen) meantime, meanwhile
infam shameless
der **Infanterist, -en, -en** infantryman
der **Ingenieur, -e** engineer
der **Inhalt, -e** content(s)
die **Inhaltsaussage, -n** statement on the content
die **Initiale, -n** initial
inne-halten* to pause, stop (doing s.th.)

innerlich inner, internal
innig fervent, intense, with deep feeling
der **Insasse, -n, -n** passenger; occupant; inmate
insbesondere in particular
das **Insekt, -en** insect
das **Inserat, -e** advertisement, ad insert *(in newspaper)*
insgesamt altogether
das **Interesse, -n** interest
inwiefern to what extent
inzwischen in the meantime, meanwhile
irgend (-) some . . . ; any . . . ; **irgendein-** some [thing] or other; **irgendeiner** someone or other, anyone; **irgendwann** sometime or other **irgendwas** *(coll.)* = **irgend etwas** something or other; **irgendwer** someone or other; **irgendwo** somewhere or other
sich **irren** to err, be mistaken, be wrong
das **Irrenhaus, ̈-er** insane asylum, madhouse
die **Irrgänge** *(pl.)* maze, labyrinth
das **Irrlicht, -er** jack-o'-lantern
der **Irrtum, ̈-er** mistake, error
der **Italiener, -** Italian
italienisch Italian
i wo! = ach was! *(interject.)* oh, come on!, out of the question!

J

ja yes; indeed; of course
die **Jacke, -n** jacket
jagen to chase, race, rush
der **Jäger, -** hunter
das **Jahr, -e** year
das **Jahrhundert, -e** century
-jährig -year old; **zweijährig** two-year(s) old

die **Jalousie, -n** Venetian blind

jäten to weed

jauchzen to rejoice, shout with joy, exult

je each, in each case; ever; **je mehr . . . um so** *or* **desto mehr** the more . . . the more; **je nachdem** depending on (how)

jed- every, each; **ein jeder** each one

jedenfalls in any case, in any event, at any rate

jedesmal every time

jedoch however, nevertheless

jeglich (*elevated style*) each, every

jemals ever

jemand someone

jen- that; (*pl.*) those

jenseits on the other side, beyond, yonder

jetzt now

jetzig present, current, existing now

jeweilig respective, at the moment

jeweils in each case, respectively

johlen to howl

der **Jude, -n, -n** Jew

jüdisch Jewish

die **Jugend** youth, adolescence

das **Jugendtheater** theater for young people

der **Jugoslawe, -n, -n** Yugoslavian

jung young

der **Junge, -n, -n** boy, youth; **Jungs** (*coll.*) guys, fellows, gang

der **Jüngling, -e** youth, lad, young man

juristisch pertaining to the question of legality, legal

der/das **Juwel, -en** jewel, gem

K

die **Kachel, -n** ceramic tile

der **Käfig, -e** cage

kahl bald; bare

der **Kai, -e** *or* **-s** wharf, quay

kalt cold

die **Kälte** cold(ness)

kämpfen to fight, battle

die **Kanne, -n** jug, pot

kantig edged

die **Kantine, -n** canteen, mess

die **Kapelle, -n** band, small orchestra

die **Kappe, -n** cap, hood

kaputt broken, ruined

das **Karenzjahr, -e** (*Austrian*) year of maternity *or* medical leave

die **Karre, -n** cart, crate

die **Kartoffel, -n** potato

die **Kasse, -n** cash register

der **Kassenraum** cash register area

der **Kasten, ⸚** chest, case, box

der **Kastenbau, -ten** case construction

die **Katze, -n** cat; **die Katze im Sack kaufen** to buy a pig in a poke

kauen to chew

kaufen to buy

der **Kaufvertrag, ⸚e** purchase contract

kaum scarcely, barely

keck bold, brazen

die **Kehle, -n** throat

kehren to sweep

die **Kehrseite, -n** reverse side

keiner no one

keinerlei not any

der **Keller, -** cellar, basement

kennen* to know, be acquainted with

kennen-lernen to become acquainted with, get to know

die **Kenntnis, -se** knowledge, information; **zur Kenntnis nehmen*** to take note *or* cognizance of

kennzeichnen to mark, characterize

der **Kerl, -e** fellow

der **Kinderwagen, -** baby carriage

die **Kinderwiege, -n** child's cradle

kindisch childish

das **Kino, -s** cinema, movie theater

das **Kinoinserat, -e** movie advertisement

die **Kinovorstellung, -en** movie showing

die **Kirche, -n** church

der **Kirchenchor, ⸚e** church choir

die **Kirchenglocke, -n** church bell

der **Kirsch** (*a schnapps made from distilled cherries*)

die **Kirsche, -n** cherry

die **Kiste, -n** box, chest, trunk, crate, case

der **Kitsch** rubbish, kitsch

die **Kittelschürze, -n** smocklike apron

klagen to bring legal action; to complain, bemoan

der **Klang, ⸚e** sound, ring

klappen to work out ok, go well

klappern to clatter; to rattle; **mit den Zähnen klappern** to chatter one's teeth

klapprig shaky, rickety, clattering

die **Klassenarbeit, -en** classwork

das **Klavier, -e** piano

kleben to paste, glue, stick

das **Kleid, -er** dress; (*pl.*) clothes

kleiden to dress

die **Kleidung** clothing

das **Kleidungsstück, -e** piece of clothing

klein small, little

klettern (s) to climb, scramble

die **Klingel, -n** doorbell, chime

klingeln to ring, chime

klingen* to sound ring

die **Klinke, -n** door handle

klirren to rattle, clatter, clank

klopfen to knock, tap

der **Knabe, -n, -n** boy, lad

knapp terse, succinct; scarce

der **Knecht, -e** serf, servant; warrior *or* knight *(older meaning)*

die **Knechtenschar, -en** group of **Knechte**

das **Knie, -** knee

der **Knochen, -** bone

der **Knopf, ¨e** button

der **Knopfdruck, ¨e** pressing a button

knurren to grumble

kochen to cook

der **Koffer, -** suitcase, trunk

der **Kohlenmann, ¨er** coal-delivery man

kohlschwarz coal black

der **Kollege, -n, -n** colleague

das **Kollektivgesicht, -er** collective face, face like all the others

komisch strange, odd; funny, comical

kommen* (s) to come; **um etwas kommen** to lose, be deprived of

der **Konditor, -en** confectioner, baker of fancy pastry

die **Konferenz, -en** conference, meeting

der **König, -e** king

das **Königsmahl, -e** festive meal of a king

der **Königssaal, -säle** banquet room of a king

die **Kontaktgläser** *(uncommon)* = **Kontaktlinsen** *(pl.)* contact lenses

kontrollieren to check, adjust

das **Konzentrations-lager, -** concentration camp

der **Kopf, ¨e** head

kopflos headless

das **Kopftuch, ¨er** *(cloth worn over the head by women from the Middle East)*

kopfunten upside down

der **Korb, ¨e** basket

der **Körper, -** body

korrigieren to correct

der **Korybant, -en, -en** Corybant *(any of the attendants to the Phrygian goddess Cybele)*

der **Krach** crash, noise, ruckus; **zu einem Krach kommen* (s)** to come to a quarrel *or* scene

krachen to crash, slam; **ins Schloß krachen** to slam shut

die **Kraft, ¨e** strength; power, force; **bei Kräften sein* (s)** to have one's strength

kräftig strong, powerful, vigorous, firm; **ein kräftiger Schluck** a big gulp *or* swallow

der **Kragen, -** collar

der **Kram** trash, junk; small wares

der **Krampf, ¨e** cramp, spasm

krampfhaft convulsive

der **Kran, ¨e** crane, hoist

krank sick, ill

kränken to offend, insult

das **Krankenbett, -en** sickbed

das **Krankenhaus, ¨er** hospital

kratzen to scratch

das **Kraut, ¨er** cabbage; herb

die **Krawatte, -n** necktie

der **Krawattensitz** way a necktie sits

der **Krebs** cancer

die **Krebsforschung** cancer research

der **Kreidestaub** chalk dust

der **Kreis, -e** circle; circuit

das **Kreuz, -e** cross

die **Kreuzung, -en** crossing

kribbeln to tickle, tingle

der **Krieg, -e** war; **Krieg führen** to wage war

kriegen *(coll.)* to get

kriegerisch warlike, militant

der **Kriminalfilm, -e** crime *or* detective film

die **Krone, -n** crown

die **Küche, -n** kitchen

der **Kuchen, -** cake; pastry

die **Kugel, -n** sphere, ball

die **Kuh, ¨e** cow

kühl cool

die **Kühltasche, -n** bag for keeping s.th. cold

kulant *(French)* accommodating, obliging

das **Kulturamt** office for cultural affairs

der **Kummer** worry, sorrow, care

sich **kümmern um** to concern o.s. with, care for, worry about

der **Kunde, -n, -n** customer; die **Kundin, -nen** female customer

künden to proclaim, announce

die **Kunst, ¨e** art; skill

der **Künstler, -** artist

die **Kuppel, -n** cupola, dome

der **Kurs, -e** price of stocks, currencies, etc.; course, class

die **Kursivschrift** italics

der **Kursteilnehmer, -** course participant

kurz short, brief; **vor kurzem** recently

kürzlich recently

die **Kußhand: jmdm. eine Kußhand zuwerfen*** to toss s.o. a kiss

L

lächeln to smile

lachen to laugh

lächerlich ridiculous

der **Lack, -e** enamel paint; lacquer

laden* to invite; to load

der **Laden, ¨** store, shop

das **Lager, -** camp

lagern to camp

lackieren to enamel, paint

das **Lamm, ¨er** lamb

der/das **Lampion, -s** Chinese lantern

das **Land, ¨er** land; country; **aufs Land fahren* (s)** to travel into the country(side) die **Landpartie, -n** country outing

der **Landsmann,** die **Landsleute** compatriot, fellow countryman

lang long; tall

lange for a long time; **lange her** a long time ago

langen (nach) to reach (for)

länger longer

die **Lang(e)weile** boredom

langsam slow(ly)

längst long since, long ago; **längst vorbei** long since past; **schon längst** long since, long ago

langweilen to bore; **sich langweilen** to be bored

langweilig boring

lärmen to make noise, make a racket

lärmend noisy, unruly

lassen* to let, leave (in a certain state); **lassen +** inf. to let or have s. th. be done, let or have s.o. do; **das muß man ihm lassen** you have to give/concede him that

die **Last, -en** burden, loan

lästern to blaspheme, slander

der **Lastwagen, -** truck, van

die **Laube, -n** little garden house, garden shed

der **Lauf, -̈e** course; **im Lauf(e)** in or during the course of

laufen* (s) to run; to go; to walk

lauschen (dat.) to listen for, eavesdrop (on)

laut loud

der **Laut, -e** sound, tone

läuten to ring

lauter nothing but

lautlos silent

der **Lautsprecher, -** loud-speaker

leben to live

das **Leben, -** life

die **Lebensanschauung, -en** outlook on life

der **Lebensbereich, -e** area of life

die **Lebensbeschreibung, -en** biography

die **Lebensgeschichte, -n** life story, biography

der **Lebenslauf, -̈e** curriculum vitae, résumé

die **Lebensmittel-versorgung** food supply

die **Lebensweise, -n** way of living

der **Lebtag: dein Lebtag** your life long

lecker tasty, appetizing

ledig unmarried, single

leer empty; **ins Leere treten* (s)** to step into empty space

leeren to empty

die **Leerstelle, -n** vacant or empty spot in a text, s.th. left unsaid

legen to lay, put, place; **sich legen** to lie down; to subside, die down

(sich) lehnen to lean

die **Lehre, -n** lesson, moral

lehren to teach, instruct

die **Lehrerin, -nen** female teacher

der **Lehrling, -e** apprentice

die **Lehrstelle, -n** teaching position

der **Leib, -er** body (of a living thing)

leibhaft in the flesh

leichenstill deathly still, still as a corpse

leicht easy; light

der **Leichtsinn** rashness, recklessness

das **Leid** hurt, harm; **jmdm. ein Leid(s) (an)tun*** to harm s.o.

leiden* to suffer, tolerate, put up with; **jmdn. leiden können*** to like s.o.

leidenschaftlich passionate; avid, enthusiastic

leider unfortunately

leidlich tolerable, passable

leid tun* to be sorry, regret; **es tut mir leid** I am sorry

leise soft; low-voiced; gentle, light

sich (dat.) **leisten können*** to be able to afford

die **Leistung, -en** accomplishment

die **Leistungsfähigkeit** capacity, performance

leiten to guide, lead

der **Leiter, -** manager

die **Leitung, -en** (telephone) line

die **Lektüre, -n** reading

lenken to steer, direct

die **Lerche, -n** lark

lernen to learn

lesen* to read

der **Lesezirkel, -** reading circle

letzt- last; **die letzteren** the latter; **zum letztenmal** for the last time

leuchten to shine, gleam

die **Leute** (pl.) people

das **Licht, -er** light

lieb dear

die **Liebe, -n** love

lieben to love

liebenswürdig kind, obliging

lieber (comp. of gern) preferably, sooner, rather

der **Liebesfilm, - e** romantic film

das **Liebespaar, -e** couple in love

der **Liebhaber, -** lover

liebkosen to caress

lieblich lovely, charming

die **Lieblingsfarbe, -n** favorite color

das **Lieblingswort, -̈er** favorite word

die **Lieferung, -en** delivery

liegen* to lie, be situated; **das liegt mir nicht** that is not my thing, that does not fit my character; **es liegt daran** it is because

links to the left, on the left

der **Lippenstift, -e** lipstick

loben to praise; **das lobe ich mir** that I like

das **Loch, -̈er** hole

locken to lure, entice, attract
löffeln to spoon
der **Lohn, ⸚e** wage
der **Lokalteil, -e** local section (of a newspaper)
los loose; **was ist los?** what's up? what's wrong?
lösen to loosen, detach; to dissolve; to solve (a problem, riddle, etc.)
los-fahren* (s) to drive off, depart
der **Löwe, -n, -n** lion
der **Löwenzahn** dandelion
die **Lücke, -n** gap, opening
die **Luft, ⸚e** air; **Luft holen** to get a breath of air
der **Luftballon, -s** balloon
der **Luftbefeuchter, -** humidifier
die **Lüge, -n** lie; **jmdn. Lügen strafen** to give s.o. the lie
lügen* to tell a lie
Lungenzüge machen to inhale
die **Lust, ⸚e** desire, wish, longing; **vor Lust** with/ for joy
der **Lustgarten, ⸚e** pleasure grounds, pleasure garden
lustig merry, gay; comical, funny
sich **lustig machen (über)** to make fun of

M

die **Mäanderwindung, -en** meandering turn
machen to do; to make
die **Macht, ⸚e** power, force
mächtig mighty
das **Mädchen, -** girl
der **Mädchenhändler, -** dealer in young women
der **Magier, -** soothsayer
die **Mahlzeit, -en** meal; **eine Mahlzeit einnehmen*** to eat a meal
der **Mai** May
das **Maiglöckchen, -** lily of the valley

die **Maklerfirma, -men** agency, brokerage
mal (particle) just; **-mal** times; **einmal** once; **dreimal** three times
das **Mal, -e** time, turn; **zum ersten Mal** (for) the first time
man one, they, we, you, people
manch- many a; **mancher** many a person
manchmal sometimes, now and then
mangeln (jmdm.) to be missing, be lacking
männlich male; manly
die **Mannschaft, -en** team
der **Mantel, ⸚** overcoat
das **Märchen, -** fairy tale
die **Margerite, -n** daisy
markieren to mark, indicate
die **Markthalle, -n** covered market, market hall
die **Marmorschale, -n** marble bowl, marble basin
die **Maßnahme, -n** measure; **Maßnahmen treffen*** to take measures
die **Mauer, -n** stone or cement wall
das **Maul, ⸚er** mouth (of animals), snout
maulen to whine, moan
das **Medikament, -e** medicine, drug
das **Meer, -e** sea; ocean
der **Meeresgrund** ocean floor, bottom of the sea
die **Meerkatze, -n** long-tailed monkey
mehr more
mehrere several
mehrmals several times
meiden* to avoid
meinen to be of the opinion; say; to mean, intend
die **Meinung, -en** opinion; **der Meinung sein* (s)** to be of the opinion; **ihrer Meinung nach** in her opinion
die **Meinungsaussage, -n** statement of opinion

die **Meinungsäußerung, -en** expression of opinion
meist most, mostly
meistens mostly
der **Meister, -** boss; master; champion
melden to report, send word; sich **melden** to report (in), announce one's presence
die **Meldung, -en** announcement, report
die **Menge, -n** multitude
der **Mensch, -en, -en** human being, man, person
der **Menschenfresser, -** cannibal
die **Menschengestalt, -en** human form or shape
das **Menschengewühl** throng of people
die **Menschenmenge** crowd of people
der **Menschenstrom, ⸚e** throng of people
die **Menschheit** humankind
merken to observe, notice, note; sich (dat.) **etwas merken** to take note of s.th.
merklich noticeable
das **Merkmal, -e** indicator
merkwürdig remarkable, strange
der **Metzger, -** butcher
die **Miene, -n** mien; facial expression
die **Miete, -n** rent
minder less
minderjährig under age
der **Minderwertigkeitskomplex** inferiority complex
mindestens at least
mischen to mix
mißbilligen to disapprove
mißfallen* (jmdm.) to displease
mißmutig in ill humor
mißtrauisch distrustful
das **Mißvergnügen** dissatisfaction
mit with; **mit weg** gone like the others

der **Mitarbeiter, -** co-worker
mit-bringen* to bring along
miteinander with each
other, together; **miteinander teilen** to share
with each other
das **Mitglied, -er** member
mit-lachen to join in
laughter
mit-nehmen* to take along
mit-spielen to play along
Mittag: zu Mittag at noon
das **Mittagessen, -**
noonday meal, lunch
die **Mittagspause, -n**
noonday break
die **Mittagszeit, -en**
noontime
die **Mitte** middle
mit-teilen to inform, notify,
impart, communicate
die **Mitteilung, -en**
communication,
announcement, notice,
news
mittel: mittlerer medium,
average, middle
das **Mittel, -** means
mittelalterlich medieval
der **Mittelpunkt, -e** center
mitten in in the midst of,
in the middle of
mittlerweile meanwhile
mit-ziehen* (s) to go along
with, accompany
das **Möbel, -** piece of
furniture, *pl.* furniture
möchte(n) would like;
might
die **Mode, -n** fashion
das **Modejournal, -e**
fashion magazine
möglich possible
möglichst as much as (is)
possible
der **Mohnstrudel**
poppyseed strudel
die **Mohrrübe, -n** carrot
der **Monat, -e** month
der **Mord, -e** murder
der **Morgen, -** morning
das **Morgenrot** red of
morning, dawn, sunrise
morgens in the morning,
mornings
die **Moritat, -en** song of
evil deeds

der **Mörser, -** mortar
der **Moschusochse, -n, -n**
musk ox
die **Mühe, -n** trouble,
pains, effort
das **Mühlenrad, ⸚er** mill
wheel
die **Müllabfuhr, -en**
garbage pickup
der **Mund, ⸚er** mouth
mündlich oral
der **Mundwinkel, -** corner
of the mouth
munter lively, alive;
cheerful
murmeln to murmur,
mutter
das **Musikstück, -e** piece
of music
der **Muskel, -n** muscle
müssen* to have to, must
müßig idle, lazy
das **Muster, -** model,
specimen, pattern
der **Mut** courage
mütterlicherseits on the
mother's side, maternal
die **Muttersprache, -n**
mother tongue, native
language
die **Mütze, -n** cap

N

na *(interj.)* well; what did I
tell you? **na ja** oh well;
na, denn nicht OK, let's
not
nach after; toward, to;
nach und nach little by
little
nach-ahmen (jmdn.) to
imitate s.o.
der **Nachbar, -n** *or* **-s, -n**
neighbor
die **Nachbarstadt, ⸚e**
neighboring city
nachdem *(conj.)* after
nach-denken* (über etwas)
to ponder, think (s.th.
over)
nachdenklich reflective,
pensive
nachdrücklich emphatic
nach-eifern to strive in
pursuit of

nach-erzählen to retell
die **Nacherzählung, -en**
retelling
nach-forschen to trace,
investigate
nach-geben* to give in,
yield
nach-gehen* (s) *(dat.)* to
pursue *(a matter)*,
inquire into
nachher afterward
nach-holen to do s.th.
previously omitted,
make up
nach-kommen* (jmdm.) (s)
to come after *or* behind
s.o.; to rejoin
nachlässig careless, lax
nachmittags afternoons
nach-rennen* (s) *(dat.)* to
run after
die **Nachricht, -en** news
das **Nachspiel, -e** epilogue
nächst next, nearest
die **Nacht, ⸚e** night; **eines
Nachts** one night
der **Nachtisch, -e** dessert
nächtlich nocturnal
nachts at night, nights
nachtschwarz night black
nach-wachsen* (s) to grow
back (in)
der **Nachwuchs** progeny,
one's children
nackt naked
das **Nagetier, -e** rodent
nah(e), near, close
die **Nähe** proximity; **in der
Nähe** nearby, close by
nahe-liegen* to be obvious
or manifest, suggest
itself
nahe-stehen* (jmdm.) to
be close to s.o.
die **Nahrung** food,
nourishment
der **Name, -ns, -n** name
namentlich namely,
especially
nämlich namely, that is,
you see
närrisch foolish, silly,
eccentric
die **Nase, -n** nose
naß wet, damp
die **Naturerscheinung, -en**
natural phenomenon

natürlich *(adj.)* natural;
  (adv.) of course
der **Nebelstreif, -e** wisp *or*
  streak of fog
neben beside
nebenan next door
nebenbei by the way
nebeneinander side by side
das **Nebenhaus, ⸚er** house
  next door
der **Nebentisch, -e** next
  table
der **Nebenweg, -e** indirect
  path *or* road
nehmen* to take
der **Neid** envy
die **Neigung, -en** proclivity,
  inclination; slope
die **Nelke, -n** carnation
nennen* to name
der **Nerv, -es** *or* **en, -n**
  nerve; **jmdm. auf die
  Nerven gehen* (s)** to
  get on one's nerves
nett nice
neuartig new kind of,
  new-fashioned
die **Neugierde** curiosity
neugierig curious
neulich recently
nicht not; **nicht einmal**
  not even; **nicht mehr**
  no more, no longer;
  nicht wahr? isn't it?
  aren't you? right?
nichts nothing
nicken to nod
nie never
nieder *(adj.)* low, inferior;
  (adv.) down
sich **nieder-beugen** to
  bend over *or* down, bow
nieder-blicken to glance *or*
  look down
nieder-fahren* (s) to come
  down, descend
nieder-legen to lay down,
  put down
nieder-sinken* (s) to drop,
  sink
niedrig low(ly); inferior;
  base, mean
niemals never
niemand no one, nobody
die **Niere, -n** kidney
die **Nierengegend** kidney
  area

nimmer never, nevermore;
  nie und nimmer never
  at any time
nippen to sip, taste
der **Nischentisch, -e** table
  in a niche *or* alcove
noch still; **noch mal** *(coll.)*
  = **noch einmal** once
  more, once again; **noch
  immer** still; **noch nicht**
  not yet; **noch nie** never
  before
die **Nonne, -n** nun
die **Normaluhr, -en** public
  clock
die **Not, ⸚e** need, want;
  danger, peril; difficulty
die **Note, -n** grade
notieren to make a note of,
  jot down
nötig necessary
die **Notiz, -en** note
notwendig necessary
Nu: im Nu in no time at
  all, in an instant, in the
  twinkling of an eye
nuancieren to give a
  particular nuance to
die **Null, -en** zero
die **Nullkenntnis** *(pl.)* zero
  knowledge
nun *(adv.)* now, at present;
  (particle) now, well; **es
  ist nun einmal so** well,
  that's just the way it is
nur only; *(particle)* just
nützlich useful

O

ob whether
oben above, overhead
das **Oberhemd, -en** dress
  shirt
oberst- highest, top
obgleich although
die **Obligation, -en** bond,
  promissory note
der **Obstbauer, -n, -n** fruit
  farmer
obwohl although
der **Ofensetzer, -** stove fitter
offen open
offenbar evident, obvious
offensichtlich obvious,
  apparent

öffnen to open; sich **weit /
  tief öffnen** to gape
oft often
öfter (s) frequently, often;
  more often
ohne without; **ohne . . . zu**
  without . . . -ing
ohnehin anyway, as it is
die **Ohnmacht, -en** faint,
  swoon,
  unconsciousness;
  powerlessness
ohnmächtig unconscious;
  powerless
das **Ohr, -en** ear
die **Ohrfeige, -n** slap in the
  face, box on the ear
das **Ohrgehänge, -** earring
die **Ölblumen,** *(pl.)* oil
  painting of flowers
ölverschmiert oil-stained
die **Oma, -s** grandma
der **Onkel, -** uncle
die **Operette, -n** operetta
das **Opfer, -** victim;
  sacrifice
der **Orden, -** medal,
  decoration
ordentlich decent,
  respectable; tidy, neat;
  (adv.) really
die **Ordnung** order,
  arrangement;
  orderliness
der **Ort, -e** place, spot, site

P

paar: ein paar a few,
  several; **(ein) paarmal** a
  few times
das **Pack** mob, pack
packen to pounce on,
  grasp, clutch
die **Pädagogik** teacher
  education, pedagogy
das **Paket, -e** packet,
  package, parcel
der **Palast, ⸚e** palace
die **Palme -n** palm
der **Pantoffel, -** *or* **-n**
  slipper
die **Papeterie, -n** *(French)*
  stationery store
der **Passagier, -e** *(French)*
  passenger

passen (*dat.*) to fit, suit
passend appropriate, fitting
passieren (s) to happen
pechschwarz pitch-black
peinlich embarrassing, awkward
die **Pendeluhr, -en** pendulum clock
die **Pension** retirement
per (*prep. with acc.*) per, by
der **Personalausweis, -e** personal identification card
der **Personalchef, -s** personnel manager
die **Persönlichkeit, -en** personality
die **Pest, -en** plague, epidemic
der **Pfadfinder, -** Boy Scout
der **Pfahl, ¨e** piling, post
die **Pfeife, -n** pipe; whistle
pfeifen* to whistle
der **Pfeiler, -** pillar
das **Pferd, -e** horse
der **Pferdefuß, ¨e** drawback, catch
der **Pfirsich, -e** peach
die **Pflanze, -n** plant
pflegen to take care of
der **Pflegeurlaub** leave to take care of s.o.
pflücken to pick, pluck
das **Pfund, -e** pound
pikiert piqued, miffed
das **Plakat, -e** placard, poster
der **Plan, ¨e** plan
planmäßig (as) scheduled
die **Planstelle, -n** planned *or* budgeted position
die **Plastiktüte, -n** plastic bag
der **Plattfuß, ¨e** flat foot
der **Platz, ¨e** place, spot; seat; (city) square; **am Platz(e)** in the proper place, in order, called for; **Platz nehmen*** to take a seat
platzen (s) to burst, pop, explode
plaudern to chat, converse
plötzlich sudden
polieren to polish

der **Polizist, -en, -en** policeman
die **Portiersleute** (*pl.*) building caretakers
der **Posten, -** post, position, job; sentry
prächtig splendid, magnificent
der **Prachtschlitten, -** splendid sled (*i.e.,* bicycle)
die **Praline, -n** chocolate (*as in a box of chocolates*)
prall taut, stretched
der **Preis, -e** price; prize
preisen* to praise
die **Pritsche, -n** plank bed
die **Probe, -n** rehearsal; test, experiment; proof
die **Probefahrt, -en** test drive
das **Protokoll, -e** protocol, report
der **Prozeß, -(ss)e** lawsuit, trial; process
prüfen to test, examine
der **Puff, ¨e** push, bump, nudge; blow
der **Punkt, -e** point; **Punkt zehn Uhr** at the stroke of ten
pünktlich punctual
die **Pünktlichkeit** punctuality
der **Purzelbaum, ¨e** somersault; **einen Purzelbaum schlagen*/machen** to do a somersault
putzen to clean, scrub, polish

Q

die **Qual, -en** torment, agony, pain
die **Qualitätsware, -n** quality product
die **Querstraße, -n** crossroad

R

die **Rache** revenge
sich **rächen** to take revenge, be revenged
der **Rachen, -** jaws (*of beasts*); throat

rad-fahren* (h *or* **s)** to cycle, ride a bike
der **Radsport** sport of cycling
die **Rakete, -n** rocket
der **Rand, ¨er** edge, border; brim; circle (*under eyes*)
der **Rangierbahnhof, ¨e** shunting yard
die **Rangliste, -n** ranking in order
rasch quick
rasen (s) to speed, race, drive fast
der **Rat** advice
der **Ratschlag, ¨e** (piece) of advice
das **Rätsel, -** puzzle, riddle
rauben to rob
der **Rauch** smoke
rauchen to smoke
das **Rauchzeichen, -** smoke signal
der **Raum, ¨e** room, space
räumen to clear away, clean up
der **Rausch** rapture, ecstasy, intoxication
rauschen to make a rushing sound, rustle
reagieren auf (*acc.*) to react to
rechnen to do figures, calculate; **rechnen mit** to count on, figure on
die **Rechnung, -en** bill; calculation
recht right; real, very; **recht haben*** to be right; **jmdm. recht sein* (s)** to be fine *or* OK by s.o.
rechts to the right, on the right
rechtzeitig on time, punctual
der **Redakteur, -e** editor
die **Redaktion, -en** editorial staff
die **Rede, -n** words, talk
das **Redemittel, -** useful expression *or* phrase
reden to talk, speak
die **Redewendung, -en** expression, turn of phrase
der **Redner, -** speaker

das **Regal, -e** row of shelves
regelmäßig regular
regeln to regulate, control
regelrecht downright, thoroughly
der **Regen** rain
der **Regenschirm, -e** umbrella
der **Regenschirmstock, ⁻e** umbrella cane
die **Regenwolke, -n** rain cloud
regieren to rule, govern
die **Regierung, -en** government
der **Regierungsbeamte** (ein **Regierungs-beamter**) *(adj. noun)* government official
der **Regierungsbezirk, -e** administrative district
regnen to rain
das **Reh, -e** deer
Rei *(brand name for a cleaning agent)*
reichen to reach, extend; to suffice, be enough
reichlich abundant, plentiful, ample
der **Reichstag** Imperial Diet *(of the Holy Roman Empire)*
der **Reichtum, ⁻er** riches; wealth, richness, abundance
reif ripe, mature
reiflich careful, thorough
die **Reihe, -n** row, series; **der Reihe nach** one after the other
die **Reihenfolge, -n** sequence
der **Reihn: Reigen** *(name of dance done in a circle)*
rein clean, neat; pure; **ins Reine tippen** to type a neat copy
rein = herein into
die **Reise, -n** trip, journey
der **Reiseleiter, -** trip leader
reisen (s) to travel
der **Reisescheck, -s** traveler's check
reißen* (h or **s)** to tear, rip
reiten* (h or **s)** to ride *(an animal)*

der **Reiter, -** rider
reizen to irritate, provoke; to excite, stimulate
reizend charming
rennen* (s) to run
renovieren to renovate
die **Rente, -n** pension; **in Rente gehen* (s)** to retire
restlich remaining
die **Rezension, -en** review, critique
sich **richten nach** to conform to, take one's bearings from
der **Richter, -** judge
der **Richterstuhl, ⁻e** tribunal
richtig correct, right
die **Richtigkeit** correctness
die **Richtlinie, -n** guideline
die **Richtung, -en** direction
riechen * (nach) to smell (like)
riesig gigantic, enormous
der **Rock, ⁻e** coat *(for men)*; skirt *(for women)*
roh raw; rough, coarse
die **Rohkost** uncooked, vegetarian food *(fruits, vegetables, nuts, etc.)*
die **Rohrzange, -n** type of pipe wrench
rostig rusty
rot red
(das) **Rotkäppchen** Little Red Riding Hood
die **Roulade, -n** hair curl made by a roller
der **Rückblick** glance back; **im Rückblick** in retrospect
der **Rücken, -** back
die **Rückfahrt, -en** return trip
der **Rückgriff** recalling
die **Rückkehr** return
die **Rücksicht** respect, regard, consideration
die **Rücksichtnahme** respect, consideration; **unter Rücksicht-nahme auf** with due regard to, in due consideration of
der **Rückspiegel, -** rear view mirror
das **Ruder, -** oar; rudder

rudern to row, paddle
rufen* to call
die **Ruhe** rest
ruhen to rest
ruhig calm
die **Rührung** emotion, feeling
rülpsen to belch
rumoren to make noise, kick up a row
rum-stehen* *(coll.)* = **herum-stehen*** *(North German)* **(h)**; *(South German)* **(s)** to stand around
rund round; **rund um** around, all around
die **Runde, -n** round; lap; **eine Runde drehen** to pedal a lap
(das) **Russisch** Russian
(das) **Rußland** Russia
runter *(coll.)* = **herunter** down(ward)

S

der **Saal,** *(pl.)* **Säle** hall, large room
die **Sache, -n** matter, business, affair; **zur Sache** to the point
sachlich objective
der **Sachschaden, ⁻** property damage
sachte gently, cautiously
sacken (s) to sag, sink, collapse
sagen to say
die **Salbe, -n** salve
sammeln to collect, gather
samt *(dat.)* together with
der **Samt** velvet
sämtlich complete, entire; *(pl.)* all
sanft soft, gentle
die **Sanftmut** gentleness, meekness
der **Sänger, -** singer
satt full, satiated; **es satt haben*** to be fed up with
sich **satt-sehen* an** (to get) to see enough of, get one's fill
der **Satz, ⁻e** sentence

der **Satzbau** sentence structure

die **Sau, ̈-e** sow, swine; slut

sauber clean; neat, tidy

säuseln to rustle, whisper

sausen (s) to whiz, zoom

schäbig shabby, threadbare

schade! (*interject.*) too bad! a pity!; **zu schade** too good for

schaffen* to create

schaffen to do, accomplish; to work hard

die **Schale, -n** bowl, basin; bowl-like glass

schälen to peel

schallen to make a loud sound, ring, resound, peal

die **Schallplatte, -n** phonograph record

sich **schämen** to be ashamed

schänden to violate, rape; to desecrate

der **Scharfsinn** acuity, perception

der **Schatten, -** shadow; shade

schauen to see, look (at); **in die Runde schauen** to look from one person to the next

das **Schaufenster, -** display window

der **Schaukasten, ̈-** display case

schaukeln (h or **s)** to swing, rock

schäumend foaming

der **Schauspieler, -** actor, performer

der **Schausteller, -** performer, showman

die **Scheibe, -n** pane of glass; slice; **sich eine Scheibe ab-schneiden*** to take a leaf out of s.o.'s book, learn from s.o.'s example

der **Scheibenwischer, -** windshield wiper

scheinbar seeming, apparent

scheinen* to seem, appear; to shine

der **Scheinwerfer, -** floodlight; headlight

scheitern to run aground, shipwreck, founder

der **Schenkel, -** thigh

schenken to give; **Leben schenken** to give birth

die **Schere** (pair of) scissors, clippers

scheu shy, timid

die **Scheu** timidity, shyness

scheuern to scrape, rub, scour, scrub

die **Schicht, -en** (work) shift

schicken to send, dispatch

das **Schicksal, -e** destiny, fate

schieben* to shove, push; sich **schieben** to push one's way

die **Schiene, -n** rail, track

schießen* (**h** or **s**) to shoot, fire; to shoot or burst forth

das **Schild, -er** sign

schildern to depict, describe

die **Schilderung, -en** description, portrayal

schimmern to glitter, glisten

schimpfen to express anger, curse; to use bad language

die **Schlacht, -en** battle

der **Schlaf** sleep

der **Schlafanzug, ̈-e** pajamas

die **Schläfe, -n** temple, side of the head

schlafen* to sleep

schlaff limp, slack; flabby

der **Schlag, ̈-e** stroke; strike, punch

schlagen* to hit, strike, beat, slap

schlagfertig quick with a repartee or clever response

der **Schlamm** mud, muck, mire

schlank slim, slender

schlau sly

die **Schläue** slyness, cunning

schleppen to drag

schließen* to close, shut; to conclude, deduce

schließlich (*adv.*) after all; finally, at last

der **Schlitten, -** sled

das **Schloß, ̈-(ss)er** castle; lock; **ins Schloß krachen** to slam shut

der **Schlosser, -** mechanic

der **Schlot, -e** smokestack

schluchzen to sob

der **Schluck, -e** swallow, gulp

schlucken to swallow

schlummern to slumber

schlurfen to shuffle

der **Schluß, -(ss)es, ̈-(ss)e** end, conclusion

schmal narrow, slender

schmecken (nach) to taste (like)

der **Schmerz, -es, -en** pain, ache

schmerzen to pain, hurt, distress

schmerzhaft painful

der **Schmetterling, -e** butterfly

schmücken to decorate, adorn

schnarchen to snore

der **Schnee** snow

die **Schneiderin, -nen** seamstress

schnell fast, quick

schnellen (s) to flip up, spring up

die **Schnittblume, -n** cut flower

schnüffeln to sniff, snoop

die **Schnur, ̈-e** or **-en** string, cord, twine

der **Schnurrbart, ̈-e** mustache

schon (*adv. and particle*) already, so far; probably; for sure; **schon einmal** ever before; **schon lange** for some time now, for a long time

schön beautiful, lovely, pretty

schonen to protect, preserve; sich **schonen** to look after o.s., take it easy

der **Schornstein, -e**
chimney
schrauben to screw, turn a
screw; to twist
der **Schraubstock, ̈-e**
bench vice
der **Schrebergarten, ̈-**
small garden plot
allotted by a
municipality
der **Schreck, -e;** der
Schrecken, - fright
schrecklich terrible
schreiben* to write
die **Schreibmaschine, -n**
typewriter;
**Schreibmaschine
können*** to be able to
type
der **Schreibtisch, -e** desk
das **Schreibwarengeschäft,
-e** stationery store
schreien* to scream, shout,
yell
schreiten* (s) to stride
die **Schrift, -en** writing;
handwriting; script
schriftlich written
schrillen to sound shrill
der **Schritt, -e** step
schrumpfen (s) to shrivel,
shrink, contract
schüchtern shy, timid
der **Schuh, -e** shoe
die **Schularbeit, -en**
schoolwork, homework
die **Schuld** guilt, blame
schulden to owe, be
indebted
die **Schule, -n** school
der **Schüler, -** pupil
der **Schulhof, ̈-e**
schoolyard
die **Schulleitung** school
directors
die **Schulter, -n** shoulder;
die Schultern heben*
to raise or shrug one's
shoulders
das **Schultor, -e** school
gate or entry
die **Schulung, -en** training,
schooling
schüren to stir up, stoke
(the fire)
die **Schürze, -n** apron
die **Schüssel, -n** bowl

schütteln to shake
schwach weak
die **Schwäche, -n**
weakness, foible
die **Schwachheit**
weakness, feebleness
der **Schwachsinn**
imbecility, feeble-
mindedness
die **Schwägerin, -nen**
sister-in-law
schwälen to smoulder
schwanger pregnant
schwanken to waver,
sway, totter
schwarz black
schweben (s) to float
(through the air), hover
der **Schweif, -e** trail, tail
schweigen* to keep silent,
say nothing; **ganz zu
schweigen** not to
mention
schweigsam silent,
taciturn
die **Schweinsblase, -n**
pig's bladder
die **Schweiz** Switzerland
schwer heavy; difficult,
hard
schwerhörig hard of
hearing
die **Schwermut**
melancholy
die **Schwierigkeit, -en**
difficulty
der **Schwindel** dizziness,
giddiness; swindle
schwirren to whir, buzz;
(s) to fly about
schwitzen to sweat,
perspire
schwören to swear, take an
oath
die **See, -n** sea
die **Seele, -n** soul, spirit
der **Seetang** seaweed
der **Segen, -** blessing
sehen* to see; **sehen Sie
nur** just look
die **Sehenswürdigkeit, -en**
sightseeing attraction
sehr very, much
seicht shallow; insipid
die **Seife, -n** soap
das **Seil, -e** rope
sein* (s) to be, exist

seinesgleichen of the likes
of him
seit (prep. or conj.) since;
for; **seitdem** (conj.) since
(temporal sense only)
die **Seite, -n** side; page;
von Seiten on the basis
of, on the part of
-seits: seinerseits for his
part, **ihrerseits** for her
part
der **Sekt, -e** champagne
die **Sekunde, -n** second
selber, selbst self; (with
personal pronouns) **ich
selber** or **selbst** I
myself; **wir selber** or
selbst we ourselves
selbst even
selbstlos selfless
die **Selbstvergessenheit**
forgetting of o.s.
selbstverständlich (adv.) of
course; (adj.) taken for
granted, as it should be;
self-evident, obvious
das **Selbstvertrauen** self-
confidence
selbst wenn even if
selig deceased; blessed,
blissful, happy
selten (adv.) seldom; (adj.)
rare, unusual
seltsam strange, odd,
unusual
senken to lower, (cause to)
sink
der **Sessel, -** easy chair
setzen to set, place; **sich
setzen** to sit down
seufzen to sigh
der **Seufzer, -** sigh
sicher (adv.) for sure,
certainly; (adj.) safe,
secure
sicherlich for sure
sichern to secure,
safeguard
siehe da! (interject.) lo and
behold!
singen* to sing
der **Sinn, -e** sense,
intellect, mind; **aus dem
Sinn gehen* (s)** to
leave one's mind; **in
den Sinn kommen* (s)**
to come to mind; **keinen**

Sinn haben* to make no sense, have no purpose
sinnlos senseless, meaningless
der **Sitz, -e** seat
sitzen* to sit
der **Sitzplatz, ⸚e** place to sit, seat
die **Skigymnastik** ski exercise (class)
so thus, in such a way, like this
so ein- such a(n)
so lange as long as
so (et)was such a thing, something
sodann (arch.) then, forthwith
sofort immediately
sogar even
sogleich immediately, at once
der **Sohn, ⸚e** son
solch- such
sollen to be supposed to, ought to; to be said to
die **Sonne, -n** sun
die **Sonnenbrille, -n** sunglasses
der **Sonnenstrahl, -en** sunbeam, ray of sunshine
sonnig sunny
sonst otherwise, else; **sonst niemand** nobody else
die **Sorge, -n** care, worry; sich **Sorgen machen um** to be worried about
sorgen für to provide for; to see to it; to take care (that)
sorgfältig careful; precise, accurate
sorglos without worry, carefree; careless
sorgsam careful; cautious
sowieso anyway
das **Sozialamt, ⸚er** social services office
sozusagen so to speak
der **Spalt, -e** crack, slit, gap
die **Spalte, -n** column
das **Sparkassenbuch, ⸚er** savings book
sparsam thrifty
der **Spaß, ⸚e** fun; joke
spät late

spätabends late in the evening
spazieren (s) to take a walk or stroll
der **Spazierstock, ⸚e** walking cane
die **Speise, -n** food; meal, dish
der **Speisesaal, -säle** dining hall
der **Spiegel, -** mirror; (name of a German weekly news magazine)
das **Spiegelbild, -er** reflection
spiegelblank mirror-clear
das **Spiegelei, -er** fried egg
spiegeln to mirror, reflect; sich **spiegeln** to be reflected
das **Spiel, -e** game
spielen to play; to flash, sparkle
der **Spielmann, -leute** minstrel
das **Spielzeug, -e** toy
der **Spinat** spinach
spirrig (coll.) weak and spindly
der **Spitzbogen, -** or ⸚ Gothic or pointed arch
die **Spitze, -n** tip, point
die **Spitzen** (pl.) lace(work)
die **Spitzendecke, -n** lace tablecloth
der **Sportanhänger, -** sports fan
die **Sportleistung, -en** athletic accomplishment
der **Spott** ridicule, scorn, mockery
das **Spottgeld, -er** trifling sum
die **Sprache, -n** language; speech, diction
der **Sprachgebrauch** language use
die **Sprachkürze** terseness
sprechen* to speak
das **Sprichwort, ⸚er** proverb, saying
springen* (s) to leap, jump, spring
spröde brittle; rough, rasping; stiff, reserved
der **Spruch, ⸚e** sentence, verdict; saying

der **Sprudel** carbonated water, soda water
die **Spur, -en** trace, track
spürbar perceptible
spüren to feel, sense, perceive, be conscious of; **zu spüren bekommen*** to begin to feel, discover
der **Staat, -en** state, country, government
der **Staatsanwalt, ⸚e** public prosecutor
die **Staatsbahn, -en** national railroad
der **Stab, ⸚e** bar (of a cage)
die **Stadt, ⸚e** city, town
die **Stadtgrenze, -n** city limit(s)
stammen (s) to be descended
der **Stand, ⸚e** stand; **Stand fassen** to stop, take up a position
ständig constant(ly), permanent(ly)
der **Standplatz, ⸚e** bus or taxi stand
die **Standuhr, -en** grandfather clock
die **Stärke** strength
sich **stärken** to take refreshment
stärker stronger
starr stiff, rigid; fixed, staring
starren (auf) (acc.) to stare (at)
der **Starrsinn** obstinacy
statt instead of
stattdessen (adv.) instead
statt-finden* to take place, happen
der **Staub** dust
die **Stauung, -en** traffic jam
das **Stechen** stabbing pain, stinging
stecken to stick, put; to be (hidden)
der **Stecker, -** electrical plug
stehen* to stand
stehen-bleiben* (s) to stop, come to a standstill; to remain standing

stehen lassen* to drop *(what one is doing)*, stop doing

stehlen* to steal

steif stiff

steigen* (s) to climb; to rise, increase

steil steep, precipitous

der **Stein, -e** stone

der **Steinbock, ̈e** Alpine ibex

die **Stelle, -n** place, spot, point; **an Stelle** in place (of); **zur Stelle schaffen** to produce here on the spot

stellen to place, set; **sich stellen** to position o.s., take one's place; **eine Frage stellen** to ask a question

die **Stellung, -en** position

die **Stenographie** shorthand; **Stenographie können*** to be able to do shorthand

sterben* (s) to die

der **Sterbetag, -e** anniversary of a death

stets always, continually, constantly

die **Steuer, -n** tax(es)

das **Stichwort, -e** key word, cue phrase

stickig stifling, suffocating

der **Stiefel, -** boot

stier fixed, staring

still quiet, silent; **im stillen** quietly, secretly, privately

stillen to satisfy *(one's hunger or thirst)*

die **Stimme, -n** voice; **jmdm. die Stimme verschlagen*** to put s.o. at a loss for words

stimmen to be correct

die **Stimmung, -en** mood, atmosphere

stinken* to stink

die **Stirn(e), -n** forehead, brow

der **Stock, ̈e** cane, stick; story *(of a house)*

stolpern (s) to stumble, trip

stolz auf *(acc.)* proud of

der **Stolz** pride

stören to disturb, bother, annoy, interrupt

störrig headstrong, obstinate

stoßen* (s) to spurt (out); **(h)** to push; to punch; sich **stoßen (an)** to bump (against), knock against, hit

die **Strafe, -n** punishment

strafen to punish; **jmdn. Lügen strafen** to give s.o. the lie

der **Strahl, -en** stream, jet *(of water etc.)*; beam, ray

strahlen to beam

strahlend radiant

die **Strähne, -n** lock *or* strand of hair

der **Strand, ̈e** shore, beach

die **Straße, -n** street

der **Straßenanzug, ̈e** casual suit

die **Straßenbahn, -en** streetcar

das **Straßencafé, -s** sidewalk café

der **Straßenrand, ̈er** side of the road

sich **sträuben** to stand on end, bristle

der **Strauß, ̈e** bouquet

streben to strive; **um die Wette streben** to compete, vie

strebsam ambitious, industrious, zealous

die **Strecke, -n** stretch, distance

strecken to stretch

streicheln to caress, stroke softly

streichen* to stroke, rub gently

der **Streifen, -** strip, stripe

der **Streit, -e** quarrel, dispute, strife

streng strict, stern, severe

stricken to knit

der **Strom, ̈e** broad river, stream; electricity

strömen (s) to stream, flow

die **Strophe, -n** stanza

die **Stube, -n** parlor, room

der **Stubs** *(usually* **Stups, -e)** nudge, push

das **Stück, -e** piece, bit

die **Studentenschaft** student body; student affairs offices

der **Studienweg, -e** track *or* route of one's studies

das **Studium, -dien** study

die **Stufe, -n** step, rung

der **Stuhl, ̈e** chair, stool

stumm mute, silent, unable to speak

der **Stumpfsinn** stupidity, dullness

die **Stunde, -n** hour; (class) period

die **Stundengeschwindigkeit, -en** speed per hour

der **Stundenlohn** hourly wage; **nach Stundenlohn** by the hour

der **Stundenschlag, ̈e** striking of the hour

der **Sturz, ̈e** fall, tumble, plunge

stürzen (s) to plunge, fall; sich **stürzen auf** *(acc.)* to rush, dash, plunge at

das **Substantiv, -e** noun

suchen to seek, search *or* look (for)

summen to hum, buzz

die **Sünde, -n** sin

sündig sinful

sündigen to sin

süß sweet

die **Süßigkeit, -en** sweet, *(pl.)* sweets, candy

T

das **Tablett, -e** *or* **-s** tray

tadellos flawless

die **Tafel, -n** sign; wafer; table

der **Tag, -e** day; **an den Tag legen** to show *or* display for all to see; **eines Tages** one day

das **Tagebuch, ̈er** diary

tagen to dawn, start turning light

der **Tageslichtprojektor, -en** type of overhead projector

die **Tageszeitung, -en** daily newspaper

täglich daily

tags vorher the day before

die **Tante, -n** aunt

der **Tanzabend, -e** evening of dancing

tanzen (h *or* **s)** to dance

der **Tanzlehrer, -** dancing instructor

der **Tanzschritt, -e** dance step

tappen (s) to walk *or* go with uncertainty *or* blindly

die **Tasche, -n** pocket; purse, satchel

das **Taschenmesser, -** pocket knife

die **Taschenuhr, -en** pocket watch

die **Tasse, -n** cup

sich **tasten** to grope, feel one's way

die **Tat, -en** deed, action; **in der Tat** indeed

tätig active, employed

die **Tätigkeit, -en** activity

die **Tatsache, -n** fact

tatsächlich real(ly), actual(ly)

taub deaf

der **Tausch, -e** exchange, trade

tauschen to exchange, trade

täuschen to deceive; sich **täuschen** to be mistaken, deceive o.s.

die **Technik** technology

der **Techniker, -** technician, engineer

der **Tee, -s** tea

teigig doughy, puffy

der **Teil, -e** part, section; **zum Teil** partly

teilen to divide, share

die **Teilnahme** participation, sympathy

teils partly

der **Teller, -** plate

tellerweiß white as a plate

das **Tempo** pace, speed; **Tempo geben*** to speed up, increase the pace

der **Teppich, -e** carpet

der **Teppichboden** wall-to-wall carpeting

das **Teppichklopfen** hitting a carpet to knock out the dirt

die **Teppichstange, -n** carpet bar *(over which a carpet is draped for cleaning)*

der **Termin, -e** appointment; deadline

teuer expensive

der **Teufel, -** devil

das **Textverständnis** comprehension of the text

die **Theke, -n** counter

das **Thema, -men** topic, subject

die **Thematik** theme(s)

tief deep

die **Tiefe, -n** depth

der **Tiefkühler, -** freezer

das **Tiefkühlfach, ̈-er** freezing compartment

der **Tiefschnee** deep snow

der **Tiefsinn** deep thought, perceptiveness

das **Tier, -e** animal

tierähnlich animallike

der **Tierfilm, -e** film on animals

die **Tierforschung** animal research

das **Tierzeug** animal life, animals

die **Tinte, -n** ink

tippen to type

der **Tisch, -e** table

der **Titel, -** title

toben to rage

die **Tochter, ̈-** daughter

der **Tod, -e** death

todmüde dead tired

toll crazy, mad, insane; fantastic

der **Ton, ̈-e** sound; note, tone

tönen to sound

das **Tor, -e** gate

tot dead

töten to kill

totenblaß deathly pale

der **Totengräber, -** grave digger

träg(e) lazy, indolent

tragen* to carry; to wear

der **Träger, -** wearer; bearer

die **Träne, -n** tear

sich **trauen** to dare, venture

die **Trauer** sadness, mourning

die **Trauergemeinde** mourners

der **Traum, ̈-e** dream

träumen to dream

träumerisch dreamy

das **Traumgesicht, -er** dream face

traurig sad, depressed

die **Traurigkeit** sadness

treffen* to hit *(the target)*, strike; to meet

treiben* to drive, impel; **(s)** to drift, float

das **Treiben** actions, doings, goings-on

trennbar separable

die **Treppe, -n** stair(s), flight of stairs

treten* (s) to tread, walk, step; **(h)** to kick

die **Treue** loyalty, fidelity

der **Trieb, -e** drive, urge, instinct

trinkbar potable

trinken* to drink

der **Tritt, -e** step, pace; kick

trocken dry

die **Trommel, -n** drum

die **Trompete, -n** trumpet

der **Tropfen, -** drop

der **Troß** (group) of followers

trösten to console

tröstlich consoling

der **Trottel, -** dimwit, nincompoop, simpleton

trotz *(gen.)* in spite of

trotzdem *(conj.)* in spite of the fact that; *(adv.)* in spite of this

trotzig defiant, obstinate

trüb gloomy; cloudy

trübsinnig gloomy, sad, melancholic

der **Tschusch, -en, -en** *(derogatory term for Southeastern Europeans and Middle Easterners)*

der **Tuchknopf, ̈-e** cloth button

tüchtig capable, able

die **Tugend, -en** virtue

(sich) **tummeln** to romp, frolic

die **Tulpe, -n** tulip

tun* to do; to put; **tun, als ob** to act as if

das **Tun** actions, doings

die **Tür, -en** door

der **Türke, -n, -n** Turk

der **Turm, ¨e** tower

der **Turmfalke, -n, -n** kestrel (*a small European falcon*)

der **Türsteher, -** doorkeeper, porter

U

u.a. = **unter anderem** among other things

die **U-Bahn, -en** subway

übel-nehmen* (jmdm.) to hold against s.o., take amiss

über beyond; **über ... hinaus** over and beyond

überall everywhere

überaus extremely, excessively

der **Überblick, -e** overview

übereinander one on top of the other; about each other

überein-stimmen mit to agree with, be in agreement with

überfahren* to run over (*with a vehicle*)

überfliegen* to skim, glance over, read over quickly

über-fließen* (s) to overflow

überflüssig superfluous

überfüllt overfilled

der **Übergang, ¨e** transition

überhaupt in general, generally; really, after all; **überhaupt kein-** no ... at all; **überhaupt nicht** not at all; **überhaupt nichts** nothing at all

überholen to pass, overtake; to overhaul, recondition

überlassen to leave (to s.o.); to abandon

überlegen to ponder, think over, reflect on; sich (*dat.*) **überlegen** to consider, think over

überlegen (*adj.*) superior

die **Überlegenheit** superiority

die **Überlegung, -en** consideration, reflection

überliefern to pass down, hand on

übermorgen the day after tomorrow

übermütig high-spirited; arrogant

übernächst- after the next; **am übernächsten Tag** on the day after tomorrow

übernachten to stay the night

übernatürlich supernatural

überraschen to surprise

überraschend surprising, startling

die **Überraschung, -en** surprise

überreden to persuade

überreichen to present, hand over

die **Überschrift, -en** heading, title

übersehen* to overlook

übersetzen to translate

über-springen* (s) to jump or leap over to

überstehen* to endure, survive, overcome

übersteigen* to exceed, surpass

die **Überstunden** (*pl.*) overtime

übertreiben* to exaggerate

überweisen* to transfer, remit (*money*)

überwinden* to overcome, surmount

überzeugen to convince; sich **überzeugen** to see for o.s., satisfy o.s. about s.th.

üblich customary; **wie üblich** as is customary

übrig left over, remaining

übrig-bleiben* (s) to be left (over)

übrigens by the way, incidentally; moreover; **im übrigen** in other respects, otherwise

die **Übung, -en** exercise, practice

die **Uhr, -en** clock

um around; at; for; by; **um ... her** all around; surrounding; **um ... willen** (*gen.*) for ... sake; **um ... zu** in order to

umarmen to embrace

um-benennen* to rename

um-binden* to tie or bind around

um-bringen* to kill, murder

um-fallen* (s) to fall over

der **Umfang** extent

der **Umgang** social intercourse, relations; **im Umgang mit** in dealing with

um-gehen*: mit etwas umgehen to use or handle s.th.

umgekehrt vice versa, conversely

umher-irren (s) to roam around, wander around

umher-laufen* (s) to run around

umhin: nicht umhin-können* cannot help but (do)

sich **um-schauen** to look around, take a look around

umschließen* to enclose, clasp

um-schreiben* to rewrite, alter; (*insep.*) paraphrase

sich **um-sehen*** to look around

um sein* (s) to be over, past

umsonst in vain, to no purpose

um-steigen* (s) to transfer (*trains, buses, etc.*)

sich **um-taufen** to rename o.s.

umwehen to waft around, fan

(sich) **um-wenden*** *(also weak)* to turn (o.s.) around

unangenehm unpleasant

unanständig improper, indecent, obscene

unausstehlich intolerable, insufferable

unbändig tremendous, mighty; unruly

die **Unbedachtsamkeit** lack of caution, carelessness, negligence

unbedenklich unhesitating

unbedingt absolutely, without fail

unbegabt untalented, ungifted

unbegreiflich incomprehensible

unbegrenzt unlimited

unbeliebt disliked, unpopular

unbestochen uncorrupted

unentgeltlich without compensation, gratis

die **Unentschiedenheit** indecision

unerfindlich incomprehensible, baffling

unerträglich intolerable

unerwartet unexpected

der **Unfallwagen, -** car that has been in an accident

unflätig filthy, dirty; lewd

ungefähr approximately

ungefährlich not dangerous

ungeheuer huge, monstrous

ungelegen inconvenient, inopportune

ungenügend insufficient

ungewiß uncertain

ungewöhnlich unusual, unaccustomed

unglaublich unbelievable

das **Unglück, -e** misfortune, accident

ungut not good

uninteressant uninteresting

das **Unkraut** weeds

unlauter shady, dishonest

unmittelbar immediate, direct

unmöglich impossible

unpünktlich not punctual

unruhig uneasy, unsettled

unschätzbar invaluable, inestimable

unsicher uncertain unsure

die **Unsicherheit, -en** uncertainty

der **Unsinn** nonsense

unsinnig absurd, nonsensical, insane

die **Untat, -en** crime, misdeed

unten *(adv.)* beneath, below; **nach unten** downward

unterbrechen* to interrupt

die **Unterbrechung, -en** interruption

unter-bringen* to house, lodge, put up, store

unterdessen in the meantime, meanwhile

untereinander among themselves

sich **unterhalten*** to converse; to amuse o.s.

die **Unterhaltung, -en,** amusement; conversation

die **Unterlippe, -n** lower lip

untermalen to provide background *or* accompaniment

der **Untermieter, -** subtenant

das **Unternehmen, -** firm, business, enterprise

die **Unterredung, -en** conversation, talk, interview

der **Unterricht** instruction

unterrichten instruct, teach

die **Unterrichtsstunde, -n** instructional hour, class hour

unterschätzen to underestimate

unterscheiden* to distinguish, differentiate

der **Unterschied, -e** difference

unterschreiben* to sign

die **Unterschrift, -en** signature

unterstreichen* to underline

unterstützen to support

die **Unterstützung** support

untersuchen to investigate, examine, look into

die **Unterwühlung, -en** undermining

unterzeichnen to sign

untrennbar inseparable

ununterbrochen uninterrupted

unvergnügt dissatisfied

unverwüstlich indestructible

unwillig indignant, angry

unzufrieden dissatisfied

die **Urkunde, -n** certificate, document

der **Urlaub, -e** leave, vacation; **in Urlaub fahren*** to take a vacation trip

das **Urteil, -e** judgement, verdict

V

sich **verabreden** to make an appointment

die **Verabredung, -en** appointment; agreement

sich **verabschieden** to take leave, say goodbye

die **Verachtung** contempt

sich **verändern** to change, become changed

veranstalten to arrange, put on *(an event)*

die **Veranstaltung, -en** performance, event, meeting

verantwortlich responsible for

die **Verantwortung** responsibility

verantwortungsvoll responsible, full of responsibility

verärgern to irritate, annoy, anger

der **Verband, ¨e** bandage; association

verbessern to improve, correct

verbieten* to forbid, prohibit

verbinden* to bind, connect, unite, join

verblaßt pale, faded

die **Verborgenheit** obscurity, concealment

das **Verbot, -e** prohibition

verbotenerweise although forbidden

die **Verbotstafel, -n** sign prohibiting s.th.

die **Verbreitung** spread(ing)

verbringen* to spend *(time)*

verdächtigen to suspect, be suspicious of

verdammt damn; damned

verdanken (jmdm. etwas) to be indebted to s.o., have s.o. to thank for s.th.

verdattert flabbergasted

verdeutlichen to elucidate, make clear

verdienen to earn, merit

verdienstvoll meritorious

verdrucken to print wrong

sich **verdrücken** to sneak off, slink away

der **Verein, -e** club, society

vereinbaren to agree on, reconcile

vereinfachen to simplify

die **Vereinigten Staaten** United States

vereist covered with ice, iced over

verfassen to compose, write *(text)*

verfluchen to curse

verfolgen to follow, pursue

die **Verfolgung, -en** persecution

verfremdet taken aback, puzzled

die **Verfügung, -en** order, directive; **Verfügungen treffen*** to give orders *or* instructions with regard to s.th.

verführen to lead astray, seduce

vergangen past, gone

die **Vergangenheit** past

vergeben *(past. part.)* given, promised

vergehen* (s) to pass *(of time),* slip by, fade away, vanish

vergessen* to forget

vergießen* to shed *(blood, tears, etc.)*

vergleichen* to compare; **vgl. = vergleich(e)!**

vergleichend comparative

das **Vergnügen** pleasure

vergnügt delighted, pleased, glad

verhaften to arrest

die **Verhaftung, -en** arrest

das **Verhalten** behavior

verhalten *(adj.)* reserved, restrained

sich **verhalten*** to behave, act

das **Verhältnis, -se** relationship

verheiraten to give in marriage; perform the wedding ceremony; **verheiratet** married

sich **verirren** to become lost

der **Verkauf, ̈-e** sale

verkaufen to sell

der **Verkäufer, -** salesperson

der **Verkaufsladen, ̈-** stand, booth

der **Verkehr** traffic

verklagen to sue, bring action against; sich **verklagen** to sue each other

die **Verkleidung, -en** disguise

sich **verkleinern** to grow smaller

verklingen* (s) to fade away *or* die out *(of sounds)*

die **Verkommenheit** run-down state, degeneracy

verkörpern to embody, personify, typify

verkünden to proclaim, announce

der **Verlag, -e** publishing house

verlangen to demand; **mich verlangt** I am eager (to know, hear)

verlängern to lengthen, extend

verlassen* to leave, forsake, go away *(requires direct object);* sich **verlassen* auf** *(acc.)* to rely upon, depend upon

der **Verlauf** course (of time)

verlaufen* (s) to proceed, turn out

verlegen *(adj.)* embarrassed

die **Verlegenheit, -en** embarrassment, awkward situation; **vor Verlegenheit** of *or* from embarrassment

verleihen* to bestow, confer, grant; to lend, give

verleiten to lead astray, tempt

verlernen to forget what one knew *or* once learned

verletzen to offend, injure, damage

sich **verlieben (in)** *(acc.)* to fall in love (with)

verliebt in love

verlieren* to lose

verlobt engaged

die **Verlobte (ein Verlobter)** *(adj. noun)* fiancée

die **Verlobung, -en** engagement

die **Verlobungsanzeige, -n** engagement announcement

verlogen deceitful, not truthful

der **Verlust, -e** loss

vermachen to bequeath

vermeiden* to avoid

vermieten to rent out

die **Vermittlung** agency; mediation

vermögen (+ **zu** *and inf.*) to be able (to do)

vermuten to presume, suppose

vermutlich presumably

vernehmen* to perceive, hear; to interrogate

vernichten to exterminate, annihilate

verpacken to pack

verraten* to divulge, reveal; to betray
der **Verräter, -** traitor, betrayer
verrückt crazy
die **Versammlung, -en** assembly, gathering
verschenken to give away
verschieden different, various
verschlafen sleepy, drowsy
verschleiern to veil, cover with a veil
verschlingen* to devour
die **Verschmelzung** melting, fusion, blending
die **Verschnaufpause, -n** breather, break
verschweigen* to not mention, keep silent (*about s.th.*), keep secret
verschwinden* (s) to disappear
das **Versehen, -** oversight, blunder; **aus Versehen** inadvertently
versichern (jmdm.) to assure s.o.
versichert insured
versinken* in (*acc.*) **(s)** to become engrossed in
versorgen to take care of, provide for
sich **verspäten** to come (too) late, be late
die **Verspätung, -en** delay, lateness
verspielt playful
versprechen* to promise
das **Versprechen, -** promise
der **Verstand** intellect, intelligence, reason
verständlich intelligible
das **Verständnis** comprehension
verstehen* to understand; sich **verstehen** to understand each other, be in agreement; sich **verstehen auf** to be skilled at, be knowledgeable about; **(es) versteht sich** it goes without saying
sich **verstellen** to pretend, dissemble, sham

verstimmt ill humored, in a bad mood
verstorben dead, deceased
verstummen (s) to fall silent
versuchen to try, attempt; to tempt
die **Versuchung, -en** temptation
sich **verteidigen** to defend o.s.
verteilen to distribute, divide
sich **vertiefen in** (*acc.*) to engross o.s. in
der **Vertrag, ⁼e** contract
die **Verträglichkeit** accommodating nature, compatibility
vertrauen (jmdm.) to trust, confide in s.o.
das **Vertrauen** trust, confidence; **zu jmdm. Vertrauen fassen** to (begin to) trust *or* rely upon s.o.
vertraulich confiding, confidential, low (*voice*)
vertraut familiar
vertreiben* to drive away, expel
vertrocknen (s) to dry up
vervollständigen to complete
die **Verwaltung, -en** administration
der **Verwandte (ein Verwandter)** (*adj. noun*) relative
verwechseln to mistake for s.o. *or* s.th. else, confuse (*two or more things*)
verwegen bold, daring
verweigern to refuse, deny
verweilen to dwell (*on a subject*), tarry, linger
verwenden* (*also weak*) to use, employ
verwirrt confused, bewildered, perplexed
verwöhnen to pamper, spoil
verwundert amazed, astonished
die **Verwunderung** amazement
verzweifeln to despair

verzweifelt in despair, desperate
die **Verzweiflung** despair
der **Vetter, -n** (*male*) cousin
das **Vieh** beast, dumb animal; livestock
viel much; (*pl.*) many
vielerlei many kinds of; **vielerlei Art** of many kinds
vielleicht perhaps
vielmehr but rather
vierkantig four-edged
der **Vogel, ⁼** bird
die **Vokabel, -n** (*vocabulary*) word
das **Volksfest, -e** folk festival
die **Volkshochschule (VHS)** adult education classes
der **Volksspruch, ⁼e** folk saying
der **Vollbart** full beard
vollends completely
völlig full, entire, complete
vollkommen complete; perfect
vollständig whole, complete
von from, about; **von wo ab** from where
von dannen (*arch.*) away from there
von weitem from afar
voneinander from each other
vor before, in front of; ahead of; ago; with; out of; **vor allem** above all; **vor kurzem** recently, a short time ago; **vor sich hin** to o.s., in front of o.s.
voran in front, at the front, on ahead
voraus-sehen* to foresee
vorbei past, by
vorbei-fahren* (s) (bei jmdm.) to drive by s.o.'s home to see whether he/she is there
vorbei-gehen* (an jmdm.) (s) to go by s.o.; **im Vorbeigehen** in passing

voreinander of each other; in front of each other

der Vorfahr, -en, -en ancestor, forefather

vor-fallen* (s) to occur, happen

vor-finden* to meet with, find present, come upon

vor-führen to demonstrate, show

der Vorgang, ⁀e occurrence, incident

der Vorgesetzte (ein Vorgesetzter) *(adj. noun)* superior

der Vorhang, ⁀e curtain

vorher *(adv.)* before, previously

der Vorhof, ⁀e outer court

vor-kommen* (s) to occur, happen; **jmdm. vor-kommen** to seem, appear to s.o. (that)

vor-legen to lay out; submit, present

vor-lesen* to read aloud

die Vorlesung, -en lecture

die Vorliebe predilection, preference

vor-liegen* to be submitted *(testimony, evidence),* be on file

vor-machen (jmdm.) to demonstrate (to s.o.) by doing

vorn in front of, at the front; **nach vorn** to the front

vornehm distinguished, elegant, high-class

der Vorort, -e suburb

das Vorrecht, -e privilege

der Vorsatz, ⁀e resolution, intent

vor-schieben* to shove forward

der Vorschlag, ⁀e suggestion

vor-schlagen* to suggest

die Vorschrift, -en rule, regulation

vorschriftsmäßig as prescribed, according to instructions

vor-schützen to plead as an excuse, pretend

vor-schwindeln to make up stories, lie

die Vorsicht caution, care; foresight

vorsichtig careful, cautious

das Vorstadtviertel, - suburb of a city

vor-stellen to introduce; **sich** *(acc.)* **vor-stellen** to introduce o.s.; **sich** *(dat.)* **vor-stellen** to imagine

die Vorstellung, -en showing, presentation, performance; notion, conception

der Vorteil, -e advantage; **von Vorteil sein* (s)** to be beneficial

der Vortritt; jmdm. den Vortritt lassen* to let s.o. go first

vorübergehend passing, temporary

das Vorurteil, -e prejudice

vorurteilslos without prejudice

die Vorwarnung, -en (early) warning

vor-werfen* (jmdm. etwas) to reproach s.o. for s.th.

der Vorwurf, ⁀e reproach, rebuke; **jmdm. Vorwürfe machen** to reproach s.o.

vor-ziehen* to give preference to, prefer

das Vorzimmer, - anteroom, waiting room

vorzüglich excellent, first-rate

W

wach awake, alert

wachsen* (s) to grow, increase

wagen to dare, venture, risk

der Wagen, - car; wagon

die Wahl, -en election, selection

wählen to choose, select; to elect

der Wahnsinn insanity, madness

wahnsinnig mad, insane, crazy

wahr true

während *(prep.)* during; *(conj.)* while

wahrhaft(ig) *(adv.)* truly, really, indeed

die Wahrheit, -en truth

wahrscheinlich probably

der Wald, ⁀er wood, forest

der Waldort, -e place in the woods

der Waldrand edge of the woods

walten to rule, prevail

die Wand, ⁀e wall *(of a room),* partition

die Wanderdüne, -n shifting sand dune

der Wanderstiefel, - hiking boot

die Wandlung, -en change, transformation

die Wange, -n cheek

ward *(arch.)* = **wurde**

die Ware, -n ware

die Wärme warmth

die Warntafel, -n warning sign

der Wartburg *(car made in former East Germany)*

warten (auf) *(acc.)* to wait (for)

warum why

was what; something; **was es auf sich habe** what it was all about; **was soll das?** what's that supposed to mean?

was für (ein) what kind of (a)

die Wäsche underwear; wash

das Wasser water

das Wasserfest, -e water festival

wechseln to change, exchange

wecken to waken, awaken (s.o.)

das Weckerklingeln ringing of an alarm clock

weder ... noch neither ... nor

weg away

der Weg, -e road, way, path; **sich auf den Weg machen** to set off *or* out

weg-bleiben* (s) to stay away

weg-bringen* to take away

wegen (*prep. with gen.*) on account of; for the sake of

weg-fahren* (**s**) to drive *or* travel away

weg-gehen* (**s**) to go away

weg-laufen* (**s**) to run away

weg-nehmen* to take away

weg-rutschen (**s**) to slide away, slip away

weg-schicken to send away

weg-setzen to lay aside, put away

weg-sterben* (**s**) to die off

weg-werfen* to throw away

weh tun* to ache, pain, cause pain

wehen to blow; to flutter, blow in the breeze

die **Wehmut** melancholy

sich **wehren gegen** to defend o.s. against, resist

weiblich feminine

die **Weide, -n** willow

die **Weihnacht; die Weihnachten** Christmas

der **Weihrauch** incense

weil because

die **Weile** a while, an amount of time

der **Wein, -e** wine

weinen to cry

das **Weingut, ¨-er** wine estate, winery

-weise (*suffix*) -wise

die **Weise, -n** way, manner; melody, tune

weisen* to show; **weisen* von** to dismiss, send away

die **Weisheit, -en** wisdom

weit far; wide, broad; **von weitem** from afar

weiter farther; further(more); **und so weiter (usw.)** and so on

weiter-fahren* (**s**) to drive on, ride on

die **Weiterfahrt** continuation of a drive *or* ride

weiterhin in the future; furthermore

welch- which

welken (**s**) to wilt, wither, shrivel up

die **Welle, -n** wave

die **Wellenlinie, -n** wavy line

die **Welt, -en** world

weltanschaulich ideological

die **Weltanschauung, -en** philosophy of life, world outlook

die **Weltausstellung, -en** world's fair

der **Weltkrieg, -e** world war

die **Weltordnung** world order

weltweit worldwide

wenden* (*also weak*) to turn (s.th.), turn over *or* around; **sich wenden** to turn (o.s.)

die **Wendung, -en** expression, turn of phrase

wenig little; (*pl.*) few; **ein wenig** a little, a bit

wenigstens at least; **am wenigsten** (the) least

wenn when, whenever; if

wenn auch even if

wer (wem, wen) who, whoever (whom, whomever); **wer denn?** who?

der **Werbeprospekt, -e** travel brochure

werden* (**s**) to become

werfen* to throw, toss

die **Werft, -en** shipyard, wharf

das **Werk, -e** work

die **Werkstatt, ¨-en** workshop

der **Werktag, -e** work day

wert worth, valuable; worthy

der **Wert, -e** value, worth

wertvoll valuable

das **Wesen, -** being, creature; behavior; character, nature; essence

die **Wette, -n** bet; **um die Wette streben** to compete, vie

wetteifern um to compete for, vie for

das **Wetter** weather

wichtig important

wickeln to wrap

widerlegen to refute, disprove

widerlich loathsome, repulsive

widersprechen* (**jmdm.**) to contradict

der **Widerstand** resistance

widerstehen* (**jmdm.**) to resist, withstand

wie as, like; how; **wie? right?**

wieder again

wieder-geben* to reproduce, quote *or* repeat (*from a text*)

wiederholen to repeat

wieder-kommen* (**s**) to come again

wieder-sehen* to see again

wiederum again, anew; on the other hand

die **Wiege, -n** cradle

wiegen* to weigh

die **Wiese, -n** meadow

wieso how so, how is (it) that

wieviel how much; **wie viele** how many

die **Wildsau, ¨-e** wild pig

der **Wille, -ens, -n** will; **beim besten Willen** try as one might

willig willing

willkommen welcome

der **Wind, -e** wind

die **Windel, -n** diaper

der **Winkel, -** corner, angle

winken to motion, beckon, wave; to nod; to wink

winzig tiny

wirken to cause to happen, have an effect, work; to produce an impression, seem

wirklich (*adj.*) actual, real; (*adv.*) really

die **Wirklichkeit, -en** reality

die **Wirkung, -en** effect

die **Wirtin, -nen** *(fem.)* hostess; innkeeper
das **Wirtshaus, ¨er** inn
wissen* to know
die **Wissenschaft, -en** science
die **Witwe, -n** widow
der **Witz, -e** joke; wit
witzig witty, funny, clever
wobei whereby
die **Woche, -n** week; **unter der Woche** during the week
das **Wochenende, -n** weekend
wofür what for, for what; for which
wogegen against which
woher from where
wohl *(adv.)* well; *(particle)* I suppose, I guess, probably; no doubt, to be sure
das **Wohl** well-being
wohlan well then!
wohldosiert well dosed out
wohlig snug, comfortable
der **Wohlstand** prosperity, wealth, well-being
das **Wohltun** doing good, charity
wohlwollend benevolent, kind
der **Wohnblock, -s** apartment complex
wohnen to dwell, reside
der **Wohnort, -e** hometown, place of residence
die **Wohnung, -en** dwelling, apartment
das **Wohnzimmer, -** living room
die **Wolke, -n** cloud
wollen to want to; to intend to; to claim to
die **Wolljacke, -n** wool jacket
womöglich where(ever) possible, if possible
das **Wort** word *(pl. ¨er)* unconnected, individual words; *(pl. -e)* words in context, comments, sayings
das **Wörterbuch, ¨er** dictionary

wortkarg taciturn
wortlos wordless
der **Wortschatz, ¨e** vocabulary
worum geht es what is it about
wozu what for, why
die **Wunde, -n** wound
das **Wunder, -** miracle, wonder; **Wunder wirken** to work miracles
das **Wunderding, -e** marvelous thing
die **Wunderkraft, ¨e** magic power
wunderlich odd, strange
sich **wundern** to be surprised, be amazed
wunderschön very beautiful
der **Wunsch, ¨e** wish
wünschen to wish
der **Wunschtraum, ¨e** wish fulfillment
die **Würde, -n** dignity
würdelos undignified
würdig dignified; worthy
würdigen to deem worthy (of); to laud, honor
würgen to choke
die **Wut** rage, anger, fury; **vor Wut** with *or* from rage

Z

zaghaft timid, hesitant, fainthearted
die **Zahl, -en** number
zahlen to pay
zählen to count
der **Zähler, -** counter
der **Zahltag, -e** payday
der **Zahn, ¨e** tooth; **die Zähne zusammen-beißen*** to clench *or* grit one's teeth
der **Zahnarzt, ¨e** dentist
die **Zahnbürste, -n** toothbrush
zanken to quarrel, squabble
zart tender, soft
zartfühlend tactful, sensitive

zärtlich tender, gentle; affectionate
das **Zauberbuch, ¨er** book of magic
der **Zauberkram** magic stuff
der **Zaun, ¨e** fence
das **Zeichen, -** sign, signal
zeichnen to draw, sketch
der **Zeigefinger, -** index finger
zeigen to show; **zeigen auf** *(acc.)* to point at/to; sich **zeigen** to become evident, manifest itself
der **Zeiger, -** dial, pointer, hand *(of a clock)*
die **Zeit, -en** time; **vor der Zeit** prematurely, ahead of time
das **Zeitalter, -** age, era
die **Zeitansage, -n** statement of the day and time
der **Zeitausdruck, ¨e** time expression
Zeitlang: eine Zeitlang *(or* **eine zeitlang***)* for a while, for some time
die **Zeitschrift, -en** magazine
die **Zeitung, -en** newspaper
die **Zeitungsabteilung, -en** newspaper section
der **Zeitungsständer, -** newspaper rack *or* stand
zerbrechen* (h *or* **s)** to break into pieces, shatter, smash
zerreißen* (h *or* **s)** to tear up, tear to pieces
zerschellen (s) to shatter
zerspringen* (s) to shatter, fly into pieces
zerzaust dishevelled
der **Zettel, -** note, slip of paper
das **Zeug** stuff
ziehen* (h *or* **s)** to pull, draw, tow; to move, go; **auf sich ziehen** to attract *(attention, etc.)*; **sich in Falten ziehen*** to become wrinkled *or* furrowed
die **Ziehharmonika, -s** *or* **-ken** accordion

das **Ziel, -e** goal, destination, end
ziemlich rather, quite
das **Zimmer, -** room
der **Zins, -e** (Austrian) rent
das **Zitat, -e** quotation
zitieren to quote; to cite, summon
zittern to tremble, shiver, shake
zögernd hesitating
die **Zoohandlung, -en** (uncommon) pet store
der **Zores** (Yiddish) commotion
der **Zorn** anger, wrath
zornig angry, irate, furious
zu (prep.) to, toward, up to; at; (adv.) too (much); (adj.) closed; **zu all dem** accompanying all this, in addition to all that; **zu drei Mann** in groups of three
zucken to convulse, twitch, start, wince
der **Zucker, -** sugar
zu-decken to cover up, put a lid on
zueinander to each other
zuerst first, first of all, at first
der **Zufall, ̈e** coincidence, chance, accident
zu-fallen* (jmdm.) (s) to fall to s.o., fall to one's lot
zufällig (adj.) chance, random, accidental; (adv.) by chance
zu-flüstern (jmdm.) to whisper to s.o.
zufrieden satisfied
zufrieden-stellen to satisfy
der **Zug, ̈e** trait, feature; train, procession
zu-geben* to admit, concede
zugegeben admittedly
zugleich at the same time, along with
zugrunde liegen* to be at the bottom of, underlie s.th.
zu-hören (jmdm.) to listen (to s.o.)
der **Zuhörer, -** listener
zu-knüpfen to button up

zu-kommen* (s) to come up to, approach; **auf jmdn. zukommen** come toward s.o.
die **Zukunft** future
zu-lächeln (jmdm.) to smile at s.o.
zu-lachen (jmdm.) to look at s.o. with friendly laughter
zu-lassen* to allow, permit
zuletzt finally, at last
zuliebe: jmdm. zuliebe for one's sake, to please or oblige s.o.
zum ... hinaus out the
zumal (uncommon) = **mit einem Male** suddenly
zu-marschieren (jmdm.) (s) to march toward
zunächst first, at first
der **Zündschlüssel, -** ignition key
zu-nehmen* to increase, grow in size or weight
die **Zunge, -n** tongue
zu-nicken (jmdm.) to nod to s.o.
zupfen to pluck, pull, tug
zurecht-kommen* (s) (mit jmdm.) to manage, deal, cope (with s.o.)
zurecht-machen to prepare, get ready
zurück back, backward(s)
zurück-bleiben* (s) to remain behind
zurückhaltend reserved, cool, distant
zurück-kehren (s) to return
zurück-kommen* (s) to come back
zurück-lassen* to leave behind
zurück-weisen* to refuse, reject, decline
zurück-wirken auf (acc.) (uncommon) to have an effect back on (the source)
zu-rufen* (jmdm.) to call to
zu-sagen (dat.) to accept, say yes (to a proposal or invitation)
zusammen together
zusammen-beißen* to bite together; **die Zähne**

zusammen beißen to grit or clench one's teeth
zusammen-bleiben* (s) to remain together
zusammen-brechen* (s) to collapse
zusammen-fallen* (s) to collapse
zusammen-fassen to summarize
zusammen-halten* to stick together, hold together
der **Zusammenhang, ̈e** context
zusammen-kommen* (s) to come together, assemble
zusammen-rechnen to add up, calculate
zusammen-schrumpfen (s) to shrivel up, shrink
sich **zusammen-setzen aus** to be comprised of
zusammen-stellen to put together
zusammen-zucken (s) to wince; to be startled
der **Zuschauer, -** viewer
zu-schicken (jmdm.) to send to s.o., forward
zu-schlagen* to slam shut
zu-schließen* to close, lock up
der **Zuschuß, -(ss)es, ̈(ss)e** advance, subsidy
zu-schütten to fill in (a hole)
zu-sehen* (jmdm.) to watch, look at s.o.
zustande kommen* (s) to come about, come to pass
zu-stürzen (s) auf (acc.) to rush toward
zu-teilen (jmdm.) to issue (dat.), assign to s.o.
sich **zu-tragen*** to happen, take place
die **Zuverlässigkeit** reliability
die **Zuversicht** confidence, faith
zuviel too much
zu-wenden* (jmdm.) (also weak) to turn to(ward) s.o.; sich **zu-wenden** to turn (o.s.) toward
zu-werfen* (jmdm.) to toss to s.o.

zuwider against, contrary to; **jmdm. zuwider sein* (s)** to be repugnant *or* offensive to s.o.

zu-winken (jmdm.) to wave to s.o., nod *or* beckon to s.o.

zwar to be sure, of course

der **Zweck, -e** purpose; **einen Zweck verfolgen** to pursue a purpose *or* aim; **keinen Zweck haben*** to be pointless, be of no use

der **Zweibeiner, -** two-legged animal, bipod

zweifach twofold

der **Zweifel, -** doubt; **in Zweifel ziehen*** to draw into question

zweifellos doubtless

der **Zwerg, -e** dwarf

das **Zwielicht** twilight

der **Zwilling -e** twin

zwingen* to force, compel

zwischen between

Permissions and Acknowledgments

Photographs

Page 1: Will & Deni McIntyre/Photo Researchers Inc. 9: Akos Szilvasi/Stock, Boston. 15: UPI/Bettmann. 23: COMSTOCK. 25: Len Rue, Jr./Stock, Boston. 31: Peter Menzel/Stock, Boston. 37: Martin Rogers/Stock, Boston. 43: Tetrel/Explorer/Photo Researchers Inc. 51 & 57: Manfred Ayers. 63: COMSTOCK. 77: Archiv/Interfoto. 83: Keystone/The Image Works. 89: Ulrike Welsch. 97: David Simson/Stock, Boston. 107: Ulrike Welsch. 115: Manfred Ayers. 131: Louis Goldman/Photo Researchers Inc. 141: D. Boroughs/The Image Works. 145: USAF/Monkmeyer Press Photo. 153: Dave Bartruff/Stock, Boston. 163: *Archiv für Kunst und Geschichte*. 171: Owen Franken/Stock, Boston. 181: Bob Daemmrich/Stock, Boston. 189: Fredrik Bodin/Stock, Boston. 199: Manfred Ayers. 211: Archiv/Interfoto. 223: Society of Motion Pictures and Television Engineers.

Realia

Page 69: illustration by Olaf Hauke, published in *Literarische Texte im Unterricht: Märchen* for the Goethe-Institut München, 1985, edited by Karlhans Frank. 99: *Die Zeit* No. 24/93. 123: Edition Staeck nr.49a *baulöwe*, illustration by Klaus Staeck. 219: Edition Staeck nr.36 *radikalenerlaß*, illustration by Klaus Staeck.

Literary Permissions

The author wishes to thank the following publishers and copyright holders for their kind permission to reprint the selections in this reader.

Aufbau-Verlag
  "Der weiße Fiat" by Margarete Neumann, from *Windflöte und andere Geschichten*, Berlin/Weimar, 1978. Copyright © 1989 Aufbau Verlag, Berlin und Weimar.

Deutscher Taschenbuch Verlag
  "Ali Stern" by Alev Tekinay, from *In zwei Sprachen leben: Berichte, Erzählungen, Gedichte von Ausländern*. Copyright © 1983 Deutscher Taschenbuch Verlag, Munich.

Dachs-Verlag GmbH
  "Ohne Vorurteile" by Christine Nöstlinger, from *Mein Tagebuch*. Copyright © 1989 Dachs-Verlag GmbH, Vienna.

Elisabeth Alexander
  "Familie in Kürze" by Elisabeth Alexander, from *Damengeschichten*. Copyright © 1983, Günther Emigs Literatur-Betrieb, Trier.

Gappmaier Family
  "Der gute Mann" by Barbara Gappmaier, from *Junge Literatur aus Österreich 83/84*, Österreichischer Bundesverlag, Vienna, 1984.